요한과 함께 예수 찾기

요한과 함께 예수 찾기

ⓒ 생명의말씀사 2019

2019년 6월 20일 1판 1쇄 발행
2024년 7월 1일   5쇄 발행

펴낸이 | 김창영
펴낸곳 | 생명의말씀사

등록 | 1962. 1. 10. No.300-1962-1
주소 | 서울시 종로구 경희궁1길 6 (03176)
전화 | 02)738-6555(본사) · 02)3159-7979(영업)
팩스 | 02)739-3824(본사) · 080-022-8585(영업)

지은이 | 김형국

기획편집 | 서정희, 장주연
디자인 | 윤보람
인쇄 | 영진문원
제본 | 보경문화사

ISBN 978-89-04-16670-1 (03230)

저작권자의 허락 없이 이 책의 일부 또는 전체를
무단 복제, 전재, 발췌하면 저작권법에 의해 처벌을 받습니다.

요한과 함께 예수 찾기

김형국 지음

● 예수를 만나는 31일간의 여정 ●

생명의말씀사

들어가는 글

예수는
과연 누구입니까

예수는 지난 2천 년 동안 많은 사람의 이목을 끌어 왔습니다. 이 예수로 인해서 자신의 인생이 변화되었다는 사람들의 증언이 끊이지 않았기 때문입니다. 자신과 가까이에 있는 사람이, 그것도 여러모로 '정상적인' 사람이 2천 년 전에 존재했던 예수를 만났다고 말하고, 그로 인해서 자신의 인생이 변화되었고, 과거와는 다른 삶을 추구하게 되었다고 할 때 사람들은 '이 예수가 도대체 누구일까?' 하는 의문을 갖습니다.

그러나 또한 많은 사람은 '예수'라는 이름을 걸고 자행된 이해할 수 없는 부조리한 사건들도 기억합니다. 십자군, 마녀사냥, 면죄부, 제국주의 침탈의 앞잡이 등 과거에 일어났던 일들을 떠올릴 뿐 아니라, 현재에도 버젓이 존재하는 '예수의 이름으로' 자신의 이득을 얻는 사람들을 만나면 눈살을 찌푸리기도 합니다.

예수는 이런 면에서 골칫거리입니다. 진정성을 볼 수 있는 변화를 일으키는 분이기도 하고, 적지 않은 사람들을 혼란에 빠뜨리고 자신의 이익을 챙기게 하는 좋은 장삿거리가 되기도 합니다. 사람들의 내면만 바꾸는 것이 아니라 사회적 약자 편에 서서 사회적인 변혁을 이끌어 가는 분이기도 하지만, 누가 말했듯 힘없는 자들을 잠들게 하는 "민중의 아편"이기도 하고 권력과 재력을 제 것으로 여기는 자들의 영혼을 달래 주는 "권력의 시녀"인 것 같기도 합니다.

예수에 대해 수많은 사람이 수많은 견해를 가지고 있습니다. 이것은 꼭 오늘날만 그런 것이 아니라, 예수가 이 세상에 있을 때도 비슷했습니다. 그는 그가 생존했던 때부터 지금까지 늘 논란의 중심에 서 있습니다: 그가 누구인지에 대해 수백 권의 책이 쓰였습니다. 시대마다 자신들이 원하는 예수상을 만들어 내고는 했습니다. 이렇게 다양한 견해가 있는데, 도대체 우리는 예수를 어떻게 알 수 있을까요?

가장 좋은 방법은 무엇보다도 예수를 실제로 보았던 사람들의 증언을 살펴보는 것입니다. 마태복음, 마가복음, 누가복음, 요한복음을 '사복음서'라 부르는데, 이 책들은 각기 예수 사건으로부터 30-40년이 지나지 않아 예수를 증언하고 있습니다.

혹자는 이 증언들이 초기 기독교가 예수를 신화화하기 위해 조작한 글이라고 말합니다. 모든 종교가 그 종교의 창시자를 미화하는 경향이 있으니, 그런 추측도 무리가 아닙니다. 그런데 이 책들은 자신들이 증언자, 증인임을 강조합니다. 예수가 생존하던 때부터 한 세대를 넘어가지 않은 사람들이 증언한 것입니다. 이 책들은 예수를 목격했던 수많은 사람이 살아 있을 때 쓰였고, 그 진실성에 대해서 비평할 수 있는 사람들 중에서 회자되었습니다.

우리가 예수를 진정으로 알고 싶다면, 후대에 예수에 대해서 추측하며 각 시대의 정신에 영향을 받은 글들에 의존하기보다는 시기적으로 예수에게서 가장 가까운 때에 그에 대해 증언하고 있는 문서들을 살펴보는 것이 지혜로운 방법일 것입니다.

더군다나 그들은 자신들의 증언은 단지 철학적 사색이나 종교적 수행의 결과가 아니라, 보고 들은 바를 진술한 것이라고 말했습니다. 뿐만 아니라, 그들은 자신들이 보고 들은 진리, 곧 예수에 대한 그들의 증언에 걸맞은 삶을 살았습니다. 그들은 당시 사회적으로, 종교적으로 엘리트가 아닌 평범한 사람들이었는데 예수를 만나고 알게 된 후 다른 종류의 삶을 살게 되었고, 그래서 그들을 통해 새로운 공동체가 일어났습니다.

기독교 교회 공동체는 이렇게 아무런 종교적 후원이나 정치적 배경 없이 일어났고 지속되었습니다. 그들의 주장, 곧 예수에 대한 그들의 증언이 기독교 공동체가 존재하게 된 유일한 이유입니다. 예수에 대한 증언은 단지 사람들을 사색하게 한 것이 아니라, 그렇게 살게 했고, 그에 걸맞은 공동체를 만들어 냈던 것입니다. 그리고 이 일은 지금도 지속되고 있습니다.

『요한과 함께 예수 찾기』는 사복음서 중에서 요한복음을 통해 예수를 찾아보려는 시도로 쓰였습니다. 요한복음은 사복음서 중에서 가장 늦게 쓰였습니다. 마태복음, 마가복음, 누가복음이 예수의 행적과 가르침에 대해 증언하기 위해 기록되었다면, 요한복음은 무엇보다 예수를 탐구하는 사람들을 위해 쓰였습니다. 그래서 요한복음은 지난 2천 년 동안 많은 사람에게 사랑을 받았습니다. 예수에 대해 단순하면서도 심오하게 기록하고 있어서, 예수를 처음 탐구하기 시작한 사람들로부터 평생 예수를 알아 가는 사람들에 이르기까지 거듭거듭 다시 읽게 되는 책이 바로 요한복음입니다.

그래서 『요한과 함께 예수 찾기』는 일차적으로 예수에게 관심이 있지만 여러 가지 이유로 예수를 선뜻 믿기에는 어려운 분들을 위해서 마련되었습니다. 예수로 인해 변화된 사람들을 만나면서 '내게도 이런 일이 일어날 수 있을까?' 생각하지만 그렇다고 교회에 가는 것이 마냥 편하지만은 않은 분들이 많습니다. 예수 당시에도 예수에 대해 적지 않은 혼란이 있었지만, 많은 사람이 이 혼란을 넘어 예수를 찾았고 만났습니다. 이 책은 일차적으로 이런 분들에게 길라잡이가 되려 합니다.

뿐만 아니라 요즈음은 교회를 다니지만 예수에 대해 정말 진지하게 생각해 본 적이 별로 없거나, 예수를 믿는다고 하지만 어떤 예수를 믿는지 모호한 사람들이 적지 않습니다. 태어날 때부터 교회를 다녔지만 "예수가 과연 누구인가?"라고 진실하게 질문해 볼 기회가 없었던 분들이 있습니다. 이 책은 이런 분들을 위해서도 좋은 길벗이 되기를 원합니다.

이 책의 구성 및 활용법

이 책은 7회의 강의와 성경의 본문을 읽고 질문에 대해 생각해 보는 31일간의 프로그램으로 구성되어 있습니다. 요한복음은 분량이 작아서 앉아서 2-3시간이면 다 읽을 수 있는 책이지만, 그 내용은 곱씹으면서 읽어야 하는 책입니다. 그래서 앞서 언급한 분들이 이 책의 안내를 받으면서 스스로 예수를 찾도록 돕는 것이 이 책의 목적입니다.

이 책은 먼저 요한복음을 읽어 나가면서 만나게 되는 중요한 성경 본문 7개를 선정해서 그 본문에 대해 모든 사람이 이해하기 쉽고 또 앞으로 읽어 나가야 할 내용의 길라잡이가 되는 강의를 제시합니다. 그리고 이어지는 주간 동안 성경을 읽도록 되어 있습니다.

제목과 성경 본문, 그리고 본문과 관련된 짧은 서론이 있고, 본문을 읽어 나가면서 생각해 볼 질문들이 있습니다. 이 책은 성경 공부를 위해 쓰인 책이 아니므로 자세한 질문보다는 지나치지 말아야 하는 질문, 성경 본문이 이야기하고자 하는 바를 파악할 수 있도록 돕는 질문을 실었습니다. 이 질문들에 꼭 정확한 답을 찾아야 하는 것은 아닙니다. 요한복음을 읽어 나가면서 가지고 있던 질문들에 답변이 주어지기도 하고, 또 점층되는 예수의 자기주장으로 인해 혼란에 빠지기도 하고, 이러한 질문과 답변 속에서 예수의 진정한 모습을 만나게 되기도 합니다.

중요한 것은 "예수가 누구인가? 예수는 자신이 누구라고 이야기하고, 주위 사람은 예수를 누구라고 이야기하는가?"에 집중해서 읽어 나가는 것입니다. 모든 책은 어떤 목적을 가지고 쓰이는데, 요한복음은 예수가 누구인지를 증언하기 위해 쓰인 책이기 때문입니다. 이 책을 읽어 나갈 때 등장하는 인물들의 상황을 상상해 보십시오. 그리고 그들과 여러분의 비슷한 점도 생각해 보십시오. 예수가 그들을 어떻게 만나고, 그들에게 무엇이라고 말하는가를 잘 살피면 나에게 다가오는 예수를 찾으실 수 있습니다.

이렇게 성경을 읽어 나갈 때 배경지식이 있으면 더 이해하기 쉽습니다. 요한복음은 2천 년 전에 쓰인 글이므로 고대 문서입니다. 다행히 요한복음은 예수에 대해 처음 접하는 사람들을 염두에 두고 쓰였기 때문에 본문 자체의 특수한 상황에 대해서는 해설이 있습니다. 이 책에서는 꼭 필요한 용어나 배경에 대해서는 용어 풀이를 붙였음을 밝힙니다.

그리고 마지막으로 오늘의 묵상을 덧붙였는데, 성경 본문이 증언하고 있는 예수를 한 문장으로 요약한 것입니다. 여러분 스스로가 이 문장을 다시 쓰실 수도 있습니다. 하루를 살면서 이 짧은 문장을 마음에 품고 지내는 것입니다. 그래서 그 예수가 나에게 무슨 의미가 있을지 진지하게 생각해 보는 것입니다.

물론 개인에 따라서는 시간을 더 낼 수 있고, 매일 혹은 일주일에 5회를 하는 대신에 며칠 치를 한 번에 할 수도 있습니다. 그렇지만 인류의 역사 속에서 수많은 사람을 변화시켰고, 또한 수많은 공동체를 일으켜서 세상을 변화시킨 예수를 진지하게 찾아보려 하신다면, 앞으로 31일 동안은 여러분의 소중한 시간을 투자하실 것을 권고합니다. 요한복음에 드러난 예수를 참으로 찾든지 아니든지, 인류가 가진 가장 중요한 고전에 손꼽히는 요한복음을 이렇게 인생에 한 번 깊이 읽어 보는 것은 소중한 경험이 될 것입니다.

일주일에 5회 혹은 매일 하는 것이 가장 좋지만, 혹시 하루, 이틀 밀리면 밀린 부분은 성경 본문과 서론만 읽고 지나가셔도 괜찮습니다. 가능하면 31일 안에 이 과정을 마치는 것이 좋습니다. 길게 시간을 가진다고 더 나은 결과가 있는 것은 아니기 때문입니다.

이 책을 혼자 읽으면서 31일을 보내는 것도 좋지만, 가장 좋은 방법은 신뢰할 수 있는 친구와 이 책을 읽고 요한복음도 같이 읽는 것입니다. 인간에게 있어 가장 좋은 학습은 마음을 열고 나누는 대화 속에서 일어나곤 합니다. 그래서 많은 교육자가 이런 대화법을 사용합니다. 여러분이 친구와 함께 일주일에 한 번 정도 만나 읽고 깨달은 바, 고민되는 내용, 또는 거부감을 느끼는 부분조차 이야기를 나누는 것은 매우 뜻깊은 시간이 될 것입니다. 시간을 정해 놓고 만나 이런 대화를 나누다 보면 속 깊은 나눔이 이루어지고, 그래서 더 좋은 사람도 얻게 될 것입니다.

자, 이제 수많은 사람의 인생을 바꾸어 놓은 예수를 요한과 함께 찾아가는 여행을 떠나 봅시다. 이 짧은 31일간의 여행을 통해 내가 누구인지, 예수가 누구인지, 이 예수가 내게는 무엇을 주기 원하는지, 나는 이 예수에게 어떻게 반응해야 하는지 등을 찾게 되시기를 기대합니다. 우리 인생에 가장 소중한 책 읽기가 될 수 있는 '요한과 함께 예수 찾기', 이제 시작합니다.

Contents

들어가는 글_ 예수는 과연 누구입니까 · 4

이야기. 하나

인생의 세 가지 질문
요한과 함께 예수를 찾기 위한 길라잡이 · 17

- DAY 1 성경이 증언하는 예수 · 38
- DAY 2 세례자 요한이 증언하는 예수 · 42
- DAY 3 우리 한 사람, 한 사람을 아시는 예수 · 46
- DAY 4 삶 속에서 일하시는 예수 · 50
- DAY 5 사람들의 기대와 다른 메시아, 예수 · 54

이야기. 둘

깨어진 세상에서 어떻게 살아야 하는가
우리를 거듭나게 하시는 예수 · 59

- DAY 6 하나님 나라로 우리를 초대하시는 예수 · 84
- DAY 7 하나님에 관해 증언하시는 예수 · 88
- DAY 8 다양한 장벽에 갇힌 한 여인과 대화하시는 예수 · 92
- DAY 9 절망으로부터 구원하시는 예수 · 98
- DAY 10 심판이 아니라 영원한 생명을 주시는 예수 · 103

이야기. 셋

인생을 무슨 힘으로 살 것인가　　생명의 밥 되시는 예수 · 109

DAY 11	자신을 주고 우리를 살리시는 예수 · 128	
DAY 12	사람들을 혼란에 빠뜨리시는 예수 · 136	
DAY 13	모든 사람을 살려 내시는 예수 · 142	
DAY 14	우리에게 참된 자유를 주시는 예수 · 147	
DAY 15	우리 눈을 뜨게 하시는 예수 · 154	

이야기. 넷

우리 인생의 진정한 리더는 누구인가　　선한 목자 되시는 예수 · 161

DAY 16	자신의 양을 위해 희생하겠다는 예수 · 186	
DAY 17	자신이 하나님과 동등하다고 주장하시는 예수 · 190	
DAY 18	우리의 생명과 부활 되시는 예수 · 194	
DAY 19	한 알의 밀알이며 세상의 빛이신 예수 · 201	
DAY 20	끝까지 사랑하시는 예수 · 208	

이야기. 다섯

삶에서 가장 중요한 것은 무엇인가   새 계명을 주시는 예수 · 213

DAY 21	서로 사랑하라는 새 계명을 주시는 예수 · 241
DAY 22	길이요 진리요 생명 되시는 예수 · 245
DAY 23	성령을 통해 영원히 우리와 함께하시는 예수 · 249
DAY 24	자신과 함께 거하기를 원하시는 예수 · 253
DAY 25	세상을 이기신 예수 · 258

이야기. 여섯

예수, 그는 과연 누구인가   우리를 위해 기도하시는 예수 · 265

DAY 26	우리를 위해서 기도하시는 예수 · 293
DAY 27	죽음의 길을 마다하지 않으시는 예수 · 298
DAY 28	온갖 고초와 불의를 견뎌 내시는 예수 · 303
DAY 29	십자가 처형으로 죽임을 당하시는 예수 · 308
DAY 30	부활하신 예수 · 313

이야기. 일곱

하나님의 사랑에 어떻게 반응할 것인가

실패를 사랑으로 역전시키시는 예수 · 319

DAY 31   제자들을 회복시키시고 사람들을 부탁하시는 예수 · 339

※ 이 책에 수록된 성경본문은 새번역 성경을 사용하였습니다.

JOHN

이야기. 하나

인생의 세 가지 질문

요한과 함께 예수를 찾기 위한 길라잡이

여러분, 클래식 음악 좋아하시나요? 많은 사람이 그렇듯 저도 모차르트부터 시작해서 클래식 음악을 들었습니다. 흔히 모차르트에서 출발해 고전파, 낭만파 등으로 죽 한 바퀴 돌고는 결국은 모차르트로 돌아온다고 합니다.

모차르트의 음악을 '종착역'이라고 말하는 사람도 있는데, 요한복음이 그렇습니다. 기독교 신앙을 처음 시작할 때 아주 단순한 질문에 대한 답을 얻으려고 요한복음을 읽기 시작했다가, 읽으면 읽을수록 심오해서 평생 읽고, 마지막까지 읽는 책이 요한복음이라고 합니다. 또 어떤 사람은 요한복음은 어린아이가 들어가서 놀 수 있을 만큼 안전한 물이기도 하지만 코끼리가 들어가서 수영을 할 수 있을 만큼 깊다고도 말합니다. 이처럼 요한복음만의 독특성이 있습니다.

그래서 앞으로 총 7회에 걸쳐 함께 요한복음을 읽으며 살펴보려고 합니다. 각각 간단한 해설과 질문을 붙였습니다. 평생에 한 번

쯤 요한복음을 심도 있게 읽어 내는 것은 큰 의미가 있다고 생각합니다. 여기서는 도입으로 요한복음 1장 1-18절을 다루려고 합니다. 요한복음의 내용 전체를 서론처럼 설명하는 부분입니다. 그래서 이 부분을 잘 보면 앞으로 어떤 이야기가 전개될지를 알 수 있고, 어떤 관점에서 요한복음을 봐야 하는지도 어느 정도 감을 잡을 수 있습니다. 그럼 같이 읽어 볼까요.

[1] 태초에 '말씀'이 계셨다. 그 '말씀'은 하나님과 함께 계셨다. 그 '말씀'은 하나님이셨다. [2] 그는 태초에 하나님과 함께 계셨다. [3] 모든 것이 그로 말미암아 창조되었으니, 그가 없이 창조된 것은 하나도 없다. 창조된 것은 [4] 그에게서 생명을 얻었으니, 그 생명은 사람의 빛이었다. [5] 그 빛이 어둠 속에서 비치니, 어둠이 그 빛을 이기지 못하였다. [6] 하나님께서 보내신 사람이 있었다. 그 이름은 요한이었다. [7] 그 사람은 그 빛을 증언하러 왔으니, 자기를 통하여 모든 사람을 믿게 하려는 것이었다. [8] 그 사람은 빛이 아니었다. 그는 그 빛을 증언하러 왔을 따름이다. [9] 참 빛이 있었다. 그 빛이 세상에 와서 모든 사람을 비추고 있다. [10] 그는 세상에 계셨다. 세상이 그로 말미암아 생겨났는데도, 세상은 그를 알아보지 못하였다. [11] 그가 자기 땅에 오셨으나, 그의 백성은 그를 맞아들이지 않았다. [12] 그러나 그를 맞아들인 사람들, 곧 그 이름을 믿는 사람들에게는, 하나님의 자녀가 되는 특권을 주셨다. [13] 이들은 혈통에서나, 육정에서나, 사람의 뜻에서 나지 아니하고, 하나님에게서 났다. [14] 그 말씀은 육신이 되어 우리 가운데 사셨다. 우리는 그의 영광을 보았

다. 그것은 아버지께서 주신, 외아들의 영광이었다. 그는 은혜와 진리가 충만하였다. [15] (요한은 그에 대하여 증언하여 외쳤다. "이분이 내가 말씀드린 바로 그분입니다. 내 뒤에 오시는 분이 나보다 앞서신 분이라고 말씀드린 것은, 이분을 두고 말한 것입니다. 그분은 사실 나보다 먼저 계신 분이기 때문입니다.") [16] 우리는 모두 그의 충만함에서 선물을 받되, 은혜에 은혜를 더하여 받았다. [17] 율법은 모세를 통하여 받았고, 은혜와 진리는 예수 그리스도로 말미암아 생겨났다. [18] 일찍이, 하나님을 본 사람은 아무도 없다. 아버지의 품속에 계신 외아들이신 하나님께서 하나님을 알려 주셨다.

이 짧은 구절도 제대로 공부하려면 한두 달은 족히 걸릴 정도로 내용이 깊습니다. 그 내용을 모두 다룰 수는 없으니, 인간이 던지는 중요한 질문 세 가지에 요한복음이 내놓는 답변을 중심으로 살펴보겠습니다. 이 답변을 시작으로 요한복음은 각 인물을 통해서 예수를 탐구해 나가도록 우리를 초청하고 있습니다. 자, 그럼 세 가지 질문과 요한복음의 답변을 먼저 살펴보겠습니다.

첫 번째 질문은 "세상이 처음에 어떻게 존재하게 되었는가?" 하는 질문입니다. 요한복음은 세상의 근원은 무엇이며, 어떻게 존재하게 되었는지를 간략하게 답합니다. 두 번째 질문은 "세상이 그렇게 만들어진 줄 우리가 어떻게 알 수 있는가?"입니다. 요한복음은 우리가 어떻게 진리를 알 수 있는가에 대한 답을 알려 줍니다. 세 번째 질문은 "그 진리와 예수가 무슨 관계가 있는가?" 하는 것입니다. 이렇게 세 가지 질문에 답하면서 요한복음은 시작합니다. 요약하면, 요한복음은 세상이 어떻게 존재하게 되었는지, 그 세상에 관한 진리를 우리가 어떻게 알 수 있는지, 그리고 그 진리와 예수가 어떤 관계인지를 알려 주고 있습니다.

모든 것의 근원은 무엇인가

첫 번째로, 모든 것의 근원은 무엇입니까? 인간이라면 누구나 세상이 어떻게 처음 존재하게 되었는지를 질문하게 됩니다. 도대체 우리가 보고 있는 삼라만상이 어떻게 존재하게 되었는지를 궁금해합니다. 인류는 역사를 거듭하며 크게 두 가지 정도로 이에 대한 답을 내놓고 있습니다. 하나는 유물론적 답변이고, 다른 하나는 유신론적 답변입니다.

유물론

먼저 유물론(Materialism)은 물질을 일차적인 것으로 보고, 정신이나 의식은 이차적인 것으로 파악합니다. 처음에 물질이 있었고 그 물질에 기반해 의식과 정신이 생겨났다고 봅니다. 유물론에 따르면, 물질은 신에 의해 창조된 것이 아니라 원래 있었던 것이며, 시공간적으로 영원하고 무한합니다. 인간의 정신과 의식은 물질에 기반해 생겨나 발전하기도 하고 소멸하기도 하므로 이차적입니다. 따라서 세상의 본질은 물질입니다. 신의 존재를 인정하지 않는 무신론과도 상응하는 사고입니다.

그런데 이런 사고를 하면, 모든 것은 결국 물질로 돌아가므로 우리의 삶도 우연에 불과하게 됩니다. 우연히 존재했다가 우연히 사라지는 것이지요. 진화론적 과정을 거쳤든, 진보의 법칙에 따라서 발전을 했든 세상은 물질에 기반해 변화를 거듭하다가 그냥 우연히 여기까지 온 것입니다. 그러다가 결국에는 물질로 돌아가 사라집니다. 이러한 사고방식이 유물론입니다.

불교

여기서 "불교는 유신론인가요, 유물론인가요?"라는 질문을 하시는 분도 있습니다. 불교는 전형적인 유신론은 아닌 것 같습니다. 신을 상정하는 것 같지는 않기 때문입니다. 그렇다고 유물론이라고 말하기도 참 어렵습니다. 그래서 '유심론'이라고 말하는 사람도 있습니다.

이웃 종교 이야기라서 간단하게만 짚고 넘어가겠습니다. 불교에서는 집착으로 인해 고통이 생긴다고 말합니다. 인간 세상이 고통으로 가득찬 이유도 집착을 버리지 못해서라고 해석합니다. 그래서 우리를 집착하게 만드는 모든 것을 없애고, 집착이 아무것도 아님을 깨닫는 것이 '공'(空)입니다. 그것을 깨달은 상태를 가리켜 '해탈의 경지에 이르렀다'고 합니다. 해탈한 상태에 이르면 물질은 사라지고, 그렇다고 정신이라고 말하는 것조차 무의미한 상태가 됩니다. 이처럼 모든 것을 비운다는 '공'은 쉬운 개념이 아닙니다.

불교는 삼라만상이 물질에서 기인한다고 보지 않으니 유물론이라 할 수 없지만, 어떤 신적 존재가 온 세상을 만들었다고도 보지 않으니 유신론의 범주에도 속하지 않습니다.

유신론

앞서 살펴본 유물론과 대비되는 사상은 유신론입니다. 처음부터 있었던 것은 물질이 아니라 신이며, 그 신이 물질도 만들고 삼라만상을 만들었다고 보는 입장입니다. 이처럼 서로 다른 유물론과 유신론은 어느 것이 옳다고 증명할 수 있는 종류의 것이 아닙니다. 우리 각자가 취할 수 있는 세계관이라 할 수 있습니다.

과학자 중에도 유신론적 입장을 취하는 이들이 많습니다. 블랙홀 연구에서 큰 성취를 이룬 영국의 이론물리학자 로저 펜로즈(Roger Penrose)는 우주에서 우발적 사건이 일어나 질서정연한 우주를 생성할 확률을 계산해서 발표한 적이 있습니다. '1,000억×123' 분의 1이었습니다. 분모에 1,000억의 123배에 해당하는 숫자가 들어가는 어마어마한 확률입니다. 지금 우리가 보고 있는 이 우주가 우연히 존재할 가능성이 거의 없다는 것이지요. 그래서 유신론 입장에 서 있는 과학자들도 많습니다.

성경의 답변

성경은 뭐라고 답할까요? 요한복음은 "태초에 '말씀'이 계셨다. 그 '말씀'은 하나님과 함께 계셨다. 그 '말씀'은 하나님이셨다. 그는 태초에 하나님과 함께 계셨다. 모든 것이 그로 말미암아 창조되었으니, 그가 없이 창조된 것은 하나도 없다"(요 1:1-3)고 이야기합니다.

'태초에'라는 표현은 창세기 1장 1절을 생각나게 합니다. 여기서 우리가 이해할 수 있는 매우 중요한 내용은 하나님이 말씀으로 세상을 창조하셨다는 것입니다. 그러니까 말의 능력으로 세상이 창조되었다는 것입니다. 말로써 물질과 모든 세계가 만들어졌다는 것이지요.

말의 영향력이나 능력은 우리도 일상에서 부분적으로 경험합니다. 가령 내게 중요한 어떤 사람이 나에 대해 실력이든 외모든 어떤 평가를 하면 그 영향이 상당합니다. 좋은 말을 들으면 우쭐해지고, 안 좋은 말을 들으면 상당히 침울해집니다. 그리고 어떤 권력자가 "당신, 해고야!"라고 말하면 단순히 기분 문제가 아니라 생존 문제가 왔다 갔다 합니다. 법정에서 판사가 "피고는 유죄입니다"라고 선고하면 교도소로 향해야 합니다. 우리가 하는 말도 이처럼 상당한 힘을 가지고 있습니다. 성경은 하나님이 말의 능력으로 세상을 창조하셨으며, 그 말씀 아래 모든 것이 움직였다고 이야기합니다.

요한복음 1장 3-4절은 "모든 것이 그로 말미암아 창조되었으니, 그가 없이 창조된 것은 하나도 없다. 창조된 것은 그에게서 생명을 얻었으니"라고 말합니다. 이는 하나님이 세상을 창조해서 저 멀리에 던져 놓고는 알아서 돌아가라고 하시지 않았다는 뜻입니다. 하나님이 지금도 피조 세계 전체에 생명을 공급하고 계신다는 표현입니다. 하나님이 손 놓고 주무시는 것이 아니라 피조 세계가 돌아갈 수 있도록 지금도 지탱하고 계신다는 것이 성경의 주장입니다.

1-4절은 우리에게 유신론적 세계관을 선명하게 알려 줍니다. 유신론을 취할지, 유물론을 취할지는 여러분이 결정하셔야 합니다. 성인이 되기 전까지는 학교나 가정, 우리가 속한 곳에 따라 선택권 없이 유물론적 세계관이나 유신론적 세계관으로 살도록 정해져 있었습니다. 하지만 성인이 된 다음에는 "산다는 것이 무엇이며, 우리가 살고 있는 이 세계는 도대체 어떻게 존재하게 되었는가?"라는 질문에 명쾌한 답을 얻지 않고서는 인생을 제대로 헤쳐 나가기가 어렵습니다.

성인이 될 때쯤 우리가 결정해야 하는 굉장히 중요한 것 중 하나가 바로 이 문제에 대해 자신의 입장을 정하는 것입니다. 이것은 과학의 문제가 아니라 신념의 문제이며 세계관의 문제입니다. 혹자는 교회 다니는 사람은 믿음이 있고 교회 안 다니는 사람은 믿음이 없다고 하는데, 그렇지 않습니다. 세상 모든 사람은 종교적입니다. 자신이 선택한 신념 체계는 그 사람에게는 종교입니다. 그 사람의 모든 판단을 좌지우지하는 신념입니다.

여러분은 어떠신가요? "나는 도대체 어떻게 존재하게 되었나? 나는 무엇인가? 나는 그 가운데에서 어떤 존재인가?"라는 질문에 어떤 답을 하고 계신가요? 그 답을 묻고 고민하는 것이 인간의 독특한 특성이며, 그러한 질문들에 힘입어 인류의 문명, 문화, 종교, 문학, 철학, 과학 등 모든 것이 발전했습니다. 그래서 우리는 내면 깊은 곳에서 올라오는 이 질문을 회피할 수 없습니다.

"광활한 이 우주는 어떻게 존재하게 된 것이고, 나는 무엇이며, 그 안에서 어떻게 살아야 하는가?"가 첫 번째 질문입니다. 이 질문에 대해 우리는, 나와 세상이 물질에서 기인해 존재한다고 믿는 유물론적 입장을 취하거나, 신이 창조해서 유지하고 있다고 믿는 유신론적 입장을 취할 수 있습니다.

인간은 진리를 어떻게 알 수 있는가

두 번째 질문은 궁극적 진리가 있다고 해도 "그 진리를 어떻게 알 수 있는가?" 하는 것입니다.

탐구, 정진, 수행

대부분의 사람들은 탐구하고, 정진하고, 수행해서 진리를 알 수 있다고 생각합니다. 그래서 질문하고, 공부하고, 수행합니다. 예를 들어, 이슬람교는 율법을 따르는 선행을 쌓으면 신이 우리를 인정한다고 봅니다. 힌두교는 공덕과 요가를 통해 신과 합일되는 경험을 기대합니다. 불교는 고행과 참선을 통해 번민을 일으키는 이기적 욕망에서 해탈한다고 말합니다. 이 모든 행위의 공통점은 우리가 스스로 노력해서 진리에 이르고 해방될 수 있다는 입장입니다.

그래서 이웃 종교들을 보면 존경하는 마음이 듭니다. 그들의 수행과 정진을 보면 감탄할 만합니다. 물론 기독교에 가짜 그리스도인이 있듯이, 이웃 종교에도 가짜가 있습니다. 그런 사람들 말고, 정말 진리를 찾아가고자 애쓰는 분들을 보면 존경심이 느껴집니다. 정직하게 질문하고, '어떻게 살아야 하는지, 인생이 무엇인지'를 탐구해 가기 때문에 인류 문명에 큰 역할을 한 고등 종교로부터는 배울 점들이 있습니다. 비록 파편적이라 해도, 인간이 탐구와 정진과 수행을 통해 찾아낸 진리의 편린들은 소중합니다.

계시

그런데 기독교는 진리를 알아 가는 면에서 다른 종교와 차이가 있습니다. 사람들은 모든 종교가 같다고 하지만, 기독교에는 다른 종교나 과학적 지성주의와는 대별되는 한 가지 자세가 있습니다. 하나님이 인간에게 진리를 알려 주셨다는 것입니다. 성경은 이를 '계시'라고 표현합니다. '계시'란 '펼쳐서 보여 주다', '감춰져 있던 것을 보여 주다', '볼 수 없었던 것을 보여 주다'라는 뜻입니다. 5절은 "그 빛이 어둠 속에서 비치니, 어둠이 그 빛을 이기지 못하였다"라고 합니다. 사람들이 다 어둠 속에 있었다고, 그래서 빛이 들어와서 어둠에 비쳤다고 성경은 이야기합니다.

9절은 "참 빛이 있었다. 그 빛이 세상에 와서 모든 사람을 비추고 있다"라고도 합니다. 이 표현은 종교 영역에서는 자주 등장하는 상징으로, 거의 모든 종교에서 쓰일 수 있습니다. 불교에서는 '암중모색하다'라고 합니다. '깜깜한 어둠 속에서 더듬거리며 찾는다'는 뜻입니다. 동서양을 막론하고 어둠 속에서 무언가를 찾아 가는 것이 종교의 일반적 특징이라고 할 수 있습니다.

그런데 기독교의 독특성은 인간이 아무리 노력한다고 해도 진리를 찾을 수 없기 때문에 하나님이 빛을 비추어 주신다는 것입니다. 다른 모든 종교는 인간이 스스로 길을 찾아 갑니다. 그 열정과 진실함은 존경할 만하지만, 성경은 인간에게 한계가 있다고 말합니다. 의지의 한계만이 아니라 인식의 한계, 영적인 한계 모두를 포함합니다.

제가 여러분에게 이야기하고 싶은 것은 이것입니다. 우리에게는 지적인 한계가 있습니다. 영적으로는 어떤가요? 초자연적 현상에 대한 통찰력이 있고 그것을 해석할 만한 능력을 가지고 계십니까? 도덕적으로 옳은 일은 반드시 행할 수 있을 정도로 무장되어 계십니까? 여러분의 의지는 어떤가요? 일반인인 우리는 대부분 우리의 인식 능력에, 의지에, 도덕심에, 영적 통찰력에 한계가 있는 줄 잘 알고 있습니다. 때로는 어둠 가운데 있는 것처럼 느껴집니다. 어디로 가야 할지 잘 모르겠습니다. 기독교의 독특성은 그런 우리에게 하나님이 빛을 비추어 주셨다는 데 있습니다. 지금도 그 빛을 비추고 계신다는 것입니다.

그런데 참 놀랍게도 10절과 11절을 보면, 세상이 그를 알아보지 못했고, 그가 자기 땅에 오셨으나 그의 백성은 그를 맞아들이지 않았다고 합니다. 여기서 '자기 땅'이란 좁게는 '이스라엘 땅', '유대 땅', '이스라엘 사람들'을 의미하지만, 넓게는 그가 세상을 창조하셨으므로 '그가 창조하신 세상과 세상 모든 사람'을 뜻합니다. 그들에게 빛을 비추셨으나 그들은 받아들이지 않았습니다. 요한복음을 계속 읽어 보시면 빛을 받아들이는 사람과 거절하는 사람의 이야기가 반복해서 나옵니다. 모두 나름의 이유가 있었습니다. 성경은 지금도 마찬가지라고 이야기합니다.

빛을 받아들인 사람에게 무슨 일이 벌어지는지는 12절이 알려 줍니다. 빛을 받아들인 사람, 그를 맞아들이고 그 이름을 믿는 사람에게는 하나님의 자녀가 되는 특권이 주어진다고 말합니다. 이것을 너무 주일학교식으로 이해하면 곤란합니다. 물론 "하나님의 자녀가 되었으니 나는 왕자네. 너는 공주네" 하는 식으로 이야기하는 것이 틀린 말은 아닙니다. 하지만 진리를 가볍게 만드는 경향이 있습니다. 하나님의 자녀가 되었다는 것은 하나님의 진리를 받아들여서 그 진리를 이해할 수 있는 상황에 이르렀다는 것입니다. 하나님의 자녀가 되었다는 것은 하나님의 세계에 들어가 그를 알아 가고 그를 누리는 삶을 시작했다는 것을 뜻합니다.

다시 말해, 하나님이 이 땅에 오셔서 빛을 비추어 주신 가장 중요한 목적은 어둠 속에 있는 사람들을 하나님의 세계로 불러들여서, 하나님의 세계를 이해하고, 하나님과 특별한 관계를 누리며 살게 하시기 위해서입니다.

계시를 잘못 이해하면, 멍하니 있다가 계시를 받고 확 변화한다고 생각하기 쉽습니다. 하지만 계시는 그런 것이 아닙니다. 계시는 빛을 비추어 주고, 그 계시에 기초해 진지한 탐구를 해나갈 수 있도록 우리를 이끄는 것입니다.

이것이 성경에서 말하는, 진리를 찾아 가는 방식의 차이입니다. 세상의 방식은 캄캄한 곳에서 스스로 찾아 가야 합니다. 탐구하고, 정진하고, 수행하며 알아 가는 방식입니다. 반면, 성경은 이렇게 이야기합니다. 인간은 한계가 분명해서 그렇게 할 수 없기에 하나님이 우리에게 빛을 비추어 주셔서 거기에 반응하게 하시고, 그 빛을 따라서 진리를 알아 가게 하신다는 것입니다.

이제 두 가지 다른 길이 분명해졌습니다. 성경을 보시면서 과연 그러한지에 대한 답은 여러분이 찾으셔야 합니다.

진리와 예수는 어떤 관계인가

세 번째로 던져야 하는 질문은 "궁극적 진리와 예수가 무슨 관계가 있나?" 하는 것입니다.

성인들의 가르침

흔히 4대 성인이 있다고 하고, 소크라테스, 석가모니, 예수, 공자를 듭니다. 그런데 그들이 진리를 알아 가는 자세에는 차이가 있습니다. 특히 예수와 다른 세 명은 큰 차이를 보이는데, 자세히 살펴보겠습니다.

소크라테스는 진리를 추구하며 살았습니다. '왜 사는지', '세상이 어떻게 생겨났는지', '어떻게 살아야 하는지'를 깨닫기 위해 평생 간절히 진리를 찾았습니다. 그가 택한 방식은 답을 하는 대신 반문하는 것이었습니다. 소크라테스 대화법은 끊임없이 질문합니다. 더욱 나은 지혜를 얻기 위해 꾸준히 질문하고 진리를 추구합니다. 그가 마지막에 한 말은 "가장 확실한 것은 내가 진리를 모른다는 것이다"입니다. 그에게 진리는 그런 것이었습니다.

석가모니는 진리를 찾기 위해 출가했습니다. 여러분이 잘 아시듯, 출가 후 보리수 밑에서 큰 깨달음을 얻고 해탈의 경지에 이르렀습니다. 그런 다음에 석가모니는 "나를 믿고 나를 따르라"라고 이야기한 것이 아니라, "너희도 각자 해탈의 경지에 이르도록 수행하고 깨달으라"라고 말했습니다.

석가모니가 병에 걸려 극심한 고통 중에 있을 때 제자 아난다가 스승의 사후에 무엇을 의지해야 할지 근심이 되어 물었습니다. 그때 석가모니가 남긴 마지막 설법은 유명합니다. "너희는 저마다 자기 자신을 등불로 삼고 자신을 의지하여라. 또한 진리를 등불로 삼고 진리를 의지하여라." 다시 말해, "나를 의지하지 마라. 나를 통해 무엇인가를 얻으려 하지 마라. 너희 스스로 너희 속에 있는 불성을 깨닫고 스스로 진리를 깨달아야 한다"는 것입니다.

제가 볼 때 가장 인간적인 사람은 공자입니다. 그는 "삶도 모르는데, 어떻게 죽음을 알겠느냐"["未知生, 焉知死"(미지생, 언지사), 『논어』선진 편]라고 말했습니다. 공자는 죽음 너머 같은 것은 우리가 알 수 없다고 겸허히 인정하고, 오히려 삶의 매우 구체적인 지혜를 찾았습니다. '인'이나 '효' 같은, 인간이라면 마땅히 지녀야 할 가치들을 추구하며 살았습니다.

이들의 이야기를 들으면 마음이 겸허해지지 않습니까? '정말 그래. 진리라는 것은 추구해도 추구해도 알 수 없는 거야. 맞아. 진리라는 것은 누구에게 의지해서 얻는 것이 아니라, 나 스스로 알아가야 해. 알 수도 없는 죽음 이후보다는 적어도 실제 삶에서 지혜롭게 살아야지.' 이런 이야기를 해주는 인류의 스승이 있다는 것은 정말 큰 복이라고 말할 수 있습니다.

그런데 예수는 조금 다른 이야기를 합니다.

예수의 주장

14절은 이렇게 말합니다. "그 말씀은 육신이 되어 우리 가운데 사셨다." 여기서 '그 말씀'이 누구입니까? 세상을 창조하신 하나님입니다. 그런데 그 하나님이 '육신이 되어 우리 가운데 사셨다'고 합니다. 다시 말해, 하나님이 우리 같은 인간이 되어 이 땅에 오셨는데, 그가 예수라는 것입니다. 성경은 앞서 살펴본 성인들과는 사뭇 다른 주장을 하고 있습니다. 신이 인간이 되었다는 것입니다.

성경은 이어서 "우리는 그의 영광을 보았다. 그것은 아버지께서 주신, 외아들의 영광이었다. 그는 은혜와 진리가 충만하였다"라고 합니다. 은혜는 모든 인간과 모든 피조물이 살아남을 수 있도록 하나님이 주시는 선물입니다. 진리는 하나님께 속한 것이며, 하나님 자신일 수도 있습니다. 그런데 예수라는 분을 통해 하나님의 영광을 보았는데, 그 예수 안에 은혜와 진리가 있다는 것입니다. 즉 하나님이 인간에게 주시는 은혜와 '세상이 어떻게 돌아가고 있으며, 하나님이 어떤 분이시며, 우리가 어떻게 살아야 하는지'에 관한 모든 진리가 예수 안에 가득차 있다는 것입니다. 우리가 찾고 있는 진리가 그 안에 있다는 것입니다. 이것이 성경이 이야기하는 바입니다.

그래서 16절은 "우리는 모두 그의 충만함에서 선물을 받되, 은혜에 은혜를 더하여 받았다"라고 말합니다. 우리에게 엄청난 은혜를 줄 수 있는 진리의 보고, 은혜의 보고가 예수 안에 있다는 것입니다. 이것이 가능한 이유는 예수가 인간의 몸을 입은 하나님이기 때문입니다. 이 같은 주장을 요한복음은 앞부분만이 아니라 요한복음 전체에 걸쳐서 하고 있습니다. 18절에서는 "일찍이, 하나님을 본 사람은 아무도 없다. 아버지의 품속에 계신 외아들이신 하나님께서 하나님을 알려 주셨다"라고 분명히 못 박아 말합니다.

예수에 관한 이런 주장은 받아들이기가 좀 어렵습니다. 앞선 성인들의 주장은 받아들이기에 너무나 마땅한 내용입니다. "진리를 알 수 있을 때까지 추구하라. 스스로 진리를 깨달아라. 손에 잡히지 않는 것보다는 실제 삶에서 현실적으로 지혜롭게 살자." 이런 이야기들은 마음에 와닿지 않습니까?

그런데 예수는 다른 성인들과는 다른 주장을 합니다. 요한복음 전체를 통해 보십시오. 예수는 스스로 자기가 하나님과 동등하다고 말합니다. 어떤 사람이 예수에게 하나님을 보여 달라고 하자, "나를 보는 사람은 나를 보내신 분, 곧 하나님을 보는 것이다"라고 대답합니다. 심지어 "나는 무엇이든지 아버지께서 나에게 말씀하여 주신 대로 말할 뿐이다"라고 합니다.

거기다가 "내가 곧 진리다"라는 말까지 합니다. "내가 진리를 보여 줄게" 정도면 받아들일 만하겠습니다. "내가 진리를 가르쳐 줄게"도 괜찮습니다. 그런데 "나는 진리다"라고 말합니다. 사람들이 집어삼키기에는 너무 이상하고 어렵습니다. "이게 도대체 무슨 말이야? 어떻게 이렇게 배타적이고 독선적인 선언을 하지? 자기가 뭐라고 이런 식으로 말하는 거야?" 이런 질문을 요한복음을 읽는 사람은 하지 않을 수가 없습니다.

증언을 다루는 방법 : 거짓 증언 vs 참된 증언

저는 여러분이 앞으로 31일에 걸쳐 요한복음을 읽으면서 예수가 한 말의 진위를 심각하게 고민해 보시면 좋겠습니다. 요한복음은 예수가 한 말을 기록한 증언입니다. 증언은 어떻게 해야 합니까? 누가 무언가를 증언하면 우리는 증언의 진위를 따집니다. "옳은 증언인가, 아니면 조작된 것인가?" 어떤 목적에 의해 우리를 속이기 위해 만들어진 거짓 증언인지를 질문할 수밖에 없습니다. 저는 여러분이 스스로 그 진위를 판단하시기를 바랍니다. 누가 설명해 주어서가 아니라, 요한복음이 뭐라고 이야기하는지를 스스로 살펴보고 판단하시면 좋겠습니다.

먼저 신자들에게 말씀드립니다. 신자들은 "하나님을 믿으십니까?"라고 물으면 "믿습니다"라고 답합니다. "어떤 하나님을 믿으십니까?"라고 다시 물으면 "그냥 하나님을 믿습니다"라고 말합니다. 재차 구체적으로 어떤 하나님이신지를 물으면 "나는 하나님을 믿는다니까요!" 하며 짜증을 냅니다. 사실 많은 신자가 믿는 하나님에는 내용이 별로 없습니다. 자신들이 믿는 하나님이 누군지 잘 모르는 분들도 많습니다.

하나님을 믿는다고 하면서도 하나님에 관해 설명할 것이 별로 없다면, 어쩌면 믿지 않는 것일 수도 있습니다. 모르는 존재를 어떻게 믿을 수 있겠습니까? 그러니 자신이 그리스도인이라고 생각하시는 분이라면 요한복음을 통해 예수가 누구인지를 깊이 알아가면 좋겠습니다.

다음으로 아직 그리스도인이 아닌 분들께 말씀드립니다. 아마 기독교에 관해 여러 설명을 들으셨을 것입니다. 수많은 사람이 기독교에 관해 이야기합니다. 그리고 저도 이야기합니다. 하지만 누구의 이야기를 듣지 마시고, 요한복음을 직접 읽어 보시기를 바랍니다. 예수 당시의 초기 증언들이 예수를 도대체 누구라고 하는지 스스로 읽어 보고 진위를 발견하시기 바랍니다. 만약 그 증언이 말이 되지 않고 자신에게 무의미한 것이라면 덮어 버리십시오.

31일간 함께 요한복음을 읽는 길벗이 되면 좋겠습니다. 한 주에 정해진 만큼 요한복음을 읽고 나서, 그다음에 해설을 읽고 질문에 답하고 묵상을 하시면 됩니다. 31일을 들여서 성경의 핵심을 살펴보는 것은 분명 가치 있는 투자입니다. 요한복음의 주장이 워낙 독특하므로 과연 그러한지를 물어보는 것은 신자에게든 비신자에게든 매우 중요한 일입니다. 31일간의 여행이 끝날 때쯤 여러분 스스로가 요한이 증언하는 예수를 만나시기를 기대합니다.

+ 함께 생각하기

1. 나는 나를 포함한 이 세상이 어떻게 존재하게 되었다는 신념을 가지고 있는가?

2. 진리를 알 수 있는 두 가지 방법은 무엇이고, 나는 어떻게 그 진리를 알아 가고 있는가?

3. 인류 4대 성인 중 하나라고 할 수 있는 예수의 주장과 다른 성인들의 주장은 어떤 차이가 있는가?

4. 나는 이번 『요한과 함께 예수 찾기』를 통해서 예수에 대해 어떻게 탐구할 계획인가?

성경이 증언하는 예수

요 1:1-18

¹ 태초에 '말씀'이 계셨다. 그 '말씀'은 하나님과 함께 계셨다. 그 '말씀'은 하나님이셨다. ² 그는 태초에 하나님과 함께 계셨다. ³ 모든 것이 그로 말미암아 창조되었으니, 그가 없이 창조된 것은 하나도 없다. 창조된 것은 ⁴ 그에게서 생명을 얻었으니, 그 생명은 사람의 빛이었다. ⁵ 그 빛이 어둠 속에서 비치니, 어둠이 그 빛을 이기지 못하였다. ⁶ 하나님께서 보내신 사람이 있었다. 그 이름은 요한이었다. ⁷ 그 사람은 그 빛을 증언하러 왔으니, 자기를 통하여 모든 사람을 믿게 하려는 것이었다. ⁸ 그 사람은 빛이 아니었다. 그는 그 빛을 증언하러 왔을 따름이다. ⁹ 참 빛이 있었다. 그 빛이 세상에 와서 모든 사람을 비추고 있다. ¹⁰ 그는 세상에 계셨다. 세상이 그로 말미암아 생겨났는데도, 세상은 그를 알아보지 못하였다. ¹¹ 그가 자기 땅에 오셨으나, 그의 백성은 그를 맞아들이지 않았다. ¹² 그러나 그를 맞아들인 사람들, 곧 그 이름을 믿는 사람들에게는, 하나님의 자녀가 되는 특권을 주셨다. ¹³ 이들은 혈통에서나, 육정에서나, 사람의 뜻에서 나지 아니하고, 하나님에게서 났다. ¹⁴ 그 말씀은 육신이 되어 우리 가운데 사셨다. 우리는 그의 영광을 보았다. 그것은 아버지께서 주신, 외아들의 영광이었다. 그는 은혜와 진

리가 충만하였다. ¹⁵ (요한은 그에 대하여 증언하여 외쳤다. "이분이 내가 말씀드린 바로 그분입니다. 내 뒤에 오시는 분이 나보다 앞서신 분이라고 말씀드린 것은, 이분을 두고 말한 것입니다. 그분은 사실 나보다 먼저 계신 분이기 때문입니다.") ¹⁶ 우리는 모두 그의 충만함에서 선물을 받되, 은혜에 은혜를 더하여 받았다. ¹⁷ 율법은 모세를 통하여 받았고, 은혜와 진리는 예수 그리스도로 말미암아 생겨났다. ¹⁸ 일찍이, 하나님을 본 사람은 아무도 없다. 아버지의 품속에 계신 외아들이신 하나님께서 하나님을 알려 주셨다.

※ 은혜(14절) : 하나님이 인간에게 값없이 주시는 모든 선물

우리 모두는 각자의 안경을 가지고 세상을 봅니다. 이 안경, 즉 내가 사는 세상을 어떻게 보느냐를 결정짓는 렌즈를 '세계관'이라고 합니다. 자기 말로 잘 정리된 세계관을 가지고 있든 없든 사람들은 자신만의 세계관을 가지고 있습니다. 안경을 쓰는 사람이 안경을 의식하지 못하지만 그 안경에 의지해 사물을 보는 것같이, 우리는 세계관을 통해 세상을 읽고 세상 속에서 살아갑니다. 성경은 우리에게 이런 세계관을 제공합니다.

세계관에 관한 내용 중에 중요한 것은 "세상 만물이 어떻게 존재하게 되었는가?"에 대한 본질적인 질문입니다. 나를 포함해 존재하는 모든 것의 배후에 절대적인 신이 있는지 없는지, 있다면 어떤 존재인지 등과 관련된 질문입니다. 이 주제와 관련해 성경 전체는

일관된 주장을 하는데, 그 내용이 요한복음 1장 1-18절만큼 잘 요약된 곳은 찾기 어렵습니다. 성경 본문을 읽고 다음에 대해 무엇이라고 말하는지 찾아봅시다.

1. 우리가 사는 세상이 어떻게 존재하게 되었다고 말하는가? (3-5절)

2. 1절에서 예수를 무엇이라 표현하며, 그 의미는 무엇인가?

3. 9절에서 예수를 무엇이라 표현하며, 그 의미는 무엇인가? 또한 이에 대한 사람들의 반응이 어떠했다고 말하는가? (8-12절)

4. 예수가 우리 인간에게 가져다준 축복이 무엇이라 말하고 있는가?
   그 의미는 무엇인가? (14-18절)

   _____
   _____
   _____
   _____

5. 이 본문에 그려진 예수가 오늘날 나에게는 어떻게 다가오는가?

   _____
   _____
   _____
   _____

1 DAY 묵상

> 예수는 세상을 창조하셨고,
> 세상에 오셔서 하나님을 알려 주시고,
> 우리를 하나님의 자녀가 되게 하십니다.

세례자 요한이 증언하는 예수

요 1:19-34

¹⁹ 유대 사람들이 예루살렘에서 제사장들과 레위 지파 사람들을 [요한에게] 보내어서 "당신은 누구요?" 하고 물어보게 하였다. 그때에 요한의 증언은 이러하였다. ²⁰ 그는 거절하지 않고 고백하였다. "나는 그리스도가 아니오" 하고 그는 고백하였다. ²¹ 그들이 다시 요한에게 물었다. "그러면, 당신은 누구란 말이오? 엘리야요?" 요한은 "아니오" 하고 대답하였다. "당신은 그 예언자요?" 하고 그들이 물으니, 요한은 "아니오" 하고 대답하였다. ²² 그래서 그들이 말하였다. "그러면, 당신은 누구란 말이오? 우리를 보낸 사람들에게 대답할 말을 좀 해주시오. 당신은 자신을 무엇이라고 말하시오?" ²³ 요한이 대답하였다. "예언자 이사야가 말한 대로, 나는 '광야에서 외치는 이의 소리'요. '너희는 주님의 길을 곧게 하여라' 하고 말이오." ²⁴ 그들은 바리새파 사람들이 보낸 사람들이었다. ²⁵ 그들이 또 요한에게 물었다. "당신이 그리스도도 아니고, 엘리야도 아니고, 그 예언자도 아니면, 어찌하여 세례를 주시오?" ²⁶ 요한이 대답하였다. "나는 물로 세례를 주오. 그런데 여러분 가운데 여러분이 알지 못하는 이가 한 분 서 계시오. ²⁷ 그는 내 뒤에 오시는 분이지만, [나는] 그분의 신발 끈을 풀 만한 자격도 없소." ²⁸ 이것은 요한이 세례를

요한과 함께 예수 찾기

주던 요단강 건너편 베다니에서 일어난 일이다. [29] 다음 날 요한은 예수께서 자기에게 오시는 것을 보고 말하였다. "보시오, 세상 죄를 지고 가는 하나님의 어린 양입니다. [30] 내가 전에 말하기를 '내 뒤에 한 분이 오실 터인데, 그분은 나보다 먼저 계시기에, 나보다 앞서신 분입니다' 한 적이 있습니다. 그것은 이분을 두고 한 말입니다. [31] 나도 이분을 알지 못하였습니다. 내가 와서 물로 세례를 주는 것은, 이분을 이스라엘에게 알리려고 하는 것입니다." [32] 요한이 또 증언하여 말하였다. "나는 성령이 비둘기같이 하늘에서 내려와서 이분 위에 머무는 것을 보았습니다. [33] 나도 이분을 몰랐습니다. 그러나 나를 보내어 물로 세례를 주게 하신 분이 나에게 말씀하시기를, '성령이 어떤 사람 위에 내려와서 머무는 것을 보거든, 그가 바로 성령으로 세례를 주시는 분임을 알아라' 하셨습니다. [34] 그런데 나는 그것을 보았습니다. 그래서 나는, 이분이 하나님의 아들이라고 증언하였습니다."

※ 제사장들과 레위 지파 사람들(19절): 이스라엘은 12지파로 나뉘어 있었고, 그중 레위 지파는 하나님께 드리는 제사를 관장하는 지파였다. 제사장들은 제사를 인도하는 영적인 지도자였다.
※ 엘리야(21절): 이스라엘의 위대한 예언자 중 한 명
※ 바리새파 사람(24절): 1세기 유대교에는 종교적이고 도덕적 지도자인 바리새파, 로마와 결탁한 현실주의자인 사두개파, 그리고 이스라엘의 혁명을 꿈꾸는 행동주의자 열심당원 등이 있었는데, 그들 중 대중에게 가장 큰 영향을 끼친 그룹이 바리새파다.
※ 어린 양(29절): 이스라엘 사람들은 매년 자신들의 죄를 용서받기 위해 제물을 바쳤다. 죄는 하나님에 대한 반역이며 그 대가는 죽음에 해당하는데, 그들이 그 죄의 대가를 지불할 능력이 없었으므로 이런 제물이 대신하게 했다.

우리가 사는 세상은 고통이 가득합니다. 이런 세상을 바꾸어 사

람이 살 만한 세상이 오기를 누구나 바랍니다. 그래서 인간 역사 속에는 좀 더 나은 세상을 위한 분투, 유토피아를 가져다줄 것이라고 주장하는 이데올로기, 이런 세상으로부터의 초탈을 주장하는 종교 등이 있습니다.

성경(특히 구약성경)은 하나님 자신이 이렇게 고통이 가득한 세상을 치유하고 회복하는 일을 위해 인간 역사 속에 개입하실 것이라고 말합니다. 이런 회복을 이루실 분으로 하나님이 보내신 자를 '메시아'(히브리어, 그리스어로는 '그리스도')라고 합니다. 세례자 요한은 이 메시아를 증언한 첫 사람이었습니다. 세례자 요한이 예수에 대해 어떻게 증언하는지 살펴봅시다.

1. 세례자 요한에 대한 제사장들과 레위 지파 사람들(19-23절)과 바리새파 사람들(24-28절)의 질문에 세례자 요한은 무엇이라 답하는가?

2. 세례자 요한은 예수가 어떤 분이라고 설명하는가? 그 의미는 무엇인가? (29절)

3. 세례자 요한은 어떻게 예수를 알아보았는가? (30-33절)

　

4. 세례자 요한은 예수가 결론적으로 누구라고 증언하는가? (34절)

　

5. 이 본문에 그려진 예수가 오늘날 나에게는 어떻게 다가오는가?

---

2 DAY 묵상

예수는 세상 모든 사람의 죄를
대신 지기 위해 오셨습니다.

우리 한 사람, 한 사람을 아시는 예수

요 1:35-51

³⁵ 다음 날 요한이 다시 자기 제자 두 사람과 같이 서 있다가, ³⁶ 예수께서 지나가시는 것을 보고서, "보아라, 하나님의 어린 양이다" 하고 말하였다. ³⁷ 그 두 제자는 요한이 하는 말을 듣고, 예수를 따라갔다. ³⁸ 예수께서 돌아서서, 그들이 따라오는 것을 보시고 물으셨다. "너희는 무엇을 찾고 있느냐?" 그들은 "랍비님, 어디에 묵고 계십니까?" 하고 말하였다. ('랍비'는 '선생님'이라는 말이다.) ³⁹ 예수께서 그들에게 대답하셨다. "와서 보아라." 그들이 따라가서, 예수께서 묵고 계시는 곳을 보고, 그 날을 그와 함께 지냈다. 때는 오후 네 시쯤이었다. ⁴⁰ 요한의 말을 듣고 예수를 따라간 두 사람 가운데 한 사람은, 시몬 베드로와 형제간인 안드레였다. ⁴¹ 이 사람은 먼저 자기 형 시몬을 만나서 말하였다. "우리가 메시아를 만났소." ('메시아'는 '그리스도'라는 말이다.) ⁴² 그런 다음에 시몬을 예수께로 데리고 왔다. 예수께서 그를 보시고 말씀하셨다. "너는 요한의 아들 시몬이로구나. 앞으로는 너를 게바라고 부르겠다." ('게바'는 '베드로' 곧 '바위'라는 말이다.) ⁴³ 다음 날 예수께서 갈릴리로 떠나려고 하셨다. 그때에 빌립을 만나서 말씀하셨다. "나를 따라오너라." ⁴⁴ 빌립은 벳새다 출신으로, 안드레와 베드로와 한 고향 사람이었다. ⁴⁵ 빌립

이 나다나엘을 만나서 말하였다. "모세가 율법책에 기록하였고, 또 예언자들이 기록한 그분을 우리가 만났습니다. 그분은 나사렛 출신으로, 요셉의 아들 예수입니다." [46] 나다나엘이 그에게 말하였다. "나사렛에서 무슨 선한 것이 나올 수 있겠소?" 빌립이 그에게 말하였다. "와서 보시오." [47] 예수께서 나다나엘이 자기에게로 오는 것을 보시고, 그를 두고 말씀하셨다. "보아라, 저 사람이야말로 참으로 이스라엘 사람이다. 그에게는 거짓이 없다." [48] 나다나엘이 예수께 물었다. "어떻게 나를 아십니까?" 예수께서 대답하셨다. "빌립이 너를 부르기 전에, 네가 무화과나무 아래에 있는 것을 내가 보았다." [49] 나다나엘이 말하였다. "선생님, 선생님은 하나님의 아들이시요, 이스라엘의 왕이십니다." [50] 예수께서 그에게 말씀하셨다. "네가 무화과나무 아래 있을 때에 내가 너를 보았다고 해서 믿느냐? 이것보다 더 큰 일을 네가 볼 것이다." [51] 예수께서 그에게 또 말씀하셨다. "내가 진정으로 진정으로 너희에게 말한다. 너희는, 하늘이 열리고 하나님의 천사들이 인자 위에 오르락내리락하는 것을 보게 될 것이다."

※이것보다 더 큰 일(50절): 앞으로 예수가 사역을 통해서, 특히 죽음과 부활을 통해 보여 줄 일들

사람은 그 사람의 말을 들어 보는 것으로 파악할 수 없습니다. 그러나 함께 있어 보면 그가 어떤 사람인지 알 수 있습니다. 예수는 그를 따르는 자들에게 자신이 누구인지를 억지로 고백하라고 하지 않았습니다. 함께 있으면서 알아 가라고 권했습니다. 그와 실

제로 함께했던 제자들은 매우 짧은 시간에 그를 알아볼 수 있었습니다(1:14). 예수는 오늘날도 자신을 억지로 믿으라고 하지 않습니다. 함께 있으면서 누구인지 진실하게 알아보라고 권합니다.

예수는 제자들에게 올 때 그들 하나하나 속에 있는 소중한 가치를 봅니다. 왜냐하면 '그가 없이 창조된 것은 하나도 없기' 때문입니다(1:3). 내 속에 있는 고유한 가치를 어디서 찾는 것이 가장 지혜로울까요? 만약 나를 창조하신 분이 계시다면, 그리고 그분이 그 고귀한 가치를 내게 부여하셨고 자신이 하려는 일들을 보여 주기를 원하시는 분이라면 내 삶이 어떻게 변할 수 있을까요? 예수 초기 제자들의 이야기를 함께 살펴봅시다.

1. 예수가 요한의 제자들에게 제안한 것은 무엇인가? 그 이유는 무엇인가? (36-38절)

2. 두 제자 중 한 사람인 안드레는 형에게 예수를 누구라고 증언하는가? 어떻게 이런 중대한 결정을 내릴 수 있었나? (39-42절)

3. 예수가 베드로와 나다나엘에게 한 말은 그들 속에서 무엇인가를 보았기 때문이다. 그것은 각각 무엇인가? (42, 47절)

4. 예수가 초기 제자들에게 예고한 말을 제자들이 이해했을까? 예수의 말은 제자들에게 어떤 기대감을 주었는가? (50-51절)

5. 이 본문에 그려진 예수가 오늘날 나에게는 어떻게 다가오는가?

3 DAY 묵상

예수는 내가 누구인지 아십니다.

삶 속에서 일하시는 예수

요 2:1-12

¹ 사흘째 되는 날에 갈릴리 가나에 혼인 잔치가 있었다. 예수의 어머니가 거기에 계셨고, ² 예수와 그의 제자들도 그 잔치에 초대를 받았다. ³ 그런데 포도주가 떨어지니, 예수의 어머니가 예수에게 말하기를 "포도주가 떨어졌다" 하였다. ⁴ 예수께서 어머니에게 말씀하셨다. "여자여, 그것이 나와 당신에게 무슨 상관이 있습니까? 아직도 내 때가 오지 않았습니다." ⁵ 그 어머니가 일꾼들에게 이르기를 "무엇이든지, 그가 시키는 대로 하세요" 하였다. ⁶ 그런데 유대 사람의 정결 예법을 따라, 거기에는 돌로 만든 물항아리 여섯이 놓여 있었는데, 그것은 물 두세 동이 들이 항아리였다. ⁷ 예수께서 일꾼들에게 말씀하셨다. "이 항아리에 물을 채워라." 그래서 그들은 항아리마다 물을 가득 채웠다. ⁸ 예수께서 그들에게 말씀하시기를 "이제는 떠서, 잔치를 맡은 이에게 가져다주어라" 하시니, 그들이 그대로 하였다. ⁹ 잔치를 맡은 이는, 포도주로 변한 물을 맛보고, 그것이 어디에서 났는지 알지 못하였으나, 물을 떠온 일꾼들은 알았다. 그래서 잔치를 맡은 이는 신랑을 불러서 ¹⁰ 그에게 말하기를 "누구든지 먼저 좋은 포도주를 내놓고, 손님들이 취한 뒤에 덜 좋은 것을 내놓는데, 그대는 이렇게 좋은 포도주를 지금까지 남겨 두

였구려!" 하였다. ¹¹ 예수께서 이 첫 번 표징을 갈릴리 가나에서 행하여 자기의 영광을 드러내시니, 그의 제자들이 그를 믿게 되었다. ¹² 이 일이 있은 뒤에, 예수께서는 그의 어머니와 형제들과 제자들과 함께 가버나움에 내려가셔서, 거기에 며칠 동안 머물러 계셨다.

※ 물 두세 동이들이 항아리(6절): 유대인들은 자신들을 종교적으로 정결하게 하려 집에 들어갈 때 물로 손과 발을 씻는 관습이 있었다(유대 사람의 정결 예법).

    기적은 자연 질서를 거스르는 것으로, 인과 관계로 지배되는 세상에서는 불가능합니다. 그러나 만약 초자연적인 존재, 더 나아가 세상을 창조하신 하나님이 계신다면 자연 질서를 넘어선 사건은 가능합니다. 이러한 기적을 예수가 일으킨다면 그것은 그가 하나님이 보내신 자, 곧 메시아임을 드러내는 일입니다.

    이렇게 의미심장한 예수의 첫 기적이 일어난 장소는 결혼 잔치였습니다. 어떻게 보면 사소하고 개인적인, 또한 많은 사람이 눈치채지 못할 상황에서 기적을 일으켰습니다. 기적이 일어날 때 그 과정에 있던 사람들에게 이 사건은 어떤 의미가 있었을까요? 인생에서 가장 행복한 시간이라고 할 수 있는 결혼식에서 예수가 기적을 일으킨 의미는 무엇일지 성경 본문을 읽고 생각해 봅시다.

1. 예수의 어머니 마리아가 포도주가 떨어진 상황에서 일꾼들에게 한 말의 의미는 무엇인가? (5절, 참고: 마태복음과 누가복음에 의하면 마리아는 예수를 기적적으로 잉태했다. 당시 그녀만이 유일하게 예수가 하나님에게서 왔다는 사실을 알고 있었다.)

_____

_____

_____

_____

2. 일꾼들이 예수가 지시한 내용을 받아들이고 행동에 옮길 때 어떤 불편함이나 어려움, 그리고 어떤 경이로움이 있었을까? (7-9절)

_____

_____

_____

_____

3. 예수의 첫 기적을 본 사람들은 일꾼들이었다. 이렇게 작은 마을 결혼식의 하찮은 일꾼들이 기적을 경험하게 한 것에서 예수에 대해 무엇을 발견할 수 있는가?

4. 이 기적(결혼식에서 포도주가 떨어진 상황, 손발을 씻는 물동이의 물이 최고 포도주로 변한 것 등)을 통해 제자들이 보인 반응은 무엇인가? (11절) 이 기적을 통해 예수에 대해 발견한 것은 무엇인가?

4 DAY 묵상

예수는 나의 삶 속에서 일하십니다.

사람들의 기대와 다른 메시아, 예수

요 2:13-25

[13] 유대 사람의 유월절이 가까워져서, 예수께서 예루살렘으로 올라가셨다. [14] 그는 성전 뜰에서, 소와 양과 비둘기를 파는 사람들과 돈 바꾸어 주는 사람들이 앉아 있는 것을 보시고, [15] 노끈으로 채찍을 만들어 양과 소와 함께 그들을 모두 성전에서 내쫓으시고, 돈 바꾸어 주는 사람들의 돈을 쏟아 버리시고, 상을 둘러 엎으셨다. [16] 비둘기 파는 사람들에게는 "이것을 걷어치워라. 내 아버지의 집을 장사하는 집으로 만들지 말아라" 하고 말씀하셨다. [17] 제자들은 '주님의 집을 생각하는 열정이 나를 삼킬 것이다' 하고 기록한 성경 말씀을 기억하였다. [18] 유대 사람들이 예수께 물었다. "당신이 이런 일을 하다니, 무슨 표징을 우리에게 보여 주겠소?" [19] 예수께서 그들에게 말씀하셨다. "이 성전을 헐어라. 그러면 내가 사흘 만에 다시 세우겠다." [20] 그러자 유대 사람들이 말하였다. "이 성전을 짓는 데에 마흔여섯 해나 걸렸는데, 이것을 사흘 만에 세우겠다구요?" [21] 그러나 예수께서 성전이라고 하신 것은 자기 몸을 두고 하신 말씀이었다. [22] 제자들은, 예수께서 죽은 사람들 가운데서 살아나신 뒤에야, 그가 말씀하신 것을 기억하고서, 성경 말씀과 예수께서 하신 말씀을 믿게 되었다. [23] 예수께서 유월절에 예루살렘에

계시는 동안에, 많은 사람이 그가 행하시는 표징을 보고 그 이름을 믿었다. ²⁴ 그러나 예수께서는 모든 사람을 알고 계시므로, 그들에게 몸을 맡기지 않으셨다. ²⁵ 그는 사람에 대해서는 어느 누구의 증언도 필요하지 않으셨기 때문이다. 그는 사람의 마음속에 있는 것까지도 알고 계셨던 것이다.

※ 유월절(13절): 유대인이 매년 기념하는 중요한 명절로, 이집트에서 조상들을 해방시켜 주신 하나님을 기억하는 절기다.
※ 성전(14절): 하나님께 제사를 드리는 곳. 이스라엘의 성전은 솔로몬왕이 예루살렘 성전을 지은 후 외세의 공격으로 훼파되었으나 후세에 재건되었고, 이를 헤롯왕이 더 화려하게 다시 건축했다.

예수는 가나 혼인 잔치에서 기적을 일으켜 사람들의 필요를 채우고 결혼식의 기쁨을 더해 주었습니다. 그러나 유대인 종교 생활의 핵심인 유월절에, 신앙의 공간적 중심인 성전에서는 가나에서와는 정말 다른 모습을 보여 주었습니다. 성전을 헐라고, 그러면 사흘 만에 세우겠다는 이상한 말을 했습니다.

예수가 유월절에 예루살렘에서 일으킨 여러 기적을 보면서, 사람들은 그들이 원했던 정치적 메시아가 나타났다고 믿었던 것 같습니다. 그러나 예수는 대중적 지지와 인기에 연연하지 않았습니다. 유월절에 성전에서 보인 예수의 말과 행동을 통해 그가 어떤 분인지를 살펴봅시다.

1. 예수가 폭력적으로 보이는 행동을 한 이유가 무엇이라고 생각하는가? (13-17절)

2. 예수가 성전을 허물면 사흘 만에 다시 세우겠다는 말을 한 이유는 무엇인가? (21-22절)

3. 예수는 사역 초기부터 자신이 해야 할 가장 중요한 일을 알고 있었다. 그것은 무엇인가?

4. 사람들은 기적을 통해 예수가 그들을 로마로부터 해방시켜 줄 메시아라고 믿었으나, 예수는 그들에게 몸을 맡기지 않았다. 그 이유가 무엇일까? (24-25절)

5. 이 본문에 그려진 예수가 오늘날 나에게는 어떻게 다가오는가?

5 DAY 묵상

예수는 종교적 허식을 깨뜨리고
부활하신 메시아입니다.

JOHN

이야기, 둘

깨어진 세상에서 어떻게 살아야 하는가

우리를 거듭나게 하시는 예수

인생의 고민을 주고받으며 이야기를 나눌 수 있는 벗이 있다는 것은 큰 행복입니다. 좀 더 나은 삶과 세계를 고민하며 서로 격려하는 관계는 참 소중합니다. 인생에는 함께 걷는 길벗이 참 중요합니다. 요한복음을 쓴 사도 요한도 수많은 사람에게 길벗이 되어 주었습니다. 자신이 만났고 알았던 예수를 단순하면서도 깊이 있게 기록해 후대 사람들이 예수를 찾을 수 있도록 도와주는, 어떤 면에서는 굉장히 소중한 길벗 역할을 했고, 지금도 하고 있습니다. 그의 증언을 통해 시공을 넘어서서 예수를 찾아 갈 수 있다면 이 또한 우리에게 큰 복이라 생각합니다.

저는 사도 요한이 요한복음 전체에 걸쳐 소개한 예수와의 만남을 하나씩 살펴보려고 합니다. 그런데 첫 번째 만남이 무척 셉니다. 읽어 보면 아시겠지만 준비 운동을 하고 들어가는 것이 아니라 초반부터 다짜고짜 예수의 실체를 확 드러냅니다. 요한복음 3장 1-21절입니다.

¹ 바리새파 사람 가운데 니고데모라는 사람이 있었다. 그는 유대 사람의 한 지도자였다. ² 이 사람이 밤에 예수께 와서 말하였다. "랍비님, 우리는, 선생님이 하나님께로부터 오신 분임을 압니다. 하나님께서 함께하지 않으시면, 선생님께서 행하시는 그런 표징들을, 아무도 행할 수 없습니다." ³ 예수께서 그에게 말씀하셨다. "내가 진정으로 진정으로 너에게 말한다. 누구든지 다시 나지 않으면, 하나님 나라를 볼 수 없다." ⁴ 니고데모가 예수께 말하였다. "사람이 늙었는데, 그가 어떻게 태어날 수 있겠습니까? 어머니 배 속에 다시 들어갔다가 태어날 수야 없지 않습니까?" ⁵ 예수께서 대답하셨다. "내가 진정으로 진정으로 너에게 말한다. 누구든지 물과 성령으로 나지 아니하면, 하나님 나라에 들어갈 수 없다. ⁶ 육에서 난 것은 육이요, 영에서 난 것은 영이다. ⁷ 너희가 다시 태어나야 한다고 내가 말한 것을, 너는 이상히 여기지 말아라. ⁸ 바람은 불고 싶은 대로 분다. 너는 그 소리는 듣지만, 어디에서 와서 어디로 가는지는 모른다. 성령으로 태어난 사람은 다 이와 같다." ⁹ 니고데모가 예수께 물었다. "어떻게 이런 일이 있을 수 있습니까?" ¹⁰ 예수께서 대답하셨다. "너는 이스라엘의 선생이면서, 이런 것도 알지 못하느냐? ¹¹ 내가 진정으로 진정으로 너에게 말한다. 우리는, 우리가 아는 것을 말하고, 우리가 본 것을 증언하는데, 너희는 우리의 증언을 받아들이지 않는다. ¹² 내가 땅의 일을 말하여도 너희가 믿지 않거든, 하물며 하늘의 일을 말하면 어떻게 믿겠느냐? ¹³ 하늘에서 내려온 이 곧 인자 밖에는 하늘로 올라간 이가 없다. ¹⁴ 모세가 광야에서 뱀을 든 것 같이, 인자도 들려야 한다. ¹⁵ 그것은 그를 믿는 사람마다 영생을 얻게

하려는 것이다. [16] 하나님께서 세상을 이처럼 사랑하셔서 외아들을 주셨으니, 이는 그를 믿는 사람마다 멸망하지 않고 영생을 얻게 하려는 것이다. [17] 하나님께서 아들을 세상에 보내신 것은, 세상을 심판하시려는 것이 아니라, 아들을 통하여 세상을 구원하시려는 것이다. [18] 아들을 믿는 사람은 심판을 받지 않는다. 그러나 믿지 않는 사람은 이미 심판을 받았다. 그것은 하나님의 독생자의 이름을 믿지 않았기 때문이다. [19] 심판을 받았다고 하는 것은, 빛이 세상에 들어왔지만, 사람들이 자기들의 행위가 악하므로, 빛보다 어둠을 더 좋아하였다는 것을 뜻한다. [20] 악한 일을 저지르는 사람은, 누구나 빛을 미워하며, 빛으로 나아오지 않는다. 그것은 자기 행위가 드러날까 보아 두려워하기 때문이다. [21] 그러나 진리를 행하는 사람은 빛으로 나아온다. 그것은 자기의 행위가 하나님 안에서 이루어졌음을 드러내려는 것이다."

니고데모

이 이야기에서 니고데모가 처음 등장합니다. 그는 예수와 대화를 이어 나가다가 10절에서 약간 꾸중을 들었습니다. "너는 이스라엘의 선생이면서, 이런 것도 알지 못하느냐?"고 예수가 꾸짖습니다. 그리고는 계속 이야기가 이어지다가 니고데모는 사라졌습니다. 집에 갔다거나 하는 말이 나오지 않습니다. 그래서 학자들은 실제로 무슨 일이 있었는지를 탐색하기도 합니다. 그 답은 조금 있다가 살펴보기로 하고, 일단은 니고데모를 주목해 봅시다.

1세기 니고데모

1세기에 살았던 니고데모를 살펴봅시다. 니고데모는 바리새파 사람입니다. 바리새파 사람이 어떤 사람인지 오늘날 정확하게는 알 수 없지만 어느 정도까지는 파악할 수 있습니다. 그들을 알려면 이스라엘 역사를 먼저 알아야 합니다. 짧게 살펴보겠습니다.

애초에 하나님은 이스라엘 민족을 선택해 다른 나라 민족에게 자신이 누구인지를 보여 주려고 하셨습니다. 하지만 이스라엘은 선민의식에 갇혀서 거듭된 하나님의 경고에도 불구하고 그 일을 잘해 내지 못했습니다. 결국 하나님은 주변 강대국을 통해 이스라엘을 심판하셨습니다. 북 이스라엘과 남 유다로 쪼개졌다가 각각 B.C. 722년과 B.C. 586년에 나라가 완전히 사라지고, 백성의 대다수는 죽고, 남은 자들은 포로로 끌려갔습니다. 잠시 몇몇 지도자들이 남은 민족을 이끌고 예루살렘으로 귀환해 성전과 성벽을 재건했지만, 과거의 영광스러운 모습을 재현하기에는 역부족이었고 국가를 회복하지는 못했습니다.

그렇게 계속 강대국 치하에 있다가 예수가 오기 직전인 B.C. 150년경에 마카비 형제가 나타나 시리아를 상대로 무장 독립운동을 펼쳤습니다. 시리아라는 강대국이 이들의 게릴라전에 무너지면서, 잠시나마 이스라엘은 유대 땅을 회복했습니다. 이스라엘 사람에게는 굉장히 역사적인 사건이라서 그들은 이날을 3대 절기 중 하나인 '하누카'(수전절)로 기념합니다. 우리로 치면 일종의 '삼일절' 같은 날입니다. 그런데 잠깐 독립했다가 다시 시리아에 나라를 빼앗겼습니다. 이후 B.C. 63년에 패권을 잡은 로마 치하로 들어갔습니다. 이스라엘 사람들은 이렇게 아주 지리멸렬하고 구차한 역사를 이어 가고 있었습니다.

강대국에 짓눌려 수탈당하는 상황에서는 늘 그렇듯 권력에 빌붙은 사람도 등장했습니다. 압제하는 강대국의 이름을 딴 이집트파, 바빌론파, 앗시리아파, 시리아파에 이어서 친로마주의자들까지 등장했습니다. 헤롯대왕 같은 이들이 로마의 힘을 업고서 대규모 토목 공사를 일으켜 민중의 고혈을 짜자 이스라엘 사람들의 불만은 극에 달했습니다. 로마의 힘을 가지고 세상을 움직이는 사람들은 헤롯당원이나 사두개파였습니다.

그런데 그들과 바리새파는 달랐습니다. 바리새파 사람들은 이스라엘이 하나님께로 돌아가야 하나님이 이스라엘을 회복시켜 주신다고 믿었습니다. 그래서 '토라'라고 부르는 모세오경을 유대인에게 잘 설명해 줘서 확실히 지키게끔 하는 역할을 했습니다. 그들은 당시 거의 문맹이었던 민중에게 성경을 가르쳐 주고 어떻게 살아야 하는지를 알려 주었습니다. 율법을 잘 지키며 살아가는 모습을 하나님이 보시고 메시아를 보내 이스라엘 민족을 회복시켜 주시기를 바랐습니다. 그렇다 보니 바리새파 사람들은 유대인들의 정신적 지도자였습니다. 요세푸스 같은 역사가는 그들의 수가 6천 명가량이었다고 보았는데, 학자들은 그보다 적었을 것으로 파악합니다. 니고데모는 그 바리새파 사람 중에서도 대표적 인물이었습니다.

이쯤 되면 살짝 지루할 수도 있겠습니다. '도대체 2천 년 전 남의 나라 역사를 왜 듣고 있어야 하지?'라고 생각하실지 모르겠습니다. 그러나 1세기 니고데모는 그 시대에만 있었던 사람이 아니라, 오늘날에도 쉽게 만날 수 있는 보편적 인간의 특성을 보여 줍니다. 이 사람의 생각은 무엇입니까? 세상이 너무 악하고 망가졌다는 것입니다. 그 속에서 어떻게 살 것인지가 고민입니다. 권력에 빌붙어서 살아오는 인간들이 대대로 득세하는 세상이지만, 그렇게 시류에 따라 살지 않고 선하게 사는 방법이 있을 것이라며 포기하지 않습니다. 니고데모는 그런 삶이 어떤 것인지 연구하고, 가르치고, 실행하면서 본을 보이는 바리새파 사람이었습니다.

21세기 니고데모

저는 21세기에도 니고데모 같은 사람이 많다고 생각합니다. 그런 사람들의 특징은 첫 번째, 세상의 부조리함을 알고 있습니다. '왜 강자들은 승승장구하고 약자들은 공평한 기회를 얻기가 어려운가? 왜 늘 당해야만 하는가?' 하고 의문을 품습니다. 빈부 격차가 날이 갈수록 심해져서 한쪽에서는 마실 물이 없어서 죽어 가고, 다른 한쪽에서는 음식물 쓰레기가 넘쳐납니다. 이런 세상이 정상이 아니라는 생각에, 그 속에서 어떻게 살아야 할지를 늘 고민합니다. 항상 그것이 마음에 걸리는 사람들입니다. 21세기의 니고데모라고 할 수 있지요.

그들이 찾은 대안은 좀 착하게 살자는 것입니다. "농담이 아니라 정말 착하게 살자. 악하게 살지 말자. 더불어 살자. 사랑하며 살자"는 것이 그들의 대안입니다. 바리새파 사람들의 대안이기도 했습니다. "사회적 약자를 돌보고 선하게 살자"는 것이 율법의 정신이었습니다. 오늘날도 수많은 사람이 그렇게 살아가려고 애쓰고 있습니다.

최근 우리나라 사람들의 종교에 대한 관심은 예전과 같지 않습니다. 1970-80년대에 생존 자체가 힘들 때는 기독교가 크게 성장했습니다. 사람들이 위기의식 속에서 지푸라기라도 잡는 심정으로 교회를 찾았고, 그 마음을 기독교가 만져 주었습니다. 그런데 사람들이 보기에 요즘 기독교는 밤낮 자기만 생각하는 것 같습니다. 자기 혼자만 잘살겠다고 하니까, 21세기 니고데모는 그런 기독교를 쳐다보지도 않습니다. "세상이 이렇게 엉망이고 망가졌는데 예수 믿고 복 받으면 그만이냐?"라고 반문합니다.

오히려 인문학 관련 콘텐츠들이 그들의 관심을 끕니다. 고전들을 펼치면서 인간답게 사는 것이 무엇인지 찾아보자는 것입니다. '나는 누구인지, 어떻게 살 것인지, 또 어떻게 죽을 것인지'에 대한 답을 찾고 있습니다. 놀랍게도 이런 질문들은 거의 종교적입니다.

더는 종교가 답을 해주지 못한다고 생각해서 인문학에서 길을 찾는 것입니다.

그렇게 알아낸 지식을 바탕으로 실제로 생활합니다. 그러다가 뭐가 좀 보이면 다른 사람한테 그렇게 살라고 격려합니다. 지식인의 특징이기도 합니다. "이렇게 해봤는데 맞는 것 같아. 이렇게 살아 보자"라고 이야기합니다. 가령 "스티브 잡스는 매일 아침 거울을 보면서 자신을 성찰하고, 그날 해야 할 일이 아닌 일은 하지 않기로 결심했대. 그렇게 평생을 살았대"라고 전합니다. 이런 말이나 행동은 특히 젊은이들에게는 적지 않은 영향을 끼칩니다. 일정량 진리가 있고 가치가 있는 말입니다. 늘 더 나은 삶을 고민하는 21세기 니고데모는 이제 종교보다는 다른 것들에서 대안을 찾습니다.

1세기와 21세기 니고데모의 진실한 고민

그런데 1세기 니고데모와 21세기 니고데모의 진실한 고민에는 공통점이 하나 있습니다. '우리가 그렇게 노력하며 산다고 한들 세상에 만연한 악의 문제가 해결될까?' 하는 것입니다. 우리가 그날 해야 할 일만 하며 산들, 인문학에서 중요시하는 인생의 의미를 추구한들 우리가 사는 세상의 고통과 악의 문제를 부분적으로라도 해결할 수 있겠냐는 것입니다. 개개인이 열심히 노력하면 되지 않겠느냐고 생각하지만 그렇지 않은 현실을 목격하면서 안타까움이

켜켜이 쌓입니다.

  흔히 우리는 역사는 진보하고 세상살이는 점점 좋아질 것으로 생각합니다. 지금이야 여러 문제가 남아 있지만, 점점 없어질 것이라고 막연한 기대를 갖습니다. 한 가지 예만 들어 봅시다. 우리나라 전기 소비량은 세계 최고 수준입니다. 이를 원자력 발전을 통한 값싼 전기가 떠받치고 있습니다. 어떻게 보면 기름 한 방울 안 나오는 나라가 점점 좋은 세상이 되고 있는 것입니다. 그런데 한편에서는 핵폐기물이 점점 쌓이고 있습니다. 잘 아시듯 핵폐기물이 완전히 분해되는 데는 수만 년이 걸립니다. 그래서 드럼통에 담아 땅속에 묻고 있습니다.

  값싼 전기를 편하게 사용하니까 진보한 것 같아도 그 대가로 엄청난 핵폐기물을 후손에게 남기고 있습니다. 그 드럼통이 몇 년을 버틸까요? 정말 핵폐기물 저장 시설이 그 오랜 기간 정상 유지될까요? 당장 생각하기 싫은 것들은 미루어 둔 채 지금 편하다고 전기를 뽑아서 쓰고 있는 셈입니다. 원전 문제가 심각한데도, 후쿠시마 원전 사고 이후로는 그래도 나아졌지만, 그전까지만 해도 문제를 제기하는 사람이 별로 없었습니다.

  이런 세상에 살고 있다고 생각하면 정신이 번쩍 듭니다. 우리야 그렇더라도 우리 자녀들은 어떻게 살아야 하나 싶어서 정신이 납니다. 이런 문제를 1세기와 21세기 니고데모들은 고민합니다. 더 나아가서 바깥에만 이런 문제가 있는 것이 아니라 내 속에도 악의 문제가 있다는 사실을 알면 더 섬뜩합니다. '나도 정말 자기중심적이고 이기적이구나' 하는 생각이 퍼뜩퍼뜩 듭니다. 여러분은 언제 그런 생각이 드시는지요?

여러분이 평생 살던 동네에 돈을 모아서 아파트를 하나 장만했다고 칩시다. 잘 팔리지도 않는 아파트지만 동네가 좋아서 거기서 살려고 하나 얻었습니다. 그런데 아파트 바로 뒤에 송전탑을 세운다는 것입니다. 당연히 여러분의 허락도 받지 않고요. 그러면 여러분은 어떻게 하시겠습니까? 납골당은 또 어떻습니까? 장애인 학교는요?

남의 이야기일 때는 쉬웠지만 정작 내 일이 되면 달라집니다. 사실 그런 일이 신문이나 방송에 나와도 유심히 보지 않습니다. 관심이 표면에만 머물고 스쳐 지나갑니다. 그런데 내 이야기가 되면 심각합니다. 이런 일이 한둘이 아닙니다. 정보가 너무 많아져서 슬픈 소식들이 시도 때도 없이 들리니 귀가 열려 있고 눈을 뜨고 있다는 사실조차 괴로울 때가 많습니다. 그러면서도 매일매일을 아무렇지 않은 듯 살아야 합니다.

이런 상황 가운데서 니고데모들은 내면에 갈등하게 됩니다. '이렇게 계속 살아야 하는 것인가?' 그들은 깨어진 세상 속에서 어떻게 살아야 할지를 묻습니다. '세상만 그런 것이 아니라 나도 깨어져서 이기적이고 자기중심적인데, 깨어진 세상에서 무엇을 어떻게 할 수 있을까?' 고민합니다. 여러분도 이런 고민을 하십니까? 매일 머리를 싸매고 고민하지는 않더라도 이런 글을 읽고 이야기를 나누면 '아, 맞다' 하는 생각이 듭니다. 차를 몰고 가다가 폐지를 끌고 가는, 등이 기역자로 굽은 어르신을 보면 무엇인가가 우리 마음속에 부딪쳐 옵니다. '이 깨어진 세상 속에서 어떻게 살아야 할 것인가?'

서른 갓 넘은 예수의 답변

니고데모가 이런 질문을 가지고 예수에게 갔을 때 서른이 갓 넘은 예수의 답변은 무엇이었을까요?

'다시 태어남'의 필요성

예수는 다짜고짜 다시 태어나야 한다고 말했습니다. 니고데모는 기가 막혔습니다. 자기보다 훨씬 어린 친구가 다시 태어나야 한다고 말하니까 황당했습니다. 그래서 정중히 다시 물었습니다. "사람이 늙었는데, 그가 어떻게 태어날 수 있겠습니까? 어머니 배 속에 다시 들어갔다가 태어날 수야 없지 않습니까?" 그러자 예수는 물과 성령으로 나야 한다고 대답했습니다.

니고데모는 당연히 무슨 말인지 알 수가 없었습니다. 그래서 예수가 설명을 했습니다. "바람은 안 보여도 나뭇가지가 흔들리는 모습을 보고 바람이 있는 줄 안다. 성령으로 일어난 일도 마찬가지다. 성령은 사람을 변화시키는데 그 변화를 보면, 네가 그 현상을 완벽하게 설명할 수는 없어도 그 현상이 일어났다는 사실은 알 수 있다. 성령으로 거듭난다는 것은 이런 것이다."

이 말을 읽는 우리 역시 무슨 이야기인지 잘 모르겠습니다. 요한복음을 읽다 보면 '도대체 뭘 말하는 거지?'라는 질문이 자연스럽게 나옵니다. 요한복음 3장은 앞으로 요한복음 전체에 걸쳐 이것들을 하나씩 설명할 테니 깊이 생각해 보라고 초대합니다. 성령으로 말미암아 본질적인 변화가 있을 것이라고 예고하고 있습니다. "악한 세상을 고쳐야 합니다. 착하고 의롭게 삽시다!"와 같은 것으로는 안 되고 우리 내면이 바뀌는 특별한 일이 벌어져야 한다고, 그것이 거듭나는 것이라고 알려 줍니다.

그래서 니고데모는 "어떻게 이런 일이 있을 수 있습니까?" 하고 재차 질문했습니다. 그때 예수는 과거에 있었던 한 사건을 꺼냈습니다.

모세의 놋뱀 사건

바로 모세의 놋뱀 사건입니다. 이 대화는 사실 고수들의 문답입니다. 구약성경에 정통한 니고데모도 예수가 말하는 내용이 무엇인지 알고 있었습니다. 민수기 24장에 나오는 내용입니다.

이스라엘 민족은 이집트에서 노예로 살다가 종족 말살의 상황에서 극적으로 탈출해 지중해 연안의 가나안 땅으로 향했습니다. 그 과정 중에 하나님이 꾸준히 개입하셔서 그들을 살리셨습니다. 홍해를 가르셨을 뿐 아니라 아무것도 없는 광야에 먹고 마실 것을 보내 주셨습니다.

그런데 광야 생활이 이어지자 이스라엘 사람들은 지치면서 불평을 쏟아 냈습니다. "차라리 이집트 땅에서 사는 것이 더 나았겠다"는 말도 나왔습니다. 그때 사막의 불뱀이 그들을 습격했습니다. 아마 독사 종류였겠지요. 물린 사람들이 마구 죽어 나갔습니다. 하나님이 모세에게 놋뱀을 만들어서 장대 위에 달라고 명령하셨습니다. 그 놋뱀을 바라보는 사람은 살았습니다.

참 이상한 사건이었습니다. 구약 시대에는 그 사건의 의미를 잘 몰랐습니다. 그런데 예수가 그 사건을 끄집어내서 이야기한 것입니다. 구약의 많은 사건은 인간이 하나님을 몰랐을 때 일어난 것들로, 교육적인 목적이 있었습니다. 하나님이 어떤 분이시고, 인류가 어떤 상태인지를 알려 주기 위한 사건들이었지요. 그럼 이 사건이 의미하는 바는 무엇일까요?

놋뱀 사건에 담긴 가장 중요한 뜻은 생명의 근원이신 하나님이 세상을 붙들고 계신다는 것입니다. 하나님은 이스라엘 민족이 광야를 전전하며 불만을 토해 낼 때 누구의 힘으로 여기까지 왔는지를 기억하라고 말씀하셨습니다. 그들의 생명이 그들을 창조하신 하나님으로부터 흘러들어온 것임을 가르쳐 주고 싶으셨던 것입니다. 그들이 광야에서도 살고, 가나안 땅에 들어가서도 살아남을 수 있는 유일한 근거는 하나님이 그들과 함께하시는 것이었습니다. 하나님을 떠난다는 것은 죽음을 뜻했습니다. 그들이 잠시 하나님을 떠났을 때 불뱀에 노출되었고 즉시 죽을 수밖에 없었습니다.

성경은 이 같은 심판을 '현재적 심판'이라고 가르칩니다. 이것은 마치 뿌리가 뽑힌 나무와 같습니다. 당장 죽지는 않아도 시름시름 시들다가 잎사귀가 떨어지고 말라 가면서 죽습니다. 그리고 일정 시간이 지나면 다시 심어도 살지 못합니다. 현재적 심판은 잎사귀가 떨어지고 말라 가기 시작하는 것입니다. 언젠가 완전히 죽겠지만 현재도 죽어 가고 있다고 성경은 말합니다.

인간도 마찬가지로 하나님을 떠나면 뿌리가 뽑힌 나무처럼 심리적으로나 정서적으로 죽음을 맛봅니다. 육체적으로도 점점 죽어 갑니다. 이 죽음은 한 개인뿐만 아니라 사회적으로, 생태적으로 온 우주에 임합니다. 왜냐하면 그들에게 생명을 흘려보내고 계신 하나님과의 관계가 단절되었기 때문입니다.

이 문제를 해결하기 위해 하나님이 택하신 방법은 놋뱀을 만들어 장대 위에 다는 것이었습니다. 그것을 쳐다보면 살았습니다. 무슨 약을 발라 주는 것도 아니고, 다소 우스꽝스러운 방식입니다. 무슨 주술처럼도 보이고요.

여기서 하나님이 일하시는 방식이 드러납니다. 단절된 하나님과의 관계를 회복하는 일은 인간의 힘으로는 불가능하므로 인간의 노력은 철저히 배제됩니다. 선하게 살고, 문화를 발전시키고, 과학과 기술이 아무리 나아져도 별 쓸모가 없습니다. 인간이 살길은 하나님이 여십니다. 인간은 그것을 받아들이고 믿기만 하면 됩니다. 믿음이란 하나님이 인간을 위해 하신 일을 받아들이는 것입니다. 그래서 놋뱀을 쳐다만 봐도 살게 하셨습니다. 예수는 구약에서도 단 한 번 있었던 그 사건을 끄집어내서 자신도 그처럼 들려야 한다고 말했습니다.

예수의 상세한 해설

동기와 방법

많은 사람이 알고 있는 말씀인 요한복음 3장 16절이 그다음에 나옵니다. '하나님께서 세상을 이처럼 사랑하신다'는 것은 불뱀에 물려 죽어 가는 사람들, 하나님을 떠나 죽어 가는 인간들을 하나님이 사랑하신다는 말입니다. 그래서 하나님은 자신의 '외아들을 주셨습니다.'

당시 요한복음을 읽는 사람들은 예수가 십자가에 달려서 죽었다는 사실을 알고 있었습니다. 장대에 달린 놋뱀처럼 예수가 십자가에 달려 죽은 줄 알고 있었습니다. 니고데모와의 대화가 이루어진 당시에는 무슨 말인지 몰랐지만, 이 글을 나중에 읽는 시점에서는 해석이 가능했습니다. 하나님이 사랑하는 사람들을 살리기 위해 외아들인 예수를 보내셨고, 그가 한 일 중에서 가장 중요한 일이 십자가에 달린 것입니다. 예수가 "환난 닥친 사람을 그냥 지나치지 마라", "내 눈에 들보를 보라", "이웃을 사랑하라" 같은 여러 말을 남겼지만, 그 무엇보다 중요한 일은 십자가에 달린 것입니다. 그 일을 위해 그가 왔습니다.

목적

'그를 믿는 사람마다 멸망하지 않고 영생을 얻는다'라고 하니까 죽어서 천당 가는 것으로만 생각하시는 분이 있습니다. 여기서 '영생'은 영원한 생명, 하나님이 모든 피조물이 살아갈 수 있도록 주시는 생명력입니다. 우리가 죽고 난 후에 그 생명을 주시겠다는 것이 아니라, 지금 여기서 현재적 심판을 당하고 있는 우리에게 주시겠다는 것입니다. 하나님과의 관계가 끊어져 죽어 가고 있는 우리에게 생명이 들어오면 죽음이 드리웠던 삶의 현장이 회복되기 시작합니다. 뿌리가 뽑혀 시들시들했던 우리가 예수라는 생명에 뿌리를 박고 다시 살아납니다. 그 생명을 우리에게 주기 위해 예수가 왔습니다.

궁극적 목적

여기서 오해하지 말아야 할 것이 있습니다. 멀쩡한 사람들을 예수 안 믿으면 멸망시키는 것이 아닙니다. '멸망하지 않고 영생을 얻는다'는 말의 뜻은 이미 멸망하고 있는 사람들이 영생을 얻는다는 것입니다. 17절도 "하나님께서 아들을 세상에 보내신 것은, 세상을 심판하시려는 것이 아니라, 아들을 통하여 세상을 구원하시려는 것이다"라고 말합니다. 이미 심판받고 있는, 멸망당하고 있는, 시들시들 죽어 가고 있는 세상을 구원하기 위해, 세상에 새로운 생명을 주기 위해 하나님이 예수를 보내셨다는 것입니다. 18절은 더욱 명확하게, "믿지 않는 사람은 이미 심판을 받았다"라고 말합니다. 이미 고통을 겪고 있으며 깨어져 있다는 것입니다.

중요한 개념입니다. 멀쩡하던 사람들이 예수를 안 믿어서 멸망당하는 것이 아니라, 이미 멸망당해 죽어 가는 사람들이기에 예수를 믿지 않으면 영생을 얻지 못하고 그대로 죽는 것입니다. 19절과 20절에서 말하는 것처럼, 그들은 빛보다 어둠을 더 좋아하고, 빛을 미워하며, 자기 행위가 드러날까 두려워 빛으로 나아오지 않습니다. 이미 심판을 받아서 악을 저지르고는 빛을 피해 숨는 인간의 특징을 잘 보여 줍니다.

그러면 어쩌다 인간은 이렇게 불뱀에 물려 죽어 가는 것 같은 상태가 되었을까요? 많은 사람이 여러 이유를 들어 설명합니다. 교육을 충분히 받지 못해서, 부가 제대로 분배되지 않아서, 사회 구조가 근본적으로 악해서, 개개인의 삶을 윤택하게 하는 과학 기술이 충분히 발전하지 않아서 등 수많은 근거를 제시합니다. 하지만 성경은 단호합니다. 교육 문제도, 경제 문제도, 사회 구조 문제도, 과학 기술 문제도 아니고, 하나님과의 관계가 끊어진 데서 온 문제라고 말합니다.

문제의 원인이 그렇다면, 문제를 풀 방법은 하나님과의 관계를 회복하는 것뿐입니다. 예수가 이 땅에 와서 한 일이 그것입니다. 십자가에 달린 예수를 바라보고 받아들이면 하나님과의 관계가 회복되고, 그때부터 영원한 생명이 우리 속에 들어와 죽어 가고 있던 삶의 모든 영역이 회복되기 시작합니다. 그 결과, 21절에서처럼 빛이 비쳤을 때 '진리를 행하는 사람은 빛으로 나아옵니다.' 1세기와 21세기 니고데모들은 하나님이 길을 보여 주시면 그 빛으로 나아옵니다. 빛으로 나아오지 않는 사람은 어둠이 더 좋기 때문입니다. 니고데모라면 나오지 않을 이유가 없습니다. 누구라도 나오지 않겠냐는 것이 예수의 대답입니다.

예수의 답변을 듣고 고민에 빠진 니고데모

제가 풀어서 설명해 드렸지만, 니고데모가 이 말을 들었을 때 이해가 되었을까요? 아마 힘들었을 것입니다. 그래서 니고데모는 예수의 답을 듣고 고민에 빠졌습니다.

사라진 니고데모, 그러나

그런데 갑자기 니고데모가 사라졌습니다. 처음 성경공부 할 때 이 부분을 이해하기가 많이 힘들었습니다. '저자가 실수로 빠뜨렸나? 문학적 기법인가?' 여러 생각이 들었습니다. 고민에 싸인 니고데모는 갑자기 요한복음에서 사라졌습니다.

그런데 나중에 다시 나타납니다. 요한복음 7장에서 대제사장들과 바리새파 사람들이 모여서 예수를 비판하는 자리에서 니고데모가 나섭니다. "우리의 율법으로는, 먼저 그 사람의 말을 들어 보거나, 또 그가 하는 일을 알아보거나, 하지 않고서는 그를 심판하지 않는 것이 아니오?"(요 7:51). 모두가 예수를 지목해 깔아뭉개는 자리에서 그러면 안 된다고 말하는 것은 절대 쉬운 일이 아닙니다. 당연히 바로 그 자리에서 니고데모는 면박을 당했습니다. "성경을 안 읽습니까? 갈릴리에서 예언자가 나온다는 말은 없어요. 혹시 당신도 갈릴리 사람 아닙니까?"

이렇게 힐난을 당했으면 완전히 찌그러져 있을 법도 한데, 다시 등장합니다. 요한복음 19장에서 예수가 처형당합니다. 제자들은 다 도망가고 예수의 시체는 십자가에 달려 있습니다. 얼마나 살벌한 상황입니까? 그때 아리마대 사람 요셉이 예수의 시신을 달라고 요청합니다. 대단한 용기입니다. 정치범으로 처형된 자의 시체를 내달라고 하는 것은 오해받기 딱 좋은 행동이며, 그래서 무척 어려운 일입니다. 시신을 내리는 그때, 니고데모가 등장합니다. 시신의 부패를 막고 냄새나지 않게 하는 몰약에 침향을 섞어 35kg 정도 가지고 나타납니다.

1세기 니고데모의 지속되는 고민

성경에 나타나지는 않지만, 3장에서 예수의 말을 들은 니고데모는 고민하며 예수를 주목했을 것입니다. '예수가 한 말이 도대체 무슨 뜻일까? 그의 주장대로 그는 정말 하늘에서 내려온 것일까? 거듭난다는 말은 무엇인가? 성령이 오셔서 그런 일을 하신다는데 성령은 대체 어떤 분인가? 예수는 정말 심판받아서 죽을 수밖에 없는 사람들을 살리는 분인가? 자신이 들려야 한다는 말과 놋뱀이 들린 사건은 무슨 관계가 있는가? 놋뱀을 바라보는 것과 그를 믿고 의지하는 것은 무엇을 의미하는가?' 이런 질문들이 니고데모를 떠나지 않았을 것입니다. 요한복음은 니고데모의 이런 질문들에 하나씩, 하나씩 직간접적으로 답변합니다.

3장에서 니고데모는 사라졌지만, 7장에서 애써 예수를 변호하려 했고, 마지막 순간에는 예수의 시신 앞으로 나아왔습니다. 그때까지도 니고데모는 예수가 부활하리라고는 믿지 못했습니다. 장사 지낼 때 쓰는 물건을 가지고 나왔으니까요. 이렇듯 니고데모는 아직 예수를 다 알지는 못했지만, 예수가 던졌던 수많은 질문을 품고 그를 주목하며 그 질문들의 답을 찾아 나가고 있었습니다. 그런 혼란스러움 가운데서 장례용품을 챙겨 예수를 찾아온 것입니다.

21세기 니고데모의 진실한 질문

21세기 니고데모들도 동일하게 진실한 질문을 던지면 좋겠습니다. 우리는 자신과 세상에 대해 질문해 봐야 합니다. "악하고 부조리한 세상을 어떻게 볼 것인가? 그 속에 사는 나 자신의 이기심과 악함은 또 어찌할 것인가? 자기중심적이고, 나의 이익이 중요하고, 내 가족이 전부인 나, 그런 사람들이 모여 사는 세상이 삐뚤어지고 망가지는 것은 어쩔 수 없는 것 아닌가? 도대체 어떻게 살아야 하는가?" 이것이 우리의 질문입니다.

니고데모가 그랬듯이 이런 질문을 던지는 사람은 복되다고 생각합니다. 이런 질문조차 하지 않으면 그냥 모리배들처럼 권력과 돈을 탐하는 사람이 될 수밖에 없을 것입니다. 그렇게 살지 않으려면 '이건 아닌 것 같다'라며 계속 진실하게 질문을 해야 합니다. 그다음에야 비로소 예수의 답에 귀를 기울일 수 있습니다.

니고데모에게 답했던 것처럼, 우리의 질문에 예수가 답하고 있습니다. "본질적으로 변하기 전에는 문제가 해결되지 않는다. 이 일은 성령이 하신다. 그 방법은 놋뱀이 달렸던 것처럼 내가 달릴 때 그 의미를 받아들이고 믿는 것이다."

예수가 니고데모에게 대답한 말의 의미가 무엇인지를 깊이 고민해 보시면 좋겠습니다. "어떻게 생명의 근원이신 하나님과의 관계가 회복될 수 있을까? 영원한 생명이 미래뿐만 아니라 지금 현재의 나에게 영향을 미쳐서 깨지고 상한 삶을 회복시키고 있는가?

이것이 정말인가? 또 그렇게 사는 사람들이 있는가?"를 질문해 보셔야 합니다. 1세기 니고데모가 예수의 말을 듣고 요한복음 끝까지 심각한 고민을 밀고 나간 것처럼, 여러분도 요한복음이 끝날 때까지 이 질문을 계속 가지고 가시면 좋겠습니다.

가벼워도 너무 가벼운 시대에 이런 시도가 가능한가

우리가 사는 세상은 가벼워도 너무 가벼운 것 같습니다. 예수를 믿는 것, 종교를 갖는 것이 너무너무 가벼워졌습니다. 이런 세상 속에서 세상에 대해, 인생에 대해, 자신에 대해 진지한 질문을 던지기란 참 어렵습니다.

저는 1세기 니고데모가 그립습니다. 여러분을 격려하고 싶습니다. 여러분이 21세기 니고데모가 되시면 좋겠습니다. 예수는 본질적 질문을 하는 사람에게 답을 하는 분입니다. 정말 그런지 여러분이 찾고 구해 보십시오. 스스로 요한복음을 읽어 나가십시오. 우리의 길벗인 요한이 예수에 관해 무엇이라고 하는지, 어떻게 묘사하는지를 살펴보십시오. 친구나 동료가 있다면 읽은 내용을 놓고 함께 이야기를 나누셔도 좋습니다.

그런 과정을 통해 악하고 부조리한 세상 속에서 어떻게 살아야 하는지가 선명해질 수 있습니다. 그냥 선명해지는 정도가 아니라,

예수가 약속한 영원한 생명이 들어가서 현재적 심판 속에서 시들시들해지고 있는 삶의 모든 영역이 회복되는 경험을 하시면 좋겠습니다. 만약 그렇게만 된다면 이것은 진짜 진리일 가능성이 큽니다. 당신을 21세기 니고데모의 길로 초청합니다.

+ 함께 생각하기

1. 나는 세상을 살아가면서 세상의 어떤 부분이 가장 부조리하고 악하다고 생각하는가?

2. 우리 인간이 겪고 있는 문제를 나는 어떻게 해결할 수 있고, 또 그 가운데서 어떻게 살아야 한다고 생각하는가? 만약 별 생각 없이 산다면, 그 이유는 무엇인가?

3. 예수가 니고데모에게 답한 것이 오늘날 내게 어떤 의미로 다가오는가?

4. 최근 요한복음을 읽으면서 나, 세상, 그리고 예수에 대해 새롭게 발견한 것은 무엇인가?

예수가 니고데모에게 대답한 말의 의미가 무엇인지를 깊이 고민해 보시면 좋겠습니다. "어떻게 생명의 근원이신 하나님과의 관계가 회복될 수 있을까? 영원한 생명이 미래뿐만 아니라 지금 현재의 나에게 영향을 미쳐서 깨지고 상한 삶을 회복시키고 있는가? 이것이 정말인가? 또 그렇게 사는 사람들이 있는가?"를 질문해 보셔야 합니다. 1세기 니고데모가 예수의 말을 듣고 요한복음 끝까지 심각한 고민을 밀고 나간 것처럼, 여러분도 요한복음이 끝날 때까지 이 질문을 계속 가지고 가시면 좋겠습니다.

하나님 나라로
우리를 초대하시는 예수

요 3:1-21

¹ 바리새파 사람 가운데 니고데모라는 사람이 있었다. 그는 유대 사람의 한 지도자였다. ² 이 사람이 밤에 예수께 와서 말하였다. "랍비님, 우리는, 선생님이 하나님께로부터 오신 분임을 압니다. 하나님께서 함께하지 않으시면, 선생님께서 행하시는 그런 표징들을, 아무도 행할 수 없습니다." ³ 예수께서 그에게 말씀하셨다. "내가 진정으로 진정으로 너에게 말한다. 누구든지 다시 나지 않으면, 하나님 나라를 볼 수 없다." ⁴ 니고데모가 예수께 말하였다. "사람이 늙었는데, 그가 어떻게 태어날 수 있겠습니까? 어머니 배 속에 다시 들어갔다가 태어날 수야 없지 않습니까?" ⁵ 예수께서 대답하셨다. "내가 진정으로 진정으로 너에게 말한다. 누구든지 물과 성령으로 나지 아니하면, 하나님 나라에 들어갈 수 없다. ⁶ 육에서 난 것은 육이요, 영에서 난 것은 영이다. ⁷ 너희가 다시 태어나야 한다고 내가 말한 것을, 너는 이상히 여기지 말아라. ⁸ 바람은 불고 싶은 대로 분다. 너는 그 소리는 듣지만, 어디에서 와서 어디로 가는지는 모른다. 성령으로 태어난 사람은 다 이와 같다." ⁹ 니고데모가 예수께 물었다. "어떻게 이런 일이 있을 수 있습니까?" ¹⁰ 예수께서 대답하셨다. "너는 이스라엘의 선생이면서, 이런 것도 알지 못

하느냐? ¹¹ 내가 진정으로 진정으로 너에게 말한다. 우리는, 우리가 아는 것을 말하고, 우리가 본 것을 증언하는데, 너희는 우리의 증언을 받아들이지 않는다. ¹² 내가 땅의 일을 말하여도 너희가 믿지 않거든, 하물며 하늘의 일을 말하면 어떻게 믿겠느냐? ¹³ 하늘에서 내려온 이 곧 인자 밖에는 하늘로 올라간 이가 없다. ¹⁴ 모세가 광야에서 뱀을 든 것 같이, 인자도 들려야 한다. ¹⁵ 그것은 그를 믿는 사람마다 영생을 얻게 하려는 것이다. ¹⁶ 하나님께서 세상을 이처럼 사랑하셔서 외아들을 주셨으니, 이는 그를 믿는 사람마다 멸망하지 않고 영생을 얻게 하려는 것이다. ¹⁷ 하나님께서 아들을 세상에 보내신 것은, 세상을 심판하시려는 것이 아니라, 아들을 통하여 세상을 구원하시려는 것이다. ¹⁸ 아들을 믿는 사람은 심판을 받지 않는다. 그러나 믿지 않는 사람은 이미 심판을 받았다. 그것은 하나님의 독생자의 이름을 믿지 않았기 때문이다. ¹⁹ 심판을 받았다고 하는 것은, 빛이 세상에 들어왔지만, 사람들이 자기들의 행위가 악하므로, 빛보다 어둠을 더 좋아하였다는 것을 뜻한다. ²⁰ 악한 일을 저지르는 사람은, 누구나 빛을 미워하며, 빛으로 나아오지 않는다. 그것은 자기 행위가 드러날까 보아 두려워하기 때문이다. ²¹ 그러나 진리를 행하는 사람은 빛으로 나아온다. 그것은 자기의 행위가 하나님 안에서 이루어졌음을 드러내려는 것이다."

※ 하나님 나라(3절): 하나님의 다스림을 받아들인 사람들의 나라. 성경은 메시아가 오면 죄와 고통이 가득한 세상이 회복되는 새로운 시대가 시작되고, 그를 참으로 믿는 자들이 그 나라 백성이 될 것이라고 말한다.

※ 모세가 광야에서 뱀을 든 것같이(14절): 이스라엘 사람들은 이집트에서 구원받고 광야를 지나갈 때 하나님을 배신했다. 그때 사막 독사들의 공격을 받고 죽음의 위기에 처했으나 하나님이 모세에게 놋뱀을 장대 위에 달아 그것을 쳐다보는 자들은 살게 하셨던 사건을 이른다(민 21:4-9).

진실한 질문을 품고 있는 자에게 하나님은 진실한 답변을 주십니다. 니고데모는 종교 지도자였지만 마음속에 본질적인 질문이 있었고, 그래서 밤에 예수를 찾아왔습니다. 예수는 거침없이 그의 속에 있는 질문에 답했으며, 그가 알아들을 수 있도록 구약의 예를 들어 말했습니다.

이 본문은 우리 모두가 가지고 있는 본질적 질문, "어떻게 구원을 받고, 어떻게 하나님과 올바른 관계를 맺을 수 있을까?"에 관해 예수가 설명한 중요한 말을 담고 있습니다. 우리의 영적인 상태와 이를 회복하기 위해 예수가 할 일이 무엇인지, 그리고 우리는 어떤 반응을 할 수 있는지 살펴봅시다.

1. 예수는 니고데모가 질문하기도 전에 '하나님 나라'에 대해 말하고 대화를 이끌어 갔다. 여기서 예수의 어떤 면을 발견할 수 있는가?

   _____
   _____
   _____

2. 하나님 나라에 들어가는 것을 예수는 어떻게 설명하는가? (3, 5-8절)

   _____
   _____
   _____

3. 하나님 나라에 들어가는 것과 모세가 뱀을 든 사건(14-15절)은 무슨 관련이 있는가?

4. 예수는 자신이 이 세상에 온 이유를 무엇이라 설명하고(16-18절), 또 세상의 상태가 어떠하다고 말하는가? (19-21절)

5. 이 본문에 그려진 예수가 오늘날 나에게는 어떻게 다가오는가?

6 DAY 묵상

예수는 나를 하나님 나라로 초대하십니다.

하나님에 관해 증언하시는 예수

요 3:22-36

²² 그 뒤에 예수께서 제자들과 함께 유대 지방으로 가셔서, 거기서 그들과 함께 지내시면서, 세례를 주셨다. ²³ 살렘 근처에 있는 애논에는 물이 많아서, 요한도 거기서 세례를 주었다. 사람들이 나와서 세례를 받았다. ²⁴ 그때는 요한이 아직 옥에 갇히기 전이었다. ²⁵ 요한의 제자들과 어떤 유대 사람 사이에 정결예법을 두고 논쟁이 벌어졌다. ²⁶ 요한의 제자들이 요한에게 와서 말하였다. "랍비님, 보십시오. 요단강 건너편에서 선생님과 함께 계시던 분 곧 선생님께서 증언하신 그분이 세례를 주고 있는데, 사람들이 모두 그분에게로 모여듭니다." ²⁷ 요한이 대답하였다. "하늘이 주시지 않으면, 사람은 아무것도 받을 수 없다. ²⁸ 너희야말로 내가 말한 바 '나는 그리스도가 아니고, 그분보다 앞서서 보내심을 받은 사람이다' 한 말을 증언할 사람들이다. ²⁹ 신부를 차지하는 사람은 신랑이다. 신랑의 친구는 신랑이 오는 소리를 들으려고 서 있다가, 신랑의 음성을 들으면 크게 기뻐한다. 나는 이런 기쁨으로 가득차 있다. ³⁰ 그는 흥하여야 하고, 나는 쇠하여야 한다." ³¹ 위에서 오시는 이는 모든 것 위에 계신다. 땅에서 난 사람은 땅에 속하여서, 땅의 것을 말한다. 하늘에서 오시는 이는 [모든 것 위에 계시고, ³² 자기가 본 것

과 들은 것을 증언하신다. 그러나 아무도 그의 증언을 받아들이지 않는다. ³³ 그의 증언을 받아들인 사람은, 하나님의 참되심을 인정한 것이다. ³⁴ 하나님께서 보내신 이는 하나님의 말씀을 전한다. 그것은, 하나님께서 그에게 성령을 아낌없이 주시기 때문이다. ³⁵ 아버지는 아들을 사랑하셔서, 모든 것을 아들의 손에 맡기셨다. ³⁶ 아들을 믿는 사람에게는 영생이 있다. 아들에게 순종하지 않는 사람은 생명을 얻지 못하고, 도리어 하나님의 진노를 산다.

하나님이나 절대적 진리가 존재한다고 믿을 때 하나님이 어떤 분이시며 절대적 진리가 무엇인지에 관해 질문하지 않을 수 없습니다. 사람들은 하나님, 또는 절대적 진리를 찾기 위해 인류 역사를 통해 엄청난 열정을 쏟아부었고, 그래서 종교와 철학이 발전해 왔습니다.

성경은 이 모든 추구가 의미가 없지 않지만, 하나님을 아는 것은 그를 아는 자가 그에 대해 증언할 때 가능하다고 말합니다. 세례자 요한은 예수가 단순한 현인이나 성자가 아니라 특별한 분임을 증언했고, 그러므로 예수의 증언에 대한 우리의 반응은 매우 중요한 결과를 낳을 수밖에 없다고 말했습니다. 본문을 통해 살펴봅시다.

1. 세례자 요한의 제자들이 염려하는 것에 대해 예수는 어떤 자세를 취하는가? (22-30절)

2. 세례자 요한은 예수를 어떤 분이라고 증언하는가? (31-32절)

3. 세례자 요한은 예수와 하나님 아버지의 관계를 어떻게 설명하는가? (34-35절)

4. 세례자 요한은 예수의 증언에 대한 우리의 반응이 어떤 결과를 가져 온다고 말하는가? (33, 36절)

_____
_____
_____
_____

5. 이 본문에 그려진 예수가 오늘날 나에게는 어떻게 다가오는가?

_____
_____
_____
_____

7 DAY 묵상

예수가 알려 주신 하나님은
우리에게 영생을 주십니다.

다양한 장벽에 갇힌 한 여인과 대화하시는 예수

요 4:1-42

¹ 요한보다 예수께서 더 많은 사람을 제자로 삼고 세례를 주신다는 소문이 바리새파 사람들의 귀에 들어간 것을 예수께서 아셨다. ² ―사실은, 예수께서 직접 세례를 주신 것이 아니라, 그 제자들이 준 것이다.― ³ 예수께서는 유대를 떠나, 다시 갈릴리로 가셨다. ⁴ 그렇게 하려면, 사마리아를 거쳐서 가실 수밖에 없었다. ⁵ 예수께서 사마리아에 있는 수가라는 마을에 이르셨다. 이 마을은 야곱이 아들 요셉에게 준 땅에서 가까운 곳이며, ⁶ 야곱의 우물이 거기에 있었다. 예수께서 길을 가시다가, 피로해서서 우물가에 앉으셨다. 때는 오정쯤이었다. ⁷ 한 사마리아 여자가 물을 길으러 나왔다. 예수께서 그 여자에게 마실 물을 좀 달라고 말씀하셨다. ⁸ 제자들은 먹을 것을 사러 동네에 들어가서, 그 자리에 없었다. ⁹ 사마리아 여자가 예수께 말하였다. "선생님은 유대 사람인데, 어떻게 사마리아 여자인 나에게 물을 달라고 하십니까?" (유대 사람은 사마리아 사람과 상종하지 않기 때문이다.) ¹⁰ 예수께서 그 여자에게 대답하셨다. "네가 하나님의 선물을 알고, 또 너에게 물을 달라는 사람이 누구인지를 알았더라면, 도리어 네가 그에게 청하였을 것이고, 그는 너에게 생수를 주었을 것이다." ¹¹ 여자가 말하였다. "선생님, 선생님에

게는 두레박도 없고, 이 우물은 깊은데, 선생님은 어디에서 생수를 구하신다는 말입니까? [12] 선생님이 우리 조상 야곱보다 더 위대하신 분이라는 말입니까? 그는 우리에게 이 우물을 주었고, 그와 그 자녀들과 그 가축까지, 다 이 우물의 물을 마셨습니다." [13] 예수께서 말씀하셨다. "이 물을 마시는 사람은 다시 목마를 것이다. [14] 그러나 내가 주는 물을 마시는 사람은, 영원히 목마르지 아니할 것이다. 내가 주는 물은, 그 사람 속에서, 영생에 이르게 하는 샘물이 될 것이다." [15] 그 여자가 말하였다. "선생님, 그 물을 나에게 주셔서, 내가 목마르지도 않고, 또 물을 길으러 여기까지 나오지도 않게 해주십시오." [16] 예수께서 그 여자에게 말씀하셨다. "가서, 네 남편을 불러 오너라." [17] 그 여자가 대답하였다. "나에게는 남편이 없습니다." 예수께서 여자에게 말씀하셨다. "남편이 없다고 한 말이 옳다. [18] 너에게는, 남편이 다섯이나 있었고, 지금 같이 살고 있는 남자도 네 남편이 아니니, 바로 말하였다." [19] 여자가 말하였다. "선생님, 내가 보니, 선생님은 예언자이십니다. [20] 우리 조상은 이 산에서 예배를 드렸는데, 선생님네 사람들은 예배드려야 할 곳이 예루살렘에 있다고 합니다." [21] 예수께서 말씀하셨다. "여자여, 내 말을 믿어라. 너희가 아버지께, 이 산에서 예배를 드려야 한다거나, 예루살렘에서 예배를 드려야 한다거나, 하지 않을 때가 올 것이다. [22] 너희는 너희가 알지 못하는 것을 예배하고, 우리는 우리가 아는 분을 예배한다. 구원은 유대 사람들에게서 나기 때문이다. [23] 참되게 예배를 드리는 사람들이 영과 진리로 아버지께 예배를 드릴 때가 온다. 지금이 바로 그때이다. 아버지께서는 이렇게 예배를 드리는 사람들을 찾으신다. [24] 하나님은 영이시다. 그러므로 하나님께 예배를 드리는 사람은 영과 진리로 예배를 드려야 한다." [25] 여자가 예수께 말했다. "나는 그리스도라고 하는 메시아가 오실 것을 압니다. 그가 오시면, 우리에게 모든 것을 알려 주실 것입니다." [26] 예수께서 말씀하셨다. "너에게 말하고 있는 내가 그다." [27] 이때에 제자들이 돌아와서, 예수께서 그 여자와 말씀을 나누시는 것을 보고 놀랐다. 그러나 예수께 "웬일이십니까?" 하거나, "어찌하여 이 여자와 말씀을 나누고 계십니까?" 하고 묻는 사람이 한 사람도 없었다. [28] 그 여자는 물동이를 버려 두고 동네로 들어가서, 사람들에게 말하였다. [29] "내가 한 일을 모두 알아맞히신 분이 계십니다. 와서 보십시오. 그분이 그리스도가 아닐까요?" [30] 사람들이 동네에서 나와서, 예수께로 갔다. [31] 그러는 동안에, 제자들이 예수께, "랍비님, 잡수십시오" 하고 권하였다. [32] 그러나 예수께서는 그들에게 말씀하시기를 "나에게는 너희가 알지 못하는 먹을 양식이 있다" 하셨다. [33] 제자들은 "누가 잡수실 것을 가져다 드렸을까?" 하고 서로 말하였다. [34] 예수께서 그들에게 말씀하셨다. "나의 양식은, 나를 보내신 분의 뜻을 행하고, 그분의 일을 이루는 것이다. [35] 너희는 넉 달이 지나야 추수 때가 된다고 하지 않느냐? 그러나 나는 너희에게 말한다. 눈을 들어서 밭을 보아라. 이미 곡식이 익어서, 거둘 때가 되었다. [36] 추수하는 사람은 품삯을 받으며, 영생에 이르는 열매를 거두어들인다. 그리하면 씨를 뿌리는 사람과 추수하는 사람이 함께 기뻐할 것이다. [37] 그러므로 '한 사람은 심고, 한 사람은 거둔다'는 말이 옳다. [38] 나는 너희를 보내서, 너희가 수고하지 않은 것을 거두게 하였다. 수고는 남들이 하였는데, 너희는 그들의 수고의 결실에 참여하게 된 것이다." [39] 그 동네에서 많은 사마리아 사람이 예수를 믿게 되었다. 그것은 그 여자가, 자기가 한 일을 예수께서 다 알아맞히셨다고 증언하였기 때문이다. [40] 사마리아 사람들이 예수께 와서, 자기들과 함께 머무시기를 청하므로, 예수께서는 이틀 동안 거기에 머무르셨다. [41] 그래서 더 많은 사람들이 예수의 말씀을 듣고서, 믿게 되었다. [42] 그들은 그 여자에게 말하였다. "우리가 믿는 것은, 이제 당신의 말 때문만은 아니오. 우리가 그 말씀을 직접 들어 보고, 이분이 참으로 세상의 구주이심을 알았기 때문이오."

※ 사마리아(4절): 이스라엘을 침공한 앗시리아가 혼혈 정책을 시행해 유대인과 이방인 사이의 후손들이 태어났다. 그들이 사마리아에 거주한 탓에 유대인들은 그 지역을 매우 멸시하며 상종하지 않았다. 유대인들은 유대 지역 북쪽에 있는 사마리아 지역을 통과하는 대신에 우회로를 쓸 정도였다.

사람들은 다른 사람이나 집단에 대해 여러 편견을 가지고 있습니다. 다른 사람들에 대한 편견을 넘어서기는 정말 쉽지 않습니다. 예수는 유대인들이 강력하게 세워 놓은 인종적 장벽(사마리아인), 성적 장벽(여성), 도덕적 장벽(여러 남편을 거침)을 넘어 사마리아 여인과 깊은 대화를 나누었습니다.

예수는 여인이 가진 내면의 고독과 신앙적 혼란을 매우 섬세하면서도 진솔하게 다루었습니다. 여인은 예수와 대화하면서 자신과 하나님에 관해 전혀 새로운 인식을 하게 되고 놀라운 변화를 경험했습니다. 오늘날도 예수는 자신만의 벽 속에 갇혀 있는 사람에게 다가가 그들의 내면 문제와 실제적 문제를 다루어 줍니다. 이 예수를 본문을 통해 만나 봅시다.

1. 이 여인의 갈증은 육체적인 것만이 아니었다. 그렇다면 그것은 무엇이겠는가?

2. 예수가 넘은 장벽에 대해 생각해 보자. (9, 16-18절) 누구도 내게 다가올 수 없다고 느끼는 내면의 장벽이 있는가?

3. 예수는 여인의 문제에 궁극적인 답변을 주었다. (18-26절) 예배에 대한 답변과 예배를 가능하게 하는 메시아에 대한 답변이 내게는 어떤 의미를 주는가?

4. 예수에게 있는 특별한 양식은 무엇이고(32-38절), 그것이 사마리아 여인에게 실제로 어떻게 나타났는가? (39-42절)

5. 이 본문에 그려진 예수가 오늘날 나에게는 어떻게 다가오는가?

8 DAY 묵상

예수는 우리의 다양한 장벽을 넘어
우리에게 다가와 삶의 의미를 주십니다.

절망으로부터 구원하시는 예수

요 4:43-5:18

⁴³ 이틀 뒤에 예수께서는 거기를 떠나서 갈릴리로 가셨다. ⁴⁴ (예수께서 친히 밝히시기를 "예언자는 자기 고향에서는 존경을 받지 못한다" 하셨다.) ⁴⁵ 예수께서 갈릴리에 도착하시니, 갈릴리 사람들이 예수를 환영하였다. 그들도 명절을 지키러 예루살렘에 갔다가, 예수께서 거기서 하신 모든 일을 보았기 때문이다. ⁴⁶ 예수께서 또다시 갈릴리 가나로 가셨다. 그곳은 전에 물로 포도주를 만드신 곳이다. 거기에 왕의 신하가 한 사람 있었는데, 그의 아들이 가버나움에서 앓고 있었다. ⁴⁷ 그 사람은, 예수께서 유대에서 나와 갈릴리로 들어오셨다는 소문을 듣고, 예수께 와서 "제발 가버나움으로 내려오셔서, 아들을 고쳐 주십시오" 하고 애원하였다. 아들이 거의 죽게 되었기 때문이다. ⁴⁸ 예수께서 그에게 말씀하셨다. "너희는 표징이나 기이한 일들을 보지 않고는, 결코 믿으려고 하지 않는다." ⁴⁹ 그 신하가 예수께 간청하였다. "선생님, 내 아이가 죽기 전에 내려와 주십시오." ⁵⁰ 예수께서 말씀하셨다. "돌아가거라. 네 아들이 살 것이다." 그는 예수께서 자기에게 하신 말씀을 믿고 떠나갔다. ⁵¹ 그가 내려가는 도중에, 종들이 마중 나와 그 아이가 살았다고 보고하였다. ⁵² 그가 종들에게 아이가 낫게 된 때를 물어보니 "어제 오후 한 시

에, 열기가 떨어졌습니다" 하고 종들이 대답하였다. [53] 아이 아버지는 그때가, 예수께서 그에게 "네 아들이 살 것이다" 하고 말씀하신, 바로 그 시각인 것을 알았다. 그래서 그와 그의 온 집안이 함께 예수를 믿었다. [54] 이것은 예수께서 유대에서 나와서 갈릴리로 돌아오신 뒤에 행하신 두 번째 표징이다.

5장

[1] 그 뒤에 유대 사람의 명절이 되어서, 예수께서 예루살렘으로 올라가셨다. [2] 예루살렘에 있는 '양의 문' 곁에, 히브리말로 베드자다라는 못이 있는데, 거기에는 주랑이 다섯 있었다. [3] 이 주랑 안에는 많은 환자들, 곧 눈먼 사람들과 다리 저는 사람들과 중풍병자들이 누워 있었다. [그들은 물이 움직이기를 기다리고 있었다. [4] 주님의 천사가 때때로 못에 내려와 물을 휘저어 놓는데 물이 움직인 뒤에 맨 먼저 들어가는 사람은 무슨 병에 걸렸든지 나았기 때문이다.] [5] 거기에는 서른여덟 해가 된 병자 한 사람이 있었다. [6] 예수께서 누워 있는 그 사람을 보시고, 또 이미 오랜 세월을 그렇게 보내고 있는 것을 아시고는 물으셨다. "낫고 싶으냐?" [7] 그 병자가 대답하였다. "주님, 물이 움직일 때에, 나를 들어서 못에다가 넣어 주는 사람이 없습니다. 내가 가는 동안에, 남들이 나보다 먼저 못에 들어갑니다." [8] 예수께서 그에게 말씀하셨다. "일어나서 네 자리를 걷어 가지고 걸어가거라." [9] 그 사람은 곧 나아서, 자리를 걷어 가지고 걸어갔다. 그날은 안식일이었다. [10] 그래서 유대 사람들은 병이 나은 사람에게 말하였다. "오늘은 안식일이니, 자리를 들고 가는 것은 옳지 않소." [11] 그 사람이 대답하였다. "나를 낫게 해주신 분이 나더러, '네 자리를 걷어 가지고 걸어가거라' 하셨소." [12] 유대 사람들이 물었다. "그대에게 자리를 걷

어 가지고 걸어가라고 말한 사람이 누구요?" [13] 그런데 병 나은 사람은, 자기를 고쳐 주신 분이 누구인지를 알지 못하였다. 거기에는 사람들이 많이 붐비었고, 예수께서는 그곳을 빠져나가셨기 때문이다. [14] 그 뒤에 예수께서 성전에서 그 사람을 만나서 말씀하셨다. "보아라. 네가 말끔히 나았다. 다시는 죄를 짓지 말아라. 그리하여 더 나쁜 일이 너에게 생기지 않도록 하여라." [15] 그 사람은 가서, 자기를 낫게 하여 주신 분이 예수라고 유대 사람들에게 말하였다. [16] 그 일로 유대 사람들은, 예수께서 안식일에 그러한 일을 하신다고 해서, 그를 박해하였다. [17] 그러나 [예수]께서는 그들에게 말씀하셨다. "내 아버지께서 이제까지 일하고 계시니, 나도 일한다." [18] 유대 사람들은 이 말씀 때문에 더욱더 예수를 죽이려고 하였다. 그것은, 예수께서 안식일을 범하셨을 뿐만 아니라, 하나님을 자기 아버지라고 불러서, 자기를 하나님과 동등한 위치에 놓으셨기 때문이다.

※ 안식일에 그러한 일을 하신다고 해서(16절): 유대인들은 안식일을 거룩하게 지키라는 십계명 말씀을 따라, 안식일에는 아무런 노동도 하지 않는 관습을 가지고 있다. 그래서 예수가 사람의 병을 낫게 한 것도 안식일을 어긴 것이라고 여겼다.

사람은 살면서 절망을 경험합니다. 자기 한계 때문이기도 하고, 살면서 겪게 되는 다양한 결핍 때문이기도 합니다. 예상하지 못한 때 찾아오는 절망으로부터 완전히 자유로운 사람은 없습니다. 우리가 이런 인생의 최저점에 있을 때 예수는 우리를 찾아와 그 절망에서 해방시킵니다.

여기 왕의 신하가 있습니다. 그는 높은 신분과 재력을 가지고 있었으나 생명보다 더 귀한 자식이 죽음을 맞닥뜨렸을 때 절망할 수밖에 없었습니다. 한편 38년 동안 병마에 시달렸던 병자가 있습니다. 그는 베드자다 못가에서조차 낙오자였습니다. 평생 그렇게 산 셈입니다. 이렇게 사회적으로 최고에 있건 최저에 있건, 절망은 피할 수 없습니다. 예수는 오해와 박해를 피하지 않고 절망 가운데 있는 사람들을 만납니다. 절망에서 사람을 해방시키는 예수를 만나 봅시다.

1. 왕의 신하는 처음에는 '예수의 말'을 믿었고(50절), 두 번째는 표징으로 '예수'를 믿었다(53절). 이를 통해 우리가 예수를 믿는 과정에 대해 무엇을 알 수 있는가?

2. 베드자다 못가의 중풍 병자가 가진 절망은 어떤 것이었나? (5, 7절)

3. 예수는 왜 중풍 병자를 그냥 고쳐 주지 않고 "낫고 싶으냐"(6절)라고 물었나? 또한 다시 만났을 때 한 말(14절)을 통해 예수의 관심이 어디에 있다고 생각할 수 있는가?

_____
_____
_____
_____

4. 종교적 형식주의자들의 공격에도, 예수는 자신이 누구이며 무엇을 하고 있다고 말하는가? (17-18절)

_____
_____
_____
_____

9 DAY 묵상

예수는 우리를 절망에서 해방시키십니다.

심판이 아니라
영원한 생명을 주시는 예수

10
DAY

요 5:19–47

[19] 예수께서 그들에게 말씀하셨다. "내가 진정으로 진정으로 너희에게 말한다. 아들은 아버지께서 하시는 것을 보는 대로 따라 할 뿐이요, 아무것도 마음대로 할 수 없다. 아버지께서 하시는 일은 무엇이든지, 아들도 그대로 한다. [20] 아버지께서는 아들을 사랑하셔서, 하시는 일을 모두 아들에게 보여 주시기 때문이다. 또한 이보다 더 큰 일들을 아들에게 보여 주셔서, 너희를 놀라게 하실 것이다. [21] 아버지께서 죽은 사람들을 일으켜 살리시니, 아들도 자기가 원하는 사람들을 살린다. [22] 아버지께서는 아무도 심판하지 않으시고, 심판하는 일을 모두 아들에게 맡기셨다. [23] 그것은, 모든 사람이 아버지를 공경하듯이, 아들도 공경하게 하려는 것이다. 아들을 공경하지 않는 사람은, 아들을 보내신 아버지도 공경하지 않는다. [24] 내가 진정으로 진정으로 너희에게 말한다. 내 말을 듣고 또 나를 보내신 분을 믿는 사람은, 영원한 생명을 가지고 있고 심판을 받지 않는다. 그는 죽음에서 생명으로 옮겨갔다. [25] 내가 진정으로 진정으로 너희에게 말한다. 죽은 사람들이 하나님의 아들의 음성을 들을 때가 오는데, 지금이 바로 그때이다. 그리고 그 음성을 듣는 사람들은 살 것이다. [26] 그것은, 아버지께서 자기 속에 생명을 가지

고 계신 것같이 아들에게도 생명을 주셔서, 그 속에 생명을 가지게 하여 주셨기 때문이다. [27] 또, 아버지께서는 아들에게 심판하는 권한을 주셨다. 그것은 아들이 인자이기 때문이다. [28] 이 말에 놀라지 말아라. 무덤 속에 있는 사람들이 다 그의 음성을 들을 때가 온다. [29] 선한 일을 한 사람들은 부활하여 생명을 얻고, 악한 일을 한 사람들은 부활하여 심판을 받는다." [30] "나는 아무것도 내 마음대로 할 수 없다. 나는 아버지께서 하라고 하시는 대로 심판한다. 내 심판은 올바르다. 그것은 내가 내 뜻대로 하려 하지 않고, 나를 보내신 분의 뜻대로 하려 하기 때문이다." [31] "내가 내 자신을 위하여 증언한다면, 내 증언은 참되지 못하다. [32] 나를 위하여 증언하여 주시는 분은 따로 있다. 나를 위하여 증언하시는 그 증언이 참되다는 것을 나는 안다. [33] 너희가 요한에게 사람을 보냈을 때에 그는 이 진리를 증언하였다. [34] 내가 이 말을 하는 것은, 내가 사람의 증언이 필요해서가 아니다. 그것은 다만 너희로 하여금 구원을 얻게 하려는 것이다. [35] 요한은 타오르면서 빛을 내는 등불이었다. 너희는 잠시 동안 그의 빛 속에서 즐거워하려 하였다. [36] 그러나 나에게는 요한의 증언보다 더 큰 증언이 있다. 아버지께서 나에게 완성하라고 주신 일들, 곧 내가 지금 하고 있는 바로 그 일들이, 아버지께서 나를 보내셨다는 것을 증언하여 준다. [37] 또 나를 보내신 아버지께서 친히 나를 위하여 증언하여 주셨다. 너희는 그 음성을 들은 일도 없고, 그 모습을 본 일도 없다. [38] 또 그 말씀이 너희 속에 머물러 있지도 않다. 그것은 너희가, 그분이 보내신 이를 믿지 않기 때문이다. [39] 너희가 성경을 연구하는 것은, 영원한 생명이 그 안에 있다고 생각하기 때문이다. 성경은 나에 대하여 증언하고 있다. [40] 그런데 너희는 생명을 얻으러 나에게 오려고 하지 않는다. [41] 나는 사람에게서 영광을 받지 않는다. [42] 너희에게 하나님을 사랑하는 마음이 없는 것도, 나는 알고 있다. [43] 내가 내 아버지의 이름으로 왔는데, 너희는 나를 영접하지 않는다. 그러나 다른 이가 자기 이름으로 오면 너희는 그를 영접할 것이다. [44] 너희는 서로 영광을 주고받으면서 오직 한 분이신 하나님께서 주시는 영광은 구하지 않으니, 어떻게 믿을 수 있겠느냐? [45] 내가 너희를 아버지께 고발하리라고는 생각하지 말아라. 너희를 고발하는 이는 너희가 희망을 걸어온 모세이다. [46] 너희가 모세를 믿었더라면 나를 믿었을 것이다. 모세가 나를 두고 썼기 때문이다. [47] 그러나 너희가 모세의 글을 믿지 않으니, 어떻게 내 말을 믿겠느냐?"

※ 죽은 사람들(25절), 무덤 속에 있는 사람들(28절): 죽어서 무덤 속에 있는 사람들을 가리키기보다 현재 살아 있으나 이미 심판받고 종국에는 죽음에 이를 사람들을 가리킨다. 성경은 생명을 부여하고 유지하시는 하나님을 떠난 사람이 현재는 살아 있더라도 죽은 자라고 여긴다.

일반적으로 사람들은 예수를 삶의 모범, 사랑을 실천하고 가르친 현자로 받아들이고 싶어 합니다. 그러나 본문을 보면, 예수는 자신을 그런 종류의 사람으로 여기지 않습니다. 그는 자신이 하나님 아버지로부터 보내심을 받은 자로서, 하나님이 자신에게 세상을 살릴 수도 있고 심판할 수도 있는 권한을 주셨다고 주장합니다.

자신을 통해서 현재 '죽은 자'들이 살아날 수 있다고 주장합니다.

예수의 주된 관심은 죽어 있는 사람들을 살려 내는 것이며, 그들을 심판에 이르지 않게 하는 것입니다. 예수를 믿을 때 인간은 영원한 생명을 얻는데, 이러한 자신의 극단적 주장이 여러 증거를 통해 뒷받침된다고 예수는 말합니다. 증거들은 세례자 요한, 자신이 하는 일들, 하나님 자신과 하나님의 뜻을 기록한 성경이라고 주장합니다. 예수의 주장에 귀 기울여 봅시다.

1. 예수는 자신(=아들)과 하나님(=아버지)의 관계를 어떻게 표현하며, 하나님이 자신에게 맡기신 일이 무엇이라고 말하는가? (19-30절)

2. 예수는 자신의 말을 듣는 사람들의 상태가 어떠하다고 표현하며(25, 28절), 어떻게 사람들이 이 상황에서 벗어날 수 있다고 말하는가? (24-29절)

3. 예수는 자신의 참됨에 대한 증언이 있다고 말한다. 그것이 누구

(무엇)인가? (31-35, 36-38, 39-47절)

4. 본문에서 예수는 생명을 얻는 방법에 대해 반복적으로 말한다. 그것은 무엇인가? (24, 34, 40, 46-47절)

5. 이 본문에 그려진 예수가 오늘날 나에게는 어떻게 다가오는가?

10 DAY 묵상

예수는 죽어 있는 자와 같은 우리를
살리기 원하십니다.

JOHN

이야기. 셋

인생을 무슨 힘으로 살 것인가

생명의 밥 되시는 예수

여러분은 무슨 힘으로 사십니까? 사는 게 쉽지 않고, 치열하다 못해 살아남기 어렵구나 하는 상황을 매일 경험하는데, 그 속에서 어떤 힘으로 사십니까? 여러분의 지금 상태는 어떻습니까?

1. 사는 게 너무 재밌다.
2. 그럭저럭 살 만하다.
3. 죽지 못해 산다.
4. 조금만 더 나가면 죽을 것 같다.

여러분은 지금 몇 번이신가요? 아마도 사는 게 재밌는 분보다는 '사는 게 힘들다', '그럭저럭 산다', '죽을 지경이다', '죽는 것이 낫겠다'는 분도 많을 것 같습니다.

우리가 사는 세상은 화려하고, 자극적이며, 도처에 재미가 있는 듯하지만 정작 그 속에서 살아가는 우리는 사는 게 참 힘들다는 생각을 많이 합니다. 가끔 서울의 대학로나 명동 같은 곳에 나가 보면 살아 있다는 느낌을 받다가도, 얼마나 피상적인가 하는 생각도 듭니다. 그 많은 사람이 저마다 인생의 어려움을 가득 지고 걷는 것처럼 보입니다. 겉으로는 화려해 보여도 실제로는 광야 같은 인생길을 걸어가고 있는 것이지요. 눈에 보이는 것은 화려하고, 자극적이고, 재미가 있지만 정작 우리는 외롭고, 힘들고, 얼마나 죽을 지경인지 모릅니다.

이런 모습을 보노라니 사람들이 무슨 힘으로 사는지 궁금해졌습니다. 무슨 힘으로 살까요? 제가 생각하기에는 막연한 기대감 같은 것이 있는 듯합니다. 더 나은 삶이 있을 것이라는, '이렇게 애쓰다 보면 좋은 날이 오겠지' 하는 막연한 기대로, 그 힘으로 가는 것 같아요. 아니면 열심히 일한 후에 찾아오는 쉼을 기다리는 것도 같습니다. 짧게는 주말에, 길게는 1년에 한두 번 있는 휴가를 기다립니다. 직장인들이 얼마나 그때를 기다리는지요. 그 힘으로 버티는 것도 같습니다.

아니면 무언가 성취하는 데서 위안을 얻는 것 같습니다. 이성 친구를 사귀는 것, 사랑하는 사람과 결혼하는 것, 아이가 커서 대학에 들어가는 것, 승진해서 월급을 많이 받는 것 등이 활력을 주는지 모릅니다. 물론 약간의 일탈이나 쾌락도 있을 수 있겠지요.

광야 같은 세상을 살면서 과연 그런 것들이 얼마나 오래 우리를 버티게 하는지 진지하게 생각해 볼 필요가 있습니다. 우리 육체는 하루하루 밥을 먹고 힘을 얻지만, 우리는 그것 말고도 정신적으로 무언가에 자극을 받으며 살아갑니다. 따라서 "과연 그런 것들이 나를 지탱해 줄 만한 것인가? 과연 의미가 있는가? 나를 살게 해 주는가?" 하는 질문을 오랫동안 자주 무의식으로 하게 됩니다.

'광야 같은 세상을 지나며 낙원의 삶을 꿈꾸는 것은 아닐까?' 그런 생각을 종종 합니다. 광야를 지나며 낙원을 꿈꾸는 것은 모든 시대 모든 사람에게 공통으로 나타납니다. 인류의 오래된 이야기인 성경의 중요한 모티브 중에 '출애굽'이 있습니다. 이스라엘이라는 이름도 없는 소수 민족이 강대국 이집트에서 노예 생활을 하다가 탈출한 사건이 바로 출애굽입니다. 영화 〈십계〉나 〈이집트 왕자〉라는 애니메이션에서 보셨겠지만, 모세라는 사람이 이스라엘 백성을 이끌고 나왔습니다. 이집트에서 빠져나온 사람들은 불모지인 광야를 걸어가며 가나안 땅에 들어갈 꿈을 꾸었습니다.

이 모티브는 역사적으로 일어난 사건이기도 하지만, 상징적 의미가 큽니다. 노예 생활에서 벗어나 광야를 지나 낙원에 이르게 되는 것이지요. 모든 사람이 더 나은 삶에 대한 기대를 품고 걸었습니다. 광야는 낮에는 뜨겁고 밤에 춥고, 물도 먹을 것도 제대로 얻기 어려운 아주 척박한 땅입니다. 이때 하나님이 그들에게 물과 음식을 매일 제공하셨습니다. 그래서 그들은 살아남을 수 있었고, 마침내 가나안 땅에 들어갔습니다. 이번 장에서 소개하려는 이야기에는 광야에 관한 모티브가 바닥에 깔려 있습니다.

예수의 이야기

요한복음 6장에서 예수는 자신이 누구인지를 이야기합니다. 이야기가 길어서 부분마다 발췌해서 살펴보겠습니다.

오병이어의 기적

6장은 갈릴리 호수 건너편에서 일어난 오병이어 사건으로 시작합니다. 이스라엘 민족이 이집트에서 빠져나온 지 1,300년 정도가 지났어도 광야 같은 삶은 여전했습니다. 연이은 강대국의 지배로 나라는 파탄이 났고, 로마 치하에까지 이르렀습니다. 언제나 그렇듯 기득권층은 윤택하게 살았지만, 대다수 유대인들은 그렇지 못했습니다. 물론 기득권층 중에서도 "이렇게 사는 것이 옳은가?" 하고 질문을 던지는 사람들은 있었습니다.

이런 그들 앞에 예수가 나타났습니다. 광야에 있는 그를 보러 사람들이 몰려나왔고, 따라다니다 보니 허기가 졌습니다. 그들을 위해 예수는 떡 다섯 개와 물고기 두 마리로 5천 명을 먹이는 기적을 일으켰습니다.

이 사건은 이집트를 탈출한 이스라엘 민족이 하나님의 도움으로 광야에서 살아남았던 때를 생각나게 합니다. 당시로부터 1,300년이나 지났어도, 이스라엘 백성은 여전히 광야 같은 세상에서 언제 살 만한 세상이 되는지, 우리 인생은 언제 나아질지, 언제 사는 것

같이 살지 궁금해하며 살았습니다. 이럴 때 예수가 나타나자, 그가 해답을 줄지 모른다는 생각에 몰려들었습니다. 더군다나 예수가 오병이어의 기적을 보이자, 그들은 기대했던 분이 오신 줄 알고 깜짝 놀랐습니다. 그들의 반응이 14-15절에 나와 있습니다.

[14] 사람들은 예수께서 행하신 표징을 보고 "이분은 참으로 세상에 오시기로 된 그 예언자이다" 하고 말하였다. [15] 예수께서는, 사람들이 와서 억지로 자기를 모셔다가 왕으로 삼으려고 한다는 것을 아시고, 혼자서 다시 산으로 물러가셨다.

이스라엘 백성은 그냥 예언자가 아니라, 이 세상을 회복할 '그' 예언자, 곧 메시아를 기다렸습니다. 광야에서 모세를 통해 물과 음식을 계속 공급받으며 살아남았는데, 모세 같은 이가 왔다고 생각해 예수를 왕으로 옹립하려 했습니다. 예수는 정치적 왕이 되어 이스라엘을 구하러 온 것이 아니었으므로 그 자리를 피해 떠났습니다.

이스라엘 사람들이 기대하는 해결책과 예수의 해결책

사람들은 가버나움이라는 마을까지 쫓아가서 예수를 다시 만났습니다. 하지만 이스라엘 백성이 기대한 것과 예수가 제시한 해결책은 완전히 달랐습니다. 이에 예수는 책망했습니다.

[26] 예수께서 그들에게 대답하셨다. "내가 진정으로 진정으로 너희에게 말한다. 너희가 나를 찾는 것은 표징을 보았기 때문이 아니라, 빵을 먹고 배가 불렀기 때문이다. [27] 너희는 썩어 없어질 양식을 얻으려고 일하지 말고, 영생에 이르도록 남아 있을 양식을 얻으려고 일하여라. 이 양식은, 인자가 너희에게 줄 것이다. 아버지 하나님께서 인자를 인정하셨기 때문이다."

사람들이 예수를 찾아온 이유는 썩어질 양식, 곧 편안히 먹고 마시며 사는 것, 로마로부터의 해방을 바랐기 때문입니다. 그들은 자신들의 광야 생활에 종지부를 찍고, 살 만한 세상, 낙원을 가져다줄 존재를 기다렸습니다. 그것이 이스라엘 사람들이 생각한 해결책이었습니다.

이에 대해 예수는 "썩어 없어질 양식을 얻으려고 일하지 말고, 영생에 이르도록 남아 있을 양식을 얻으려고 일하여라"라면서, 자신이 그것을 주러 왔다고 말했습니다. 이스라엘 사람들은 낙원에 이르는 방법으로 정치적 혁명을 꿈꿨습니다. 그러나 예수는 영구적으로 너희를 살릴 방법이 필요하다고 다른 말을 했습니다. 단지 이 땅의 문제를 해결하는 데서 그치지 말고, 그 너머 더 초월적이고 영원히 썩지 않는 양식이 너희에게 필요하다고 강조했습니다.

그러자 모인 무리는 '이 양반이 대체 무슨 소리를 하는 거야?' 하며 기막혀했습니다. 그러면서 "당신이 그런 일을 한다는 것은 하나님에게서 왔다는 말인데, 그 표징을 보여 주시오"라고 말했습니다. 표징은 하나님의 신성을 나타내는 증거라는 말인데, 그것을 보여 달라고 했습니다. 모세가 한 번이 아니라 매일 먹을 것을 가져왔듯이 당신도 그렇게 해보라는 것입니다. 하나님이 당신을 보내셨는지를 증명해 보라는 것입니다. 우리가 생각하는 낙원이 아니라 그 이상을 바란다면 당신이 그럴 수 있는 존재인지를 증명해 보라고 요구했습니다. 이에 예수가 대답했습니다. 32-42절입니다.

[32] 예수께서 그들에게 대답하셨다. "내가 진정으로 진정으로 너희에게 말한다. 하늘에서 너희에게 빵을 내려다 주신 이는 모세가 아니다. 하늘에서 참 빵을 너희에게 주시는 분은 내 아버지시다. [33] 하나님의 빵은 하늘에서 내려와 세상에 생명을 주는 것이다." [34] 그들은 예수께 말하였다. "주님, 그 빵을 언제나 우리에게 주십시오." [35] 예수께서 그들에게 말씀하셨다. "내가 생명의 빵이다. 내게로 오는 사람은 결코 주리지 않을 것이요, 나를 믿는 사람은 다시는 목마르지 않을 것이다. [36] 그러나 내가 이미 말한 대로, 너희는 [나를] 보고도 믿지 않는다. [37] 아버지께서 내게 주시는 사람은 다 내게로 올 것이요, 또 내게로 오는 사람은 내가 물리치지 않을 것이다. [38] 그것은, 내가 내 뜻을 행하려고 하늘에서 내려온 것이 아니라, 나를 보내신 분의 뜻을 행하려고 왔기 때문이다. [39] 나를 보내신 분의 뜻은, 내게 주신 사람을 내가 한 사람도 잃어버리지 않고, 마지막 날에 모두 살리는 일이다. [40] 또한 아들을 보고 그를 믿는 사람은 누구든지 영생을 얻게 하시는 것이 내 아버지의 뜻이다. 나

는 마지막 날에 그들을 살릴 것이다."⁴¹ 유대인들은 예수께서 "내가 하늘에서 내려온 빵이다" 하고 말씀하셨으므로, 그분을 두고 수군거리면서⁴² 말하였다. "이 사람은 요셉의 아들 예수가 아닌가? 그의 부모를 우리가 알지 않는가? 그런데 이 사람이 어떻게 하늘에서 내려왔다고 하는가?'

예수는 광야에 사는 사람들에게 하루 먹고 마는 빵이 아니라, 즉 그들이 생각하는 정치적인 해방이나 제한적 자유가 아니라 생명의 빵을 주기 원한다면서 자신을 '생명의 빵'이라고 소개했습니다. 중요한 상징입니다.

그런데 생명의 빵은 '생명의 밥'이라고 해야 더 정확합니다. 여기서 '빵'은 '아르투스'라는 단어인데, 주기도문의 "일용할 양식을 주시고"라는 대목에서는 '양식'으로 등장합니다. '아르투스'는 주식(主食)입니다. 우리에게 빵은 주식보다는 간식에 가깝습니다. '생명의 떡'이라는 번역 역시 주식의 의미를 잘 전달하지 못합니다. 그래서 '밥'이라는 번역이 가장 정확합니다. 그런데 우리말에서는 '밥맛'이나 '밥통'처럼 '밥'이라는 단어에 비하하는 뉘앙스가 있어서 조금 부담스럽기도 합니다. 하지만 주식이므로 밥이라는 단어가 가장 잘 어울립니다.

예수는 단순히 밥을 주는 존재가 아니라 그 자신이 바로 밥이라고 말했습니다. 더 나아가 예수는 "나를 먹으면 결코 주리지 않고 목마르지 않는다"고 했습니다. "너희는 광야에서 살고 있고, 광야는 양식과 물이 없으면 살아가기 어려운 곳이다. 그러니 나를 가지면 광야 같은 세상을 살아낼 수 있다"는 것입니다. 40절에서는 "아들을 믿는 사람은 영생을 얻게 된다"고 더 풀어서 이야기했습니다. "광야 같은 세상을 살면서 나를 가지면 영원한 세상을 이미 가지고 힘 있게 살아갈 뿐만 아니라, 영원한 하나님 나라에 들어갈 것이다"라고 이야기한 것입니다.

이스라엘 사람들에게는 이해하기 어려운 이야기였습니다. 우리도 그렇듯이, 지금 당장의 문제가 해결되기를 원했습니다. 월급이 좀 올랐으면, 우리 아이가 원하는 대학에 갔으면, 이성 친구가 생겼으면 좋겠다는 것입니다. 이런 당장의 필요가 채워지면 광야에서 살 수 있을 것 같다고 말합니다. 그런데 예수는 "그것들은 썩어질 양식이고, 그것들로는 너희를 살릴 수 없다. 근본적인 문제를 해결하려고 너희에게 준 것이 있다. 그것은 바로 나 자신, 생명의 빵이다"라고 하며, 자신을 먹으라고 말했습니다. 그러자 사람들은 "우리가 네 아버지까지 알 정도로 너를 잘 아는데, 그게 무슨 이야기냐"며 수군거렸습니다.

예수가 자세히 설명하는 해결책

예수는 수군거리는 사람들에게 한 걸음 더 나아가 설명했습니다. 48-51절을 보겠습니다.

⁴⁸ "나는 생명의 빵이다. ⁴⁹ 너희의 조상은 광야에서 만나를 먹었어도 죽었다. ⁵⁰ 그러나 하늘에서 내려오는 빵은 이러하니, 누구든지 그것을 먹으면 죽지 않는다. ⁵¹ 나는 하늘에서 내려온 살아 있는 빵이다. 이 빵을 먹는 사람은 누구나 영원히 살 것이다. 내가 줄 빵은 나의 살이다. 그것은 세상에 생명을 준다."

예수의 화법은 점입가경입니다. 생명의 빵을 준다는 데서 머물지 않고 그 빵은 내 살이라고 밝혔습니다. 빵이라고 할 때만 해도 상징으로 받아들이겠는데, '살'이라는 단어는 좀 섬뜩합니다. 이스라엘 사람들 사이에서는 당연히 더 큰 논란이 일어났습니다. 그들은 고기조차 함부로 먹지 않는데, 인육을 먹으라고 하니 더욱 이상했습니다.

⁵³ 예수께서 그들에게 말씀하셨다. "내가 진정으로 진정으로 너희에게 말한다. 너희가 인자의 살을 먹지 아니하고, 또 인자의 피를 마시지 아니하면, 너희 속에는 생명이 없다. ⁵⁴ 내 살을 먹고, 내 피를 마시는 사람은 영원한 생명을 가지고 있고, 마지막 날에 내가 그를 살릴 것이다. ⁵⁵ 내 살은 참 양식이요, 내 피는 참 음료이다. ⁵⁶ 내 살을 먹고, 내 피를 마시는 사람은 내 안에 있고, 나도 그 사람 안에 있다. ⁵⁷ 살아 계신 아버지께서 나를 보내셨고, 내가 아버지 때문에 사는 것과 같이, 나를 먹는 사람도 나 때문에 살 것이다. ⁵⁸ 이것은 하늘에서 내려온 빵이다. 이것은 너희의 조상이 먹고서도 죽은 그런 것과는 같지 아니하다. 이 빵

을 먹는 사람은 영원히 살 것이다."[59] 이것은 예수께서 가버나움 회당에서 가르치실 때에 하신 말씀이다.

59절 이후에는 이 상징이 너무 끔찍해서 많은 사람이 떠나가는 모습이 나옵니다. 실제로 초대교회 성도들은 이 말씀 때문에 인육을 먹는 사람들로 오해를 받기도 했습니다. 예수는 참된 양식을 먹어야 한다면서 살과 피를 언급했습니다. 우리는 소의 피로 만든 선짓국을 먹지만, 유대인들은 율법에 따라 피를 먹지 않습니다. 피에 생명이 있다고 여겨서 가까이하지 않습니다. 그런데 피를 먹으라고 하니, 정서적으로도 받아들이기 어려웠습니다.

왜 빵을 먹으라더니 살과 피를 이야기한 것일까요? 예수는 자신의 죽음을 전제로 하고 있습니다. 살과 피는 죽지 않고는 줄 수 없습니다. 사실 빵도 곡물이 죽지 않고는 나올 수 없습니다. 모든 음식은 뭔가를 죽여야지만 얻을 수 있습니다. 생각해 보십시오. 죽지 않고는 음식이 되지 않습니다. 빵의 비유로 충분하지 않으니까 자신의 살과 피까지 이야기한 것입니다. 예수는 자신이 죽어서 사람을 살리는 길을 열겠다고 알려 주고 있습니다.

'먹고 마신다'는 말의 뜻은 예수의 죽음의 의미를 제대로 이해하고 누린다는 것입니다. 예수가 실제로 살과 피를 제자들에게 준 적은 없습니다. 죽게 될 것이라는 상징적 표현입니다. 빵을 먹고 힘을 얻어 사는 것처럼 살과 피를 받아들여 누리며 살게 된다는 표현입니다. 56절, "내 살을 먹고, 내 피를 마시는 사람은 내 안에 있고, 나도 그 사람 안에 있다"라는 말은 예수와 특별한 관계가 된다는 뜻입니다. 57절, "나 때문에 살 것이다"라는 말은 '예수 때문에 살아났다'는 의미와 '예수로 힘입어 살아간다'는 의미를 모두 포함합니다.

오병이어의 기적에 이어지는 이야기는 예수의 일생에 있어 독특한 것입니다. 예수가 5천 명을 먹인 모습을 본 사람들은 모세가 그랬던 것처럼 예수가 자신들의 생존 문제를 해결해 주리라 기대했습니다. 그런데 예수는 엉뚱하게도 썩을 양식보다는 본질적 문제를 해결해야 한다고 말했습니다. 그러면서 해결책을 제시했는데, 그것이 바로 예수 자신이었습니다. 자신이 '생명의 빵'이니 자신을 먹으면 주리지 않는다고 했습니다. 알다가도 모를 말입니다. 상징인지, 정말 그렇다는 것인지요. 게다가 자신의 살과 피를 먹으라는 말까지 했습니다.

예수는 광야 같은 세상을 살아가는 사람들에게 말했습니다. "내 살과 피를 먹는 사람은 광야 같은 세상에서 살아가는 힘을 얻을 뿐 아니라, 자신에게 곧 닥칠 문제인 죽음을 극복하고 영원한 삶을 누릴 것입니다. 내가 왜 죽으려 하는지 죽음의 의미를 이해하고 나와 특별한 관계를 맺으면 생명이 그에게 들어가 작동할 것입니다." 당최 무슨 말인지 사람들은 알 수 없었습니다. 무슨 이상한 소리를 하냐며 많은 사람이 떠나갔고, 그들은 더 이상 예수와 함께 다니지 않았습니다.

예수의 이야기가 우리의 이야기가 될 수 있을까

3,300여 년 전에 출애굽 사건이 있었고, 약 2천 년 전에 예수가 이 말을 했습니다. 그로부터 약 2천 년이 흐른 지금 여기에 우리가 있습니다. 변하지 않은 것은 우리가 사는 세상이 여전히 광야와 같다는 것입니다.

우리 자신의 삶에 대한 정직한 인식

우리는 우리 삶을 정직하게 바라봐야 합니다. 막연히 낙원을 기다리며 살지는 않습니까? '이게 끝은 아닐 거다. 뭔가 더 있을 거다' 하며 견디고 계시는지요? 여기서 우리가 질문해야 할 것은 "삶을 견디기 위해 우리가 의지하는 것들이 과연 그럴 만한 것인가?" 하는 것입니다. 전혀 도움이 되지 않는다는 말은 아닙니다. 경력을 쌓는 것, 자녀를 양육하는 것, 재미를 찾는 것, 쉼을 누리는 것 등은 분명 도움이 됩니다. 하지만 예수는 그것들이 썩는 양식이라고 말합니다. 잠깐 도와줄 뿐 본질적인 해결책은 아니라고 합니다. 우리는 그것들이 정말 우리를 버티게 할 만한 힘인지 정직하게 질문해 봐야 합니다.

성경은 인간이 광야에서 살 수밖에 없는 원인을 정치나 경제 문제, 교육이나 과학 기술의 부족에서 찾지 않습니다. 그것들이 아무리 충분히 발전하고 사회가 고도화되어도 그에 따른 문제 역시 새롭게 등장할 수밖에 없는 것이 인간 사회입니다.

그래서 성경은 원인을 외부에서 찾지 않고 인간의 내부에서 찾습니다. 인간이 생명의 근원이자 빛 자체이신 하나님을 떠났기 때문이라고 설명합니다. 인간에게는 생명이 흘러들어와야 하는데, 생명이신 하나님을 떠났기 때문에 생명을 누리지 못한다고, 빛을 떠났기 때문에 어둠 속에서 헤맬 수밖에 없다고 성경은 이야기합니다. 인간은 교육을 받고, 재산을 축적하고, 관계를 개선해서 노예 같은 삶에서 벗어나려 해도 더 나은 삶은커녕 인생 끝까지 광야 길을 걷다가 죽음을 맞이합니다.

예수가 주는 궁극적인 해결책

예수는 이 문제를 잠깐 위로와 안정감을 주는, 일회용 밴드를 붙이는 식으로 해결하지 않습니다. 궁극적으로, 완전히 해결하기 원한다고 말합니다. 하나님이 무슨 마술을 부리듯이 해결하실 문제가 아니라, 하나님 자신이 죽을 수밖에 없을 정도로 심각한 문제라고 말합니다. 하나님의 하나밖에 없는 아들, 예수가 살과 피를 주어야 하는 상황이라고 이야기합니다.

이 같은 해법은 우리가 얼마나 심각한 상황에 빠져 있는지를 잘 보여 줍니다. 우리는 의식적으로나 무의식적으로나, 스스로 결정해서거나 아니면 살면서 자연스럽게 하나님을 무시합니다. 하지만 하나님은 무시될 수 있는 존재가 아니십니다. 하나님은 생명의 근원이시고 빛 그 자체이십니다. 그 생명과 빛을 무시해서 인간도 곤경에 처했지만, 그렇게 한 행위는 하나님에 대한 반역입니다. 이스라엘 사람들은 이 반역을 모세 같은 지도자가 등장해 해결하면 된다고 생각했습니다. 대가를 지불해야 한다는 사실은 깨닫지 못했습니다.

오늘날도 비슷합니다. 문제를 직면하기보다는 우리의 문제를 누군가 해결해 주기를 바랍니다. '제도나 정권이 바뀌면 나아질 거야. 기술이 발전하면 나아질 거야'라고 생각합니다. 그러나 예수는 그런 방법은 궁극적 해결책이 아니라고 말합니다. 하나님과의 관계를 회복해야 하며, 문제는 인간이 하나님을 떠난 것이라고 합니다. 하나님을 무시하고 하나님 없이 살았다는 것입니다. 그러면서 우리가 자신과 주변 사람뿐만 아니라, 우리 사회와 문화와 생태계를 망가뜨리고 있다는 것입니다. 인간은 일회용 밴드를 붙이듯 이 문제를 간단히 해결하기 원하지만, 예수는 자신이 죽어야만 이 문제를 해결할 수 있다고 말합니다.

예수가 죽고 인간이 그 살과 피를 먹어야만 인간은 생명을 다시 받고 빛 가운데로 나올 수 있습니다. 예수의 궁극적 해결책은 예수를 먹고 마시는 것입니다. 예수가 의도한 죽음을 이해하고, 받아들이고, 누림으로 생명의 근원이신 하나님과의 관계가 회복됩니다. 광야 같은 인생을 살아가더라도 하나님께 사랑을 받고 힘을 얻어 살아가기를, 마지막에는 우리의 한계인 죽음이라는 턱도 넘어가기를 예수는 바랍니다.

광야를 견디게 하는 힘

하나님은 우리를 살리실 뿐만 아니라 광야 같은 세상을 회복하기 원하십니다. 그 사실을 알게 되면 우리를 살리신 하나님의 일에 동참하고 싶다는 삶의 목적이 생깁니다. 고통받고 신음하는 이들의 이웃이 되어 그들 옆에서 함께 걸으며, 하나님으로 회복되는 그들의 삶을 보겠다는 목적이 생깁니다.

광야 같은 세상을 살아갈 힘이 어디서 나올까요? 하나님은 "내 사랑을 누려라. 매일 쏟아지는 변하지 않는 사랑을 누려라. 매일 겪는 결핍과 매일 보는 부조리와 매일 유혹하는 악을 이길 힘은 변하지 않는 대가를 지불한 내 사랑에서 나온다"고 말씀하십니다. 인간이 그 사랑에 눈뜨면 하나님이 지금 무엇을 하고 계시는지가 눈에 들어옵니다. 고통당하는 수많은 사람과 깨어진 세상을 회복하시는 하나님의 일을 나누어 지면서 삶의 목적을 찾기 시작합니다.

생명의 밥으로 광야를 살아내는 인생

성경은 '예수의 살과 피를 먹은 사람은 그의 안에 거한다'는 신비한 표현을 합니다. 그의 생명과 사랑을 매일매일, 순간순간 누린다는 것입니다. "그 힘으로 광야 같은 세상을 이겨내라. 살아내라. 다른 사람을 살게 하라." 이것이 기독교의 메시지입니다. 예수는 이 일을 하겠다는 것입니다.

그리스도인도 밥을 안 먹으면 기력이 쇠하고 오래 버티지 못합니다. 마찬가지로 예수를 만나고, 누리고, 동행하는 일을 놓치면 하나님을 모르는 사람들의 광야 생활과 별반 다를 바가 없어집니다. 교회만 나오는 것입니다. 지치고 죽을 지경인 삶은 매한가지입니다. 하지만 예수의 말처럼 그의 살과 피를 먹고 마셔서 자신의 것이 되게 하고, 생명의 밥인 그를 매일 먹고 힘을 내면 이전과는 다른 생명력 있는 삶이 찾아옵니다.

그리고 예수는 우리에게도 생명의 밥으로 살라고 말합니다. 이것이야말로 지난 2천 년간 예수에 관한 이야기가 끊어지지 않고 우리에게까지 전해진 원동력입니다. 약 2천 년 전에도 우리 같은 사람들이 광야를 걸었습니다. 그 광야에 무릎 꿇지 않은 사람은 썩어질 양식, 돈이나 성공, 재미, 이성, 쾌락, 자녀 같은 손에 잡힐 것만 같은 낙원을 추구하지 않고 예수라는 놀랍고도 신비한 힘을 경험했습니다. 약 2천 년 전 예수의 말이 오늘날 우리의 이야기가 될 수 있을까요? 저는 될 수 있다고 믿습니다. 그 복을 함께 누리시면 좋겠습니다.

+ 함께 생각하기

1. 인생이 광야와 같다고 느낄 때는 언제인가? 그럴 때 나는 주로 무슨 힘으로 산다고 생각하는가?

2. 예수가 자신의 살과 피를 먹고 마시면 영원히 산다고 했는데, 이 말이 나에게 이루어진 일인가?

3. 예수가 자신을 '생명의 밥'이라고 말한 것이 내 매일의 삶에 어떤 의미가 있을까?

4. '생명의 밥'이 된 예수가 매일의 삶을 지탱해 주는 힘이 되게 하려면 나는 무엇을 해야 할까?

자신을 주고 우리를 살리시는 예수

요 6:1-59

¹ 그 뒤에 예수께서 갈릴리 바다 곧 디베랴 바다 건너편으로 가시니 ² 큰 무리가 예수를 따라갔다. 그것은, 그들이 예수가 병자들을 고치신 표징들을 보았기 때문이다. ³ 예수께서 산에 올라가서, 제자들과 함께 앉으셨다. ⁴ 마침 유대 사람의 명절인 유월절이 가까운 때였다. ⁵ 예수께서 눈을 들어서, 큰 무리가 자기에게로 모여드는 것을 보시고, 빌립에게 말씀하셨다. "우리가 어디에서 **빵**을 사다가, 이 사람들을 먹이겠느냐?" ⁶ 예수께서는 빌립을 시험해 보시고자 이렇게 말씀하신 것이었다. 예수께서는 자기가 하실 일을 잘 알고 계셨던 것이다. ⁷ 빌립이 예수께 이렇게 대답하였다. "이 사람들에게 모두 조금씩이라도 먹게 하려면, **빵** 이백 데나리온어치를 가지고서도 충분하지 못합니다." ⁸ 제자 가운데 하나이며 시몬 베드로와 형제간인 안드레가 예수께 말하였다. ⁹ "여기에 보리빵 다섯 개와 물고기 두 마리를 가지고 있는 한 아이가 있습니다. 그러나 이렇게 많은 사람에게 그것이 무슨 소용이 있겠습니까?" ¹⁰ 예수께서는 "사람들을 앉게 하여라" 하고 말씀하셨다. 그곳에는 풀이 많았다. 그래서 그들이 앉았는데, 남자의 수가 오천 명쯤 되었다. ¹¹ 예수께서 **빵**을 들어서 감사를 드리신 다음에, 앉은 사람들에

게 나누어 주시고, 물고기도 그와 같이 해서, 그들이 원하는 대로 주셨다. [12] 그들이 배불리 먹은 뒤에, 예수께서 제자들에게 이렇게 말씀하셨다. "남은 부스러기를 다 모으고, 조금도 버리지 말아라." [13] 그래서 보리빵 다섯 덩이에서, 먹고 남은 부스러기를 모으니, 열두 광주리에 가득 찼다. [14] 사람들은 예수께서 행하신 표징을 보고 "이분은 참으로 세상에 오시기로 된 그 예언자이다" 하고 말하였다. [15] 예수께서는, 사람들이 와서 억지로 자기를 모셔다가 왕으로 삼으려고 한다는 것을 아시고, 혼자서 다시 산으로 물러가셨다. [16] 날이 저물었을 때에, 예수의 제자들은 바다로 내려가서, [17] 배를 타고, 바다 건너편 가버나움으로 갔다. 이미 어두워졌는데도, 예수께서는 아직 그들이 있는 곳으로 오시지 않았다. [18] 그런데 큰 바람이 불고, 물결이 사나워졌다. [19] 제자들이 배를 저어서, 십여 리쯤 갔을 때였다. 그들은, 예수께서 바다 위로 걸어서 배에 가까이 오시는 것을 보고, 무서워하였다. [20] 예수께서 그들에게 말씀하셨다. "나다. 두려워하지 말아라." [21] 그래서 그들은 기꺼이 예수를 배 안으로 모셔 들였다. 배는 곧 그들이 가려던 땅에 이르렀다. [22] 그 다음 날이었다. 바다 건너편에 서 있던 무리는, 거기에 배 한 척만 있었다는 것과, 예수께서는 제자들과 함께 그 배를 타지 않으셨고, 제자들만 따로 떠나갔다는 것을 알았다. [23] 그런데 디베랴에서 온 배 몇 척이, 주님께서 감사 기도를 드리고 무리에게 빵을 먹이신 곳에 가까이 닿았다. [24] 무리는 거기에 예수도 안 계시고 제자들도 없는 것을 알고서, 배를 나누어 타고, 예수를 찾아 가버나움으로 갔다. [25] 그들은 바다 건너편에서 예수를 만나서 말하였다. "선생님, 언제 여기에 오셨습니까?"

[26] 예수께서 그들에게 대답하셨다. "내가 진정으로 진정으로 너희에게 말한다. 너희가 나를 찾는 것은 표징을 보았기 때문이 아니라, 빵을 먹고 배가 불렀기 때문이다. [27] 너희는 썩어 없어질 양식을 얻으려고 일하지 말고, 영생에 이르도록 남아 있을 양식을 얻으려고 일하여라. 이 양식은, 인자가 너희에게 줄 것이다. 아버지 하나님께서 인자를 인정하셨기 때문이다." [28] 그들이 예수께 물었다. "우리가 무엇을 하여야 하나님의 일을 하는 것이 됩니까?" [29] 예수께서 그들에게 대답하셨다. "하나님께서 보내신 이를 믿는 것이 곧 하나님의 일이다." [30] 그들은 다시 물었다. "우리에게 무슨 표징을 행하셔서, 우리로 하여금 보고 당신을 믿게 하시겠습니까? 당신이 하시는 일이 무엇입니까? [31] '그는 하늘에서 빵을 내려서, 그들에게 먹게 하셨다' 한 성경 말씀대로, 우리 조상들은 광야에서 만나를 먹었습니다." [32] 예수께서 그들에게 대답하셨다. "내가 진정으로 진정으로 너희에게 말한다. 하늘에서 너희에게 빵을 내려다 주신 이는 모세가 아니다. 하늘에서 참 빵을 너희에게 주시는 분은 내 아버지시다. [33] 하나님의 빵은 하늘에서 내려와 세상에 생명을 주는 것이다." [34] 그들은 예수께 말하였다. "주님, 그 빵을 언제나 우리에게 주십시오." [35] 예수께서 그들에게 말씀하셨다. "내가 생명의 빵이다. 내게로 오는 사람은 결코 주리지 않을 것이요, 나를 믿는 사람은 다시는 목마르지 않을 것이다. [36] 그러나 내가 이미 말한 대로, 너희는 [나를] 보고도 믿지 않는다. [37] 아버지께서 내게 주시는 사람은 다 내게로 올 것이요, 또 내게로 오는 사람은 내가 물리치지 않을 것이다. [38] 그것은, 내가 내 뜻을 행하려고 하늘에서 내려온 것이 아니라, 나를 보

내신 분의 뜻을 행하려고 왔기 때문이다. [39] 나를 보내신 분의 뜻은, 내게 주신 사람을 내가 한 사람도 잃어버리지 않고, 마지막 날에 모두 살리는 일이다. [40] 또한 아들을 보고 그를 믿는 사람은 누구든지 영생을 얻게 하시는 것이 내 아버지의 뜻이다. 나는 마지막 날에 그들을 살릴 것이다." [41] 유대인들은 예수께서 "내가 하늘에서 내려온 빵이다" 하고 말씀하셨으므로, 그분을 두고 수군거리면서 [42] 말하였다. "이 사람은 요셉의 아들 예수가 아닌가? 그의 부모를 우리가 알지 않는가? 그런데 이 사람이 어떻게 하늘에서 내려왔다고 하는가?" [43] 그때에 예수께서 그들에게 말씀하셨다. "서로 수군거리지 말아라. [44] 나를 보내신 아버지께서 이끌어 주지 아니하시면, 아무도 내게 올 수 없다. 나는 그 사람들을 마지막 날에 살릴 것이다. [45] 예언서에 기록하기를 '그들이 모두 하나님께 가르침을 받을 것이다' 하였다. 아버지께 듣고 배운 사람은 다 내게로 온다. [46] 이 말은, 하나님께로부터 온 사람 외에 누가 아버지를 보았다는 것을 뜻하지 않는다. 하나님께로부터 온 사람만이 아버지를 보았다. [47] 내가 진정으로 진정으로 너희에게 말한다. 믿는 사람은 영생을 가지고 있다. [48] 나는 생명의 빵이다. [49] 너희의 조상은 광야에서 만나를 먹었어도 죽었다. [50] 그러나 하늘에서 내려오는 빵은 이러하니, 누구든지 그것을 먹으면 죽지 않는다. [51] 나는 하늘에서 내려온 살아 있는 빵이다. 이 빵을 먹는 사람은 누구나 영원히 살 것이다. 내가 줄 빵은 나의 살이다. 그것은 세상에 생명을 준다." [52] 그러자 유대 사람들은 서로 논란을 하면서 말하였다. "이 사람이 어떻게 우리에게 [자기] 살을 먹으라고 줄 수 있을까?" [53] 예수께서 그들에게 말씀하셨다. "내가 진정으로 진정으로 너희에게 말한다. 너희가 인자의 살을 먹지 아니하고, 또 인자의 피를 마시지 아니하면, 너희 속에는 생명이 없다. [54] 내 살을 먹고, 내 피를 마시는 사람은 영원한 생명을 가지고 있고, 마지막 날에 내가 그를 살릴 것이다. [55] 내 살은 참 양식이요, 내 피는 참 음료이다. [56] 내 살을 먹고, 내 피를 마시는 사람은 내 안에 있고, 나도 그 사람 안에 있다. [57] 살아 계신 아버지께서 나를 보내셨고, 내가 아버지 때문에 사는 것과 같이, 나를 먹는 사람도 나 때문에 살 것이다. [58] 이것은 하늘에서 내려온 빵이다. 이것은 너희의 조상이 먹고서도 죽은 그런 것과는 같지 아니하다. 이 빵을 먹는 사람은 영원히 살 것이다." [59] 이것은 예수께서 가버나움 회당에서 가르치실 때에 하신 말씀이다.

※ 데나리온(7절): 노동자의 일당(하루 품삯)
※ 그 예언자(14절): 이스라엘 사람들은 자신들을 구원할 자로 하나님이 보내실 메시아를 기다리고 있는데, 그 메시아를 '그 예언자'(the prophet)라고 부르기도 했다.
※ 그는 하늘에서 빵을 내려서, 그들에게 먹게 하셨다(31절): 이집트를 탈출한 이스라엘에게 하나님이 '만나'라는 양식을 매일 먹게 하셨던 일을 가리킨다. 이때 그들의 지도자는 모세였다.
※ 생명의 빵(35절): 여기서 '빵'은 '주식'을 뜻하는 단어로, 한국 사람에게는 '생명의 밥'이라는 번역이 더 적절하다.
※ 살과 피(51-56절): 유대인들은 피를 먹지 말아야 한다는 구약의 율법을 가지고 있었다. 그래서 살과 피를 먹고 마신다는 것은 매우 끔찍한 상징이다.

예수가 일으킨 기적은 사람들에게 예수 이야기를 신화나 조작된 이야기로 생각하게 합니다. 또한 기적을 기록한 사복음서는 역사적 사실보다는, 초대교회 사람들이 예수를 미화하거나 신격화하려고 쓴 글이라고 많은 사람은 생각합니다. 그러나 성경은 신약뿐 아니라, 처음부터 끝까지 셀 수 없이 많은 기적을 기록하고 있습니다. 하나님이 모든 만물을 지으시고 그 안에서 일어나는 모든 자연법칙도 만드신 분이기에, 하나님은 자연법칙을 깨는 기적도 일으키실 수 있기 때문입니다. 그래서 기적을 일으키는 예수는 자신이 단순한 지도자가 아니라 하나님이라고 주장한 것입니다.

특히 광야에서 5천 명을 오병이어(떡 다섯 덩이와 물고기 두 마리)로 먹인 사건은 예수의 기적 중 대표적입니다. 예수는 기적을 경험하고는 자신을 민족의 해방자로 추대하려는 이들에게 기적의 참된 의미를 설명했습니다. 예수는 자신을 참되게 믿는 것은 생명의 빵인 자신을 진정으로 먹고, 그로 인해 살아나는 것이라고 말했습니다. 그런데 예수는 '빵'이라는 상징뿐 아니라, '살과 피를 먹고 마신다'는 불편한 표현을 쓰면서까지 자신이 앞으로 당할 일을 예고했습니다.

1. 이스라엘 사람들이 예수의 기적(1-13절)을 보고 예수에 대해 기대했던 바가 무엇이며, 이에 대한 예수의 반응은 무엇인가? (15, 26절)

   _____

   _____

2. "우리가 무엇을 하여야 하나님의 일을 하는 것이 됩니까?"라는 사람들의 질문에 예수는 무엇이라고 답하는가? (28-40절)

　

　

　

3. 예수가 자신이 '생명의 빵'이라고 했을 때 이는 그가 우리의 '주식'이 된다는 뜻인데, 그것이 내게는 어떤 의미인가?

　

　

　

4. 예수는 '빵'이라는 상징에서 '살과 피'라는 상징으로 이야기를 발전시킨다. 특별히 '살과 피를 먹고 마신다'는 것은 무엇을 상징하고 예고하는 것인가?

5. 이 본문에 그려진 예수가 오늘날 나에게는 어떻게 다가오는가?

_____
_____
_____
_____
_____

11 DAY 묵상

예수는 우리를 위해 자신을 희생해
우리를 살리시는 분입니다.

12 DAY

사람들을 혼란에 빠뜨리시는 예수

요 6:60-7:36

⁶⁰ 예수의 제자들 가운데서 여럿이 이 말씀을 듣고 말하기를 "이 말씀이 이렇게 어려우니 누가 알아들을 수 있겠는가?" 하였다. ⁶¹ 예수께서, 제자들이 자기의 말을 두고 수군거리는 것을 아시고, 그들에게 말씀하셨다. "이 말이 너희의 마음에 걸리느냐? ⁶² 인자가 전에 있던 곳으로 올라가는 것을 보면, 어떻게 하겠느냐? ⁶³ 생명을 주는 것은 영이다. 육은 아무 데도 소용이 없다. 내가 너희에게 한 이 말은 영이요 생명이다. ⁶⁴ 그러나 너희 가운데는 믿지 않는 사람들이 있다." 처음부터 예수께서는, 믿지 않는 사람이 누구이며, 자기를 넘겨줄 사람이 누구인지를, 알고 계셨던 것이다. ⁶⁵ 예수께서 또 말씀하셨다. "그러므로 내가 너희에게 이르기를, 아버지께서 허락하여 주신 사람이 아니고는 아무도 나에게로 올 수 없다고 말한 것이다." ⁶⁶ 이 때문에 제자 가운데서 많은 사람이 떠나갔고, 더 이상 그와 함께 다니지 않았다. ⁶⁷ 예수께서 열두 제자에게 물으셨다. "너희까지도 떠나가려 하느냐?" ⁶⁸ 시몬 베드로가 대답하였다. "주님, 우리가 누구에게로 가겠습니까? 선생님께는 영생의 말씀이 있습니다. ⁶⁹ 우리는, 선생님이 하나님의 거룩한 분이심을 믿고, 또 알았습니다." ⁷⁰ 예수께서 그들에게 대답하셨다. "내가 너희 열둘

요한과 함께 예수 찾기

을 택하지 않았느냐? 그러나 너희 가운데서 하나는 악마이다." [71] 이것은 시몬 가룟의 아들 유다를 가리켜서 하신 말씀인데, 그는 열두 제자 가운데 한 사람으로, 예수를 넘겨줄 사람이었다.

7장

[1] 그 뒤에 예수께서는 갈릴리를 두루 다니셨다. 유대 사람들이 자기를 죽이려고 하였으므로, 유대 지방에는 돌아다니기를 원하지 않으셨다. [2] 그런데 유대 사람의 명절인 초막절이 가까워지니, [3] 예수의 형제들이 예수께 말하였다. "형님은 여기에서 떠나 유대로 가셔서, 거기에 있는 형님의 제자들도 형님이 하는 일을 보게 하십시오. [4] 알려지기를 바라면서 숨어서 일하는 사람은 없습니다. 형님이 이런 일을 하는 바에는, 자기를 세상에 드러내십시오." [5] (예수의 형제들까지도 예수를 믿지 않았기 때문이다.) [6] 예수께서 그들에게 말씀하셨다. "내 때는 아직 오지 않았다. 그러나 너희의 때는 언제나 마련되어 있다. [7] 세상이 너희를 미워할 수 없다. 그러나 세상은 나를 미워한다. 그것은, 내가 세상을 보고서, 그 하는 일들이 악하다고 증언하기 때문이다. [8] 너희는 명절을 지키러 올라가거라. 나는 아직 내 때가 차지 않았으므로, 이번 명절에는 올라가지 않겠다." [9] 이렇게 그들에게 말씀하시고, 예수께서는 갈릴리에 그냥 머물러 계셨다. [10] 그러나 예수의 형제들이 명절을 지키러 올라간 뒤에, 예수께서도 아무도 모르게 올라가셨다. [11] 명절에 유대 사람들이 예수를 찾으면서 물었다. "그 사람이 어디에 있소?" [12] 무리 가운데서는 예수를 두고 말들이 많았다. 더러는 그를 좋은 사람이라고 말하고, 더러는 무리를 미혹하는 사람이라고 말하였다. [13] 그러나 유대 사람들이 무서워서, 예수에 대하여 드러내 놓고 말하는 사람은 아무도 없었다.

¹⁴ 명절이 중간에 접어들었을 즈음에, 예수께서 성전에 올라가서 가르치셨다. ¹⁵ 유대 사람들이 놀라서 말하였다. "이 사람은 배우지도 않았는데, 어떻게 저런 학식을 갖추었을까?" ¹⁶ 예수께서 그들에게 대답하셨다. "나의 가르침은 내 것이 아니라, 나를 보내신 분의 것이다. ¹⁷ 하나님의 뜻을 따르려는 사람은 누구든지, 이 가르침이 하나님에게서 난 것인지, 내가 내 마음대로 말하는 것인지를 알 것이다. ¹⁸ 자기 마음대로 말하는 사람은 자기의 영광을 구하지만, 자기를 보내신 분의 영광을 구하는 사람은 진실하며, 그 사람 속에는 불의가 없다. ¹⁹ 모세가 너희에게 율법을 주지 않았느냐? 그런데 너희 가운데 그 율법을 지키는 사람은 한 사람도 없다. 어찌하여 너희가 나를 죽이려고 하느냐?" ²⁰ 무리가 대답하였다. "당신은 귀신이 들렸소. 누가 당신을 죽이려고 한다는 말이오?" ²¹ 예수께서 그들에게 말씀하셨다. "내가 한 가지 일을 하였는데, 너희는 모두 놀라고 있다. ²² 모세가 너희에게 할례법을 주었다. ─사실, 할례는 모세에게서 비롯한 것이 아니라, 조상들에게서 비롯한 것이다.─ 이 때문에 너희는 안식일에도 사람에게 할례를 준다. ²³ 모세의 율법을 어기지 않으려고, 사람이 안식일에도 할례를 받는데, 내가 안식일에 한 사람의 몸 전체를 성하게 해주었다고 해서, 너희가 어찌하여 나에게 분개하느냐? ²⁴ 겉모양으로 심판하지 말고, 공정한 심판을 내려라." ²⁵ 예루살렘 사람들 가운데서 몇 사람이 말하였다. "그들이 죽이려고 하는 이가 바로 이 사람이 아닙니까? ²⁶ 보십시오. 그가 드러내 놓고 말하는데도, 사람들이 그에게 아무 말도 못합니다. 지도자들은 정말로 이 사람을 그리스도로 알고 있는 것입니까? ²⁷ 우리는 이

사람이 어디에서 왔는지를 알고 있습니다. 그러나 그리스도가 오실 때에는, 어디에서 오셨는지 아는 사람이 없을 것입니다." [28] 예수께서 성전에서 가르치실 때에, 큰 소리로 말씀하셨다. "너희는 나를 알고, 또 내가 어디에서 왔는지를 알고 있다. 그런데 나는 내 마음대로 온 것이 아니다. 나를 보내신 분은 참되시다. 너희는 그분을 알지 못하지만, [29] 나는 그분을 안다. 나는 그분에게서 왔고, 그분은 나를 보내셨기 때문이다." [30] 사람들이 예수를 잡으려고 하였으나, 아무도 그에게 손을 대는 사람이 없었다. 그것은 그의 때가 아직 이르지 않기 때문이다. [31] 무리 가운데서 많은 사람이 예수를 믿었다. 그들이 말하였다. "그리스도가 오신다고 해도, 이분이 하신 것보다 더 많은 표징을 행하시겠는가?" [32] 무리가 예수를 두고 이런 말로 수군거리는 것을, 바리새파 사람들이 들었다. 그래서 대제사장들과 바리새파 사람들은 예수를 잡으려고 성전 경비병들을 보냈다. [33] 예수께서 그들에게 말씀하셨다. "나는 잠시 동안 너희와 함께 있다가, 나를 보내신 분께로 간다. [34] 그러면 너희가 나를 찾아도 만나지 못할 것이요, 내가 있는 곳에 너희가 올 수도 없을 것이다." [35] 유대 사람들이 서로 말하였다. "이 사람이 어디로 가려고 하기에, 자기를 만나지 못할 것이라고 하는가? 그리스 사람들 가운데 흩어져 사는 유대 사람들에게로 가서, 그리스 사람들을 가르칠 셈인가? [36] 또 '너희가 나를 찾아도 만나지 못할 것이요, 내가 있는 곳에 너희가 올 수도 없을 것이다' 한 말은 무슨 뜻인가?"

※ 초막절(2절): '장막절'이라고도 부르며, 유대인들이 이집트에서 구출되어 광야 생활을 했던 것과 광야에서 하나님께 받았던 은혜를 기억하는 절기다.

예수는 시간이 지날수록 자신이 누구이며 무엇을 할 것인지에 관해 더 선명하고 노골적으로 설명했습니다. 그는 끊임없이 자신이 지혜로운 말을 하는 현자가 아니라, 세상 사람들을 살리기 위해 왔다고 주장했습니다. 사람들을 살리는 예수의 방식도 세상 사람들이 생각했던 기존 방법과는 아주 다른 것이었습니다. 사람들은 예수가 가르치는 내용이 자신들이 원래 가지고 있던 구원과 다르며, 그 방식 또한 아주 낯선 것임을 직면하게 됩니다.

진실은 사람들을 혼란스럽게 만들기도 합니다. 자신의 확고했던 생각이 흔들릴 때 혼돈에 빠지고, 받아들이기 힘들 때는 노골적으로 반대하는 마음을 드러내기도 합니다. 예수의 주장과 설명은 그의 말을 처음 들은 사람들이나 현대를 사는 우리나 누구도 쉽게 동의하기에는 어려운 이야기입니다. 그의 말은 둘 중 하나를 결정하게 만듭니다. 거부하고 그를 떠나든지, 받아들이고 그와 함께하든지.

1. 예수의 과격한 선언은 사람들을 매우 불편하게 했다. 예수를 따르던 자들 가운데서도 분열이 일어나고 많은 이가 떠났다. 떠난 자들과 남은 자들의 이유는 무엇인가? (6:60-71)

   _____

   _____

2. 예수가 자신에 관해 자세히 설명하면 할수록 사람들은 혼란에 빠졌

다. 사람들의 다양한 반응을 살펴보자. (7:1-9, 10-13)

3. 예수는 자신의 가르침이 어디에서 왔다고 주장하는가? (7:14-18)

4. 예루살렘에서 예수가 한 말은 사람들을 혼란에 빠뜨렸다. 그들의 다양한 반응도 살펴보자. (7:14-15, 16-24, 25-31, 32-36)

5. 이 본문에 그려진 예수가 오늘날 나에게는 어떻게 다가오는가?

12 DAY 묵상

예수는 우리가 진실을 직면하도록 이끄십니다.

모든 사람을 살려 내시는 예수

요 7:37-8:11

³⁷ 명절의 가장 중요한 날인 마지막 날에, 예수께서 일어서서, 큰 소리로 말씀하셨다. "목마른 사람은 다 나에게로 와서 마셔라. ³⁸ 나를 믿는 사람은, 성경이 말한 바와 같이, 그의 배에서 생수가 강물처럼 흘러나올 것이다." ³⁹ 이것은, 예수를 믿은 사람이 받게 될 성령을 가리켜서 하신 말씀이다. 예수께서 아직 영광을 받지 않으셨으므로, 성령이 아직 사람들에게 오시지 않았다. ⁴⁰ 이 말씀을 들은 무리 가운데는 "이 사람은 정말로 그 예언자이다" 하고 말하는 사람들도 있고, ⁴¹ "이 사람은 그리스도이다" 하고 말하는 사람들도 있었다. 그러나 더러는 이렇게 말하였다. "갈릴리에서 그리스도가 날 수 있을까? ⁴² 성경은 그리스도가 다윗의 후손 가운데서 날 것이요, 또 다윗이 살던 마을 베들레헴에서 날 것이라고 말하지 않았는가?" ⁴³ 무리 가운데 예수 때문에 분열이 일어났다. ⁴⁴ 그들 가운데서 예수를 잡고자 하는 사람도 몇 있었으나, 아무도 그에게 손을 대지는 못하였다. ⁴⁵ 성전 경비병들이 대제사장들과 바리새파 사람들에게 돌아오니, 그들이 경비병들에게 물었다. "어찌하여 그를 끌어오지 않았느냐?" ⁴⁶ 경비병들이 대답하였다. "그 사람이 말하는 것처럼 말한 사람은, 지금까지 아무도 없었습니다." ⁴⁷ 바리새

파 사람들이 그들에게 말하였다. "너희도 미혹된 것이 아니냐?[48] 지도자들이나 바리새파 사람들 가운데서 그를 믿은 사람이 어디에 있다는 말이냐?[49] 율법을 알지 못하는 이 무지렁이들은 저주받은 자들이다." [50] 그들 가운데 한 사람으로, 전에 예수를 찾아간 니고데모가 그들에게 말하였다. [51] "우리의 율법으로는, 먼저 그 사람의 말을 들어 보거나, 또 그가 하는 일을 알아보거나, 하지 않고서는 그를 심판하지 않는 것이 아니오?"[52] 그들이 니고데모에게 말하였다. "당신도 갈릴리 사람이오? 성경을 살펴보시오. 그러면 갈릴리에서는 예언자가 나오지 않는다는 것을 알게 될 것이오."[53] [그리고 그들은 제각기 집으로 돌아갔다.

8장

[1] 예수께서는 올리브산으로 가셨다. [2] 이른 아침에 예수께서 다시 성전에 가시니, 많은 백성이 그에게로 모여들었다. 예수께서 앉아서 그들을 가르치실 때에 [3] 율법학자들과 바리새파 사람들이 간음을 하다가 잡힌 여자를 끌고 와서, 가운데 세워 놓고, [4] 예수께 말하였다. "선생님, 이 여자가 간음을 하다가, 현장에서 잡혔습니다. [5] 모세는 율법에, 이런 여자들을 돌로 쳐 죽이라고 우리에게 명령하였습니다. 그런데 선생님은 뭐라고 하시겠습니까?"[6] 그들이 이렇게 말한 것은, 예수를 시험하여 고발할 구실을 찾으려는 속셈이었다. 그러나 예수께서는 몸을 굽혀서, 손가락으로 땅에 무엇인가를 쓰셨다. [7] 그들이 다그쳐 물으니, 예수께서 몸을 일으켜, 그들에게 말씀하셨다. "너희 가운데서 죄가 없는 사람이 먼저 이 여자에게 돌을 던져라."[8] 그리고는 다시 몸을 굽혀서, 땅에 무엇인가를 쓰셨다. [9] 이 말씀을 들은 사람들은, 나이가 많은 이로

부터 시작하여, 하나하나 떠나가고, 마침내 예수만 남았다. 그 여자는 그대로 서 있었다. ¹⁰ 예수께서 몸을 일으키시고, 여자에게 말씀하셨다. "여자여, 사람들은 어디에 있느냐? 너를 정죄한 사람이 한 사람도 없느냐?" ¹¹ 여자가 대답하였다. "주님, 한 사람도 없습니다." 예수께서 말씀하셨다. "나도 너를 정죄하지 않는다. 가서, 이제부터 다시는 죄를 짓지 말아라."]

※ 갈릴리 사람(52절): 예수가 갈릴리 출신이기도 하며, 또한 예루살렘 같은 중심부가 아니라 촌 출신이라는 뜻도 포함한다.

예수는 끊임없이 자신을 믿으라고 말하며, 믿을 때 다가오는 복을 이야기했습니다. 이번에는 물이 귀한 중동 지역에 걸맞은 표현으로 자신에 대해 증언했습니다. '배에서 생수의 강이 흐른다'라는 말은 매우 신선하고 충격적인 표현이었을 것입니다. '생수의 강'은 예수를 믿는 자들 가운데 임해 그들과 함께 계시고, 그들이 하나님의 뜻에 맞게 살도록 인도하시는 성령을 뜻합니다.

젊은 청년 예수가 이런 파격적인 선언을 하자, 예루살렘 사람들은 혼란과 분쟁에 빠질 수밖에 없었습니다. 오늘날도 예수를 어떻게 볼 것인가에 관해 이야기하면 비슷한 혼란과 분쟁이 생기기 쉽습니다. 그것은 예수가 주장한 바 때문에 일어나는 것입니다. 이런 혼란과 그로 인한 모함 속에서도 예수의 관심은 조금도 흔들리지 않았습니다. 그는 집단적 사형(私刑)에 처할 뻔한 여인을 살려 냈으며, 모함하는 사람들도 살려 냈습니다. 그 유명한 이야기 속으로 들어가 봅시다.

1. 예수는 자신을 믿는 사람이 받는 복을 어떻게 설명하고 있으며, 요한복음의 저자는 그 의미를 어떻게 정의하는가? (7:37-39)

2. 예수의 가르침으로 인해 예루살렘 사람들 사이에서 분쟁이 일어났다. 여러 부류의 사람 중에서 당신은 어떤 반응에 가장 가까운가? (7:40-52)

3. 죄인에 대한 사람들과 예수의 반응은 각각 어떻게 다른가? (8:1-11)

4. 이 사건을 통해 여인을 정죄하던 사람들은 무엇을 깨달았나? (8:7-9)

5. 이 본문에 그려진 예수가 오늘날 나에게는 어떻게 다가오는가?

13 DAY 묵상

예수는 거짓된 의로움과 심각한 죄로부터
우리를 살려 내십니다.

우리에게 참된 자유를 주시는 예수

요 8:12–59

[12] 예수께서 다시 그들에게 말씀하셨다. "나는 세상의 빛이다. 나를 따르는 사람은 어둠 속에 다니지 아니하고, 생명의 빛을 얻을 것이다." [13] 바리새파 사람들이 예수께 말하였다. "당신이 스스로 자신에 대하여 증언하니, 당신의 증언은 참되지 못하오." [14] 예수께서 그들에게 대답하셨다. "비록 내가 나 자신에 대하여 증언할지라도, 내 증언은 참되다. 나는 내가 어디에서 와서 어디로 가는지를 알고 있기 때문이다. 그러나 너희는 내가 어디에서 왔는지도 모르고, 어디로 가는지도 모른다. [15] 너희는 사람이 정한 기준을 따라 심판한다. 나는 아무도 심판하지 않는다. [16] 그러나 내가 심판하면 내 심판은 참되다. 그것은, 내가 혼자 있는 것이 아니라, 나를 보내신 아버지께서 나와 함께하시기 때문이다. [17] 너희의 율법에도 기록하기를 '두 사람이 증언하면 참되다' 하였다. [18] 내가 나 자신에 대하여 증언하는 사람이고, 나를 보내신 아버지께서도 나에 대하여 증언하여 주신다." [19] 그러자 그들은 예수께 물었다. "당신의 아버지가 어디에 계십니까?" 예수께서 대답하셨다. "너희는 나도 모르고, 나의 아버지도 모른다. 너희가 나를 알았더라면 나의 아버지도 알았을 것이다." [20] 이것은 예수께서 성전에서 가르치실

때에 헌금궤가 있는 데서 하신 말씀이다. 그러나 그를 잡는 사람이 아무도 없었다. 그것은 아직도 그의 때가 이르지 않았기 때문이다. [21] 예수께서 다시 그들에게 말씀하셨다. "나는 가고, 너희는 나를 찾다가 너희의 죄 가운데서 죽을 것이다. 그리고 내가 가는 곳에 너희는 올 수 없다." [22] 유대 사람들이 말하였다. "'내가 가는 곳에 너희는 올 수 없다' 하니, 그가 자살하겠다는 말인가?" [23] 예수께서 그들에게 말씀하셨다. "너희는 아래에서 왔고, 나는 위에서 왔다. 너희는 이 세상에 속하여 있지만, 나는 이 세상에 속하여 있지 않다. [24] 그래서 나는, 너희가 너희의 죄 가운데서 죽을 것이라고 말하였다. '내가 곧 나'임을 너희가 믿지 않으면, 너희는 너희의 죄 가운데서 죽을 것이다." [25] 그들이 예수께 물었다. "당신은 누구요?" 예수께서 그들에게 대답하셨다. "내가 처음부터 너희에게 말하지 않았느냐? [26] 그리고 내가 너희에 대하여 말하고 또 심판할 것이 많이 있다. 그러나 나를 보내신 분은 참되시며, 나는 그분에게서 들은 대로 세상에 말하는 것이다." [27] 그들은 예수께서 아버지를 가리켜서 말씀하시는 줄을 깨닫지 못하였다. [28] 그러므로 예수께서 [그들에게] 말씀하셨다. "너희는, 인자가 높이 들려 올려질 때에야, '내가 곧 나'라는 것과, 또 내가 아무것도 내 마음대로 하지 아니하고 아버지께서 나에게 가르쳐 주신 대로 말한다는 것을 알게 될 것이다. [29] 나를 보내신 분이 나와 함께하신다. 그분은 나를 혼자 버려두지 않으셨다. 그것은, 내가 언제나 아버지께서 기뻐하시는 일을 하기 때문이다." [30] 이 말씀을 듣고, 많은 사람이 예수를 믿게 되었다. [31] 예수께서 자기를 믿은 유대 사람들에게 말씀하셨다. "너희가 나의 말에 머물러 있으면, 너희는 참으로 나의 제자들이다. [32] 그리고 너희는 진리를 알게 될 것이며, 진리가 너희를 자유롭게 할 것이다." [33] 그들은 예수께 말하였다. "우리는 아브라함의 자손이라 아무에게도 종노릇한 일이 없는데, 당신은 어찌하여 우리가 자유롭게 될 것이라고 말합니까?" [34] 예수께서 대답하셨다. "내가 진정으로 진정으로 너희에게 말한다. 죄를 짓는 사람은 다 죄의 종이다. [35] 종은 언제까지나 집에 머물러 있지 못하지만, 아들은 언제까지나 머물러 있다. [36] 그러므로 아들이 너희를 자유롭게 하면, 너희는 참으로 자유롭게 될 것이다. [37] 나는 너희가 아브라함의 자손임을 안다. 그런데 너희는 나를 죽이려고 한다. 내 말이 너희 속에 있을 자리가 없기 때문이다. [38] 나는 나의 아버지에게서 본 것을 말하고, 너희는 너희의 아비에게서 들은 것을 행한다." [39] 그들이 예수께 말하였다. "우리 조상은 아브라함이오." 예수께서 그들에게 대답하셨다. "너희가 아브라함의 자녀라면, 아브라함이 한 일을 하였을 것이다. [40] 그러나 지금 너희는, 너희에게 하나님에게서 들은 진리를 말해 준 사람인 나를 죽이려고 한다. 아브라함은 이런 일을 하지 않았다. [41] 너희는 너희 아비가 한 일을 하고 있다." 그들이 예수께 말하였다. "우리는 음행으로 태어나지 않았으며, 우리에게는 하나님이신 아버지만 한 분 계십니다." [42] 예수께서 대답하셨다. "하나님이 너희의 아버지라면, 너희가 나를 사랑할 것이다. 그것은, 내가 하나님에게서 와서 여기에 있기 때문이다. 내가 내 마음대로 온 것이 아니라, 아버지께서 나를 보내신 것이다. [43] 어찌하여 너희는 내가 말하는 것을 깨닫지 못하느냐? 그것은 너희가 내 말을 들을 수 없기 때문이다. [44] 너희는 너희 아비인 악마에게서 났으며, 또 그 아비의 욕망대로 하려고 한다. 그는 처음부터 살인자였다. 또 그는 진리 편에 있지 않다. 그것은 그 속에 진리가 없기 때문이다. 그가 거짓말을 할 때에는 본성에서 그렇게 하는 것이다. 그는 거짓말쟁이이며, 거짓의 아비이기 때문이다. [45] 그런데 내가 진리를 말하기 때문에, 너희는 나를 믿지 않는다. [46] 너희 가운데서 누가 나에게 죄가 있다고 단정하느냐? 내가 진리를 말하는데, 어찌하여 나를 믿지 않느냐? [47] 하나님에게서 난 사람은 하나님의 말씀을 듣는다. 그러므로 너희가 듣지 않는 것은, 너희가 하나님에게서 나지 않았기 때문이다." [48] 유대 사람들이 예수께 말하였다. "우리가 당신을 사마리아 사람이라고도 하고, 귀신이 들렸다고도 하는데, 그 말이 옳지 않소?" [49] 예수께서 대답하셨다. "나는 귀신이 들린 것이 아니라, 나의 아버지를 공경한다. 그런데도 너희는 나를 모욕한다. [50] 나는 내 영광을 구하지 않는다. 나를 위하여 영광을 구해 주시며, 심판해 주시는 분이 따로 계신다. [51] 내가 진정으로 진정으로 너희에게 말한다. 나의 말을 지키는 사람은 영원히 죽음을 겪지 않을 것이다." [52] 유대 사람들이 예수께 말하였다. "이제 우리는 당신이 귀신 들렸다는 것을 알았소. 아브라함도 죽고, 예언자들도 죽었는데, 당신이 '나의 말을 지키면, 영원히 죽음을 겪지 않을 것이다' 하니, [53] 당신이 이미 죽은 우리 조상 아브라함보다 더 위대하다는 말이오? 또 예언자들도 다 죽었소. 당신은 스스로를 누구라고 생각하오?" [54] 예수께서 대답하셨다. "내가 나를 영광되게 한다면, 나의 영광은 헛된 것이다. 나를 영광되게 하시는 분은 나의 아버지시다. 너희가 너희의 하나님이라고 부르는 바로 그분이시다. [55] 너희는 그분을 알지 못하지만 나는 그분을 안다. 내가 그분을 알지 못한다고 말하면, 나도 너희처럼 거짓말쟁이가 될 것이다. 그러나 나는 아버지를 알고 있으며, 또 그분의 말씀을 지키고 있다. [56] 너희의 조상 아브라함은 나의 날을 보리라고 기대하며 즐거워하였고, 마침내 보고 기뻐하였다." [57] 유대 사람들이 예수께 말하였다. "당신은 아직 나이가 쉰도 안 되었는데, 아브라함을 보았다는 말이오?" [58] 예수께서 그들에게 말씀하셨다. "내가 진정으로 진정으로 너희에게 말한다. 아브라함이 태어나기 전부터 내가 있다." [59] 그래서 그들은 돌을 들어서 예수를 치려고 하였다. 그러자 예수께서는 몸을 피해서 성전 바깥으로 나가셨다.

※ 인자가 높이 들려 올려질 때(28절): 예수의 부활과 승천을 암시하는 표현이다.
※ 내가 곧 나(28절): 하나님이 모세에게 자신의 이름을 밝히셨을 때 사용하신 표현이다.

인간은 스스로 자유로운 듯 여기지만, 실제로는 많은 것에 속박당해 있습니다. 성경은 하나님만이 우리 인생의 주인이 되실 수 있는데, 그 자리에서 하나님을 몰아내면 세상의 다른 것들(성공, 돈, 관계, 쾌락, 안락한 삶 등)이 중심부에 들어와 우리를 종노릇하게 한다고 말합니다. 예수는 이렇게 자신도 모르는 사이에 자유를 잃은 자들을 해방시키기 원합니다.

예수가 주는 해방은 마음 중심부에 하나님이 다시 오실 때 가능합니다. 예수가 끊임없이 자신을 믿는 것의 중요성과 자신이 누구인지를 강조한 이유가 그 때문입니다. 예수가 누구인지를 진실로 믿을 때, 우리는 우리를 구속하는 모든 것에서 해방되고 자유로워진다고 예수는 주장했습니다. 이 주장은 예나 지금이나 받아들이기 어려워 많은 사람이 이렇게 말하는 예수를 무시하고, 위협하고, 거절합니다. 예수가 반복하며 점층적으로 하는 주장을 살펴보고 이런 주장이 내게 어떤 의미가 있는지 살펴봅시다.

1. 예수는 자신이 누구인지를 집요하게 이야기한다. 예수는 어떤 선한 일을 하거나 격려하기 전에 자신이 누구인지를 아는 것이 가장 중요하다고 여긴다. 본문은 예수에 대해 어떤 내용을 말하는가? (12-20, 21-30절)

   _____
   _____
   _____

2. 예수는 사람들의 상태를 어떻게 진단하며, 그에 대한 해결책이 무엇이라고 말하는가? (31-38절)

   _____
   _____
   _____

3. 예수는 또 자신이 누구에게서 왔는지, 그리고 하나님과 동등하다는

사실을 주장한다. 그 내용은 무엇인가? (39-59절)

4. 예수는 살해 위협(59절)에 이르는 반대와 위협 속에서도 자신이 누구인지를 끊임없이 말한다. 그 이유는 무엇인가?

5. 이 본문에 그려진 예수가 오늘날 나에게는 어떻게 다가오는가?

14 DAY 묵상

예수는 많은 것에 묶여 종노릇하는
우리를 해방시키십니다.

15 DAY

우리 눈을 뜨게 하시는 예수

요 9:1-41

¹ 예수께서 가시다가, 날 때부터 눈먼 사람을 보셨다. ² 제자들이 예수께 물었다. "선생님, 이 사람이 눈먼 사람으로 태어난 것이, 누구의 죄 때문입니까? 이 사람의 죄입니까? 부모의 죄입니까?" ³ 예수께서 대답하셨다. "이 사람이 죄를 지은 것도 아니요, 그의 부모가 죄를 지은 것도 아니다. 하나님께서 하시는 일들을 그에게서 드러내시려는 것이다. ⁴ 우리는 나를 보내신 분의 일을 낮 동안에 해야 한다. 아무도 일할 수 없는 밤이 곧 온다. ⁵ 내가 세상에 있는 동안, 나는 세상의 빛이다." ⁶ 예수께서 이 말씀을 하신 뒤에, 땅에 침을 뱉어서, 그것으로 진흙을 개어 그의 눈에 바르시고, ⁷ 그에게 실로암 못으로 가서 씻으라고 말씀하셨다. ('실로암'은 번역하면 '보냄을 받았다'는 뜻이다.) 그 눈먼 사람이 가서 씻고, 눈이 밝아져서 돌아갔다. ⁸ 이웃 사람들과, 그가 전에 거지인 것을 보아 온 사람들이 말하기를 "이 사람은 앉아서 구걸하던 사람이 아니냐?" 하였다. ⁹ 다른 사람들 가운데는 "이 사람이 그 사람이다" 하고 말하는 사람도 더러 있었고, 또 더러는 "그가 아니라 그와 비슷한 사람이다" 하고 말하기도 하였다. 그런데 눈을 뜨게 된 그 사람은 "내가 바로 그 사람이오" 하고 말하였다. ¹⁰ 사람들이 그에게 물었다. "그러면 어

요한과 함께 예수 찾기

떻게 눈을 뜨게 되었소?" [11] 그가 대답하였다. "예수라는 사람이 진흙을 개어 내 눈에 바르고, 나더러 실로암에 가서 씻으라고 하였소. 그래서 내가 가서 씻었더니, 보게 되었소." [12] 사람들이 눈을 뜨게 된 사람에게 묻기를 "그 사람이 어디에 있소?" 하니, 그는 "모르겠소" 하고 대답하였다. [13] 그들은 전에 눈먼 사람이던 그를 바리새파 사람들에게 데리고 갔다. [14] 그런데 예수께서 진흙을 개어 그의 눈을 뜨게 하신 날이 안식일이었다. [15] 바리새파 사람들은 또다시 그에게 어떻게 보게 되었는지를 물었다. 그는 "그분이 내 눈에 진흙을 바르신 다음에 내가 눈을 씻었더니, 이렇게 보게 되었습니다" 하고 대답하였다. [16] 바리새파 사람들 가운데 더러는 말하기를 "안식일을 지키지 않는 것으로 보아서, 그는 하나님에게서 온 사람이 아니오" 하였고, 더러는 "죄가 있는 사람이 어떻게 그러한 표징을 행할 수 있겠소?" 하고 말하였다. 그래서 그들 사이에 의견이 갈라졌다. [17] 그들은 눈멀었던 사람에게 다시 물었다. "그가 당신의 눈을 뜨게 하였는데, 당신은 그를 어떻게 생각하오?" 그가 대답하였다. "그분은 예언자입니다." [18] 유대 사람들은, 그가 전에 눈먼 사람이었다가 보게 되었다는 사실을 믿지 않고, 마침내 그 부모를 불러다가 [19] 물었다. "이 사람이, 날 때부터 눈먼 사람이었다는 당신의 아들이오? 그런데, 지금은 어떻게 보게 되었소?" [20] 부모가 대답하였다. "이 아이가 우리 아들이라는 것과, 날 때부터 눈먼 사람이었다는 것은, 우리가 압니다. [21] 그런데 우리는 그가 지금 어떻게 보게 되었는지도 모르고, 또 누가 그 눈을 뜨게 하였는지도 모릅니다. 다 큰 사람이니, 그에게 물어보십시오. 그가 자기 일을 이야기할 것입니다." [22] 그 부모는 유대 사람들이 무서워서 이렇게 말한 것이다. 예수를 그리스도라고 고백하는 사람은 누구든지 회당에서 내쫓기로, 유대 사람들이 이미 결의해 놓았기 때문이다. [23] 그래서 그의 부모가, 그 아이가 다 컸으니 그에게 물어보라고 말한 것이다. [24] 바리새파 사람들은 눈멀었던 그 사람을 두 번째로 불러서 말하였다. "영광을 하나님께 돌려라. 우리가 알기로, 그 사람은 죄인이다." [25] 그는 이렇게 대답하였다. "나는 그분이 죄인인지 아닌지는 모릅니다. 다만 한 가지 내가 아는 것은, 내가 눈이 멀었다가, 지금은 보게 되었다는 것입니다." [26] 그래서 그들은 그에게 물었다. "그 사람이 네게 한 일이 무엇이냐? 그가 네 눈을 어떻게 뜨게 하였느냐?" [27] 그는 대답하였다. "그것은 내가 이미 여러분에게 말하였는데, 여러분은 곧이듣지 않았습니다. 그러면서 어찌하여 다시 들으려고 합니까? 여러분도 그분의 제자가 되려고 합니까?" [28] 그러자 그들은 그에게 욕설을 퍼붓고 말하였다. "너는 그 사람의 제자이지만, 우리는 모세의 제자이다. [29] 우리는 하나님께서 모세에게 말씀하셨다는 것을 알고 있다. 그러나 그 사람은 어디에서 왔는지 우리는 알지 못한다." [30] 그가 그들에게 대답하였다. "그분이 내 눈을 뜨게 해주셨는데도, 여러분은 그분이 어디에서 왔는지 모른다니, 참 이상한 일입니다. [31] 하나님께서는 죄인들의 말은 듣지 않으시지만, 하나님을 공경하고 그의 뜻을 행하는 사람의 말은 들어주시는 줄을, 우리는 압니다. [32] 나면서부터 눈먼 사람의 눈을 누가 뜨게 하였다는 말은, 창세로부터 이제까지 들어본 적이 없습니다. [33] 그가 하나님께로부터 오신 분이 아니라면, 아무 일도 하지 못하셨을 것입니다." [34] 그들은 그에게 말하였다. "네가 완전히 죄 가운데서 태어났는데도, 우리를 가르치려고 하느냐?" 그리고 그들은 그를 바깥으로 내쫓았다. [35] 바리새파 사람들이 그 사람을 내쫓았다는 말을 예수께서 들으시고, 그를 만나서 물으셨다. "네가 인자를 믿느냐?" [36] 그가 대답하였다. "선생님, 그분이 어느 분입니까? 내가 그분을 믿겠습니다." [37] 예수께서 그에게 말씀하셨다. "너는 이미 그를 보았다. 너와 말하고 있는 사람이 바로 그이다." [38] 그는 "주님, 내가 믿습니다" 하고 말하고서, 예수께 엎드려 절하였다. [39] 예수께서 또 말씀하셨다. "나는 이 세상을 심판하러 왔다. 못 보는 사람은 보게 하고, 보는 사람은 못 보게 하려는 것이다." [40] 예수와 함께 있던 바리새파 사람들이 이 말씀을 듣고 나서 말하였다. "우리도 눈이 먼 사람이란 말이오?" [41] 예수께서 그들에게 말씀하셨다. "너희가 눈이 먼 사람들이라면, 도리어 죄가 없을 것이다. 그러나, 너희가 지금 본다고 말하니, 너희의 죄가 그대로 남아 있다."

※ 인자(35절): 구약성경 다니엘 7장 13절에 나오는 표현으로, 세상을 심판하고 회복하기 위해 오시는 하나님의 종 메시아를 가리킨다.

사람들은 겉으로 드러난 일에만 마음을 쏟습니다. 그 일이 왜 일어났는지, 진정한 동기나 목적이 무엇인지에는 마음을 두지 않을 때가 많습니다. 예수가 기적을 일으킨 이유는 단지 자신에게 주술적 힘이 있음을 보여 주려는 것이 아니었습니다. 그는 그가 일으킨 사건들, 특히 기적들을 통해 매우 중요한 진리를 사람들에게 알려 주고 싶었습니다.

태어날 때부터 앞을 못 보는 사람이 있었습니다. 사람들은 그가 왜 이런 불행을 겪는지 궁금하기만 했지만, 예수는 인간이 겪는 불행을 해결할 뿐 아니라 이를 통해 그가 궁극적으로 원했던 바를 이루었습니다. 불행하게도, 기적을 체험한 맹인만이 예수가 뜻했던 바를 깨달았습니다. 놀라운 일이 일어났음에도 불구하고 믿지 않기로 이미 마음먹은 사람들은 다양한 이유를 내세웠습니다. 오늘날도 수많은 사람이 예수로 인해 눈을 뜨지만, 그 놀라운 변화를 다양하게 해석하고는 정작 그 일을 일으킨 예수로부터는 눈을 돌립니다. 그러나 눈 뜬 사람은 그 변화를 부인할 수 없습니다.

1. 예수는 맹인이 당면한 문제의 원인에 대해 무엇이라고 말하지 않는다. 다만 그에게 있는 심각한 문제를 통해 무엇이 드러난다고 말하는가? (1-5절)

   _____

   _____

   _____

2. 예수가 맹인을 눈 뜨게 한 사건을 바리새파 사람들이 받아들일 수 없었던 이유는 무엇인가?

   _____

   _____

3. 맹인이었던 사람은 자신이 경험한 것과 그 기적을 일으킨 분에 대해 추측하고(31-33절) 결국 그를 '인자'라고 고백(35-38절)한다. 이 기적을 통해 '그에게 드러내려 했던, 하나님이 하시는 일'(3절)은 무엇인가?

_____
_____
_____

4. 예수는 이 사건을 통해 자신이 세상의 빛(5절)이라 주장하지만, 그 빛을 본 사람과 보지 못한 사람이 있다. 이는 요한복음 1장 9-10절을 떠올리게 한다. 어떤 사람이 그 빛을 보고, 어떤 사람이 그 빛을 보지 못했는가? 나에게는 이것이 어떻게 다가오는가?

_____
_____
_____

15 DAY 묵상

예수는 우리의 눈을 뜨게 하십니다.

JOHN

이야기. 넷
우리 인생의 진정한 리더는 누구인가

선한 목자 되시는 예수

'멘토'와 '힐링'이라는 단어가 이 시대의 키워드인 양 자주 등장합니다. 어쩌면 우리 삶은 개인의 문제와 사회의 여러 문제가 뒤엉켜 낸 많은 상처로 치유가 필요한 상태인지 모릅니다. 예전과 비교하면 물질적으로는 풍요로워졌지만 여전히 힐링이 필요하다는 사람이 많습니다. 이런 상황에서 사람들은 '우리 문제들을 해결해 줄 리더는 없을까?' 하고 찾습니다. '이런 세상을 헤쳐 나갈 수 있게 이끌어 줄 리더가 있다면 얼마나 좋을까?' 하고 기대를 품습니다.

여러분은 어떠신가요? 그런 리더가 있으신가요? 뒷모습을 보고 따라갈 수 있는 그런 사람이 있습니까? 단지 앞서서 걸어갈 뿐만 아니라 우리 속의 갈망을 알아주고 우리 안의 잠재력을 피어나게 하는 리더, 살면서 필요한 지혜와 경고도 주고 어떨 때는 용기를 북돋우는 사람, 그런 리더가 있으신지요? 사실 우리 모두는 그런 리더를 바라는 것 같습니다. 젊을 때 그런 리더를 만나는 것은 큰 복입니다. "40대에는, 50대에는, 60대에는, 70대에는 저 사람처럼 됐으면 좋겠어"라고 말할 수 있고, 실제로 그 사람과 관계를 맺으며 살 수 있다면, 그것만큼 아름다운 일도 많지 않습니다. 이번 장에서는 그런 리더십에 관해 이야기를 나눠 보려 합니다.

리더십에 대한 간략한 고찰

우리가 리더십을 갈망하는 만큼이나 리더십은 우리 가까이에 있습니다. 어릴 때는 부모님이나 선생님, 커 가면서는 책에서 만나는 위인이나 학교 선배들까지, 우리는 알게 모르게 여러 인물을 모방하며 자랐습니다. 사실 인생은 누군가를 보며 따라가는 것입니다. 그 사람이 누가 됐든 간에요. 그래서 인생은 이렇게도 표현할 수 있습니다. '리더를 따라가면서 언젠가는 자신도 다른 사람의 리더가 되는 것.' 이것이 인생인 것 같습니다.

그런데 불행하게도 너무나 많은 사람이 자신을 이끌어 주는 사람 없이, 그리고 자신이 이끌어 가는 사람도 없이 살아갑니다. 리더십이 부재하는 삶은 행복하지 않습니다. 이끌어 주는 사람이 없으니 어디로 가야 할지도 막막하고, 자신도 선한 영향력을 끼칠 여지가 없습니다. 그럴 때 인간은 쪼그라듭니다. 어디에나 있지만 간과하기 쉬운 공기처럼 리더십 진공 상태가 되면 비로소 그 힘을 실감합니다. 어쩌면 우리는 리더십의 매트릭스 속에서 살고 있다고 할 수 있습니다.

이처럼 리더십은 온 사방에 있습니다. 리더십 없이는 인간이 제대로 존재하기 힘듭니다. 여러분도 모두 리더입니다. 어떤 영역에서는 리더가 됩니다. 리더를 하는 사람이 정해져 있는 것이 아니라, 나이가 들거나 한 단체에 오래 있으면 누구든지 리더 역할을 요청받습니다. 학교든, 동창회든, 놀이 집단이든, 직장이든, 어디에 속했든 우리는 점점 그 안에서 리더가 되어 갑니다.

리더십에 관해 깊이 들어가려면 복잡한 이야기를 얼마나 많이 해야 할지 알 수 없을 정도입니다. 그중 하나만 말씀드리면, 리더십이 가장 잘 드러나는 때는 위기 상황입니다. 우리 사회의 여러 분야에서 계속 경고음이 들려옵니다. '이런 상황에서 리더는 무엇일까?' 하는 생각을 해봅니다. 위기가 지속되고 문제가 계속 튀어나오는 상황에서 진짜 리더는 누구일까요?

모든 리더가 씨름해야 할 세 가지 중요 요소

제가 볼 때 리더는 세 가지 중요한 요소를 갖추어야 합니다. 리더십이 놓치면 안 되는 세 요소라고도 할 수 있겠습니다.

사람 섬김 vs 사람 이용 첫 번째는 사람을 어떻게 대할 것인가입니다. 1점부터 10점까지를 긴 선으로 놓았을 때, 사람을 이용하는 리더가 0점이라면, 사람을 섬기는 리더는 10점입니다. 물론 완벽하게 이용만 하거나 섬기기만 하는 리더는 있을 수 없겠지요. 하지만 선상의 어느 자리에는 위치하게 됩니다. 좋은 리더일수록 사람을 이용하기보다는 섬깁니다. 진정한 관심을 보입니다. 자기 목적에 따라 사람을 조작하지 않습니다. 그 사람에 관한 관심이 첫 번째입니다.

본질 vs 비본질 두 번째는 맡은 역할이나 사명과 관련해서 본질을 추구하는가입니다. 별로 중요하지 않은 비본질적인 것에 마음을 두느냐, 아니면 본질에 집중하느냐에 따라 마찬가지로 0점부터 10점까지로 펼쳐집니다. 좋은 리더일수록 자신이 무엇을 해야 하는지를 분명히 압니다. 굉장히 중요한 능력입니다. 리더 중에는 모든 일을 직접 다 하는 사람이 있습니다. 그렇게 되면 비본질적인 것까지 다 챙기느라 정작 집중해야 할 본질적인 것에는 소홀해지고, 그를 도와서 일을 같이 할 사람도 주변에 생기지 않습니다. 혼자 다 하는 것입니다. 그래서 본질에 대해 어떤 자세를 취하고 있는지는 참 중요합니다.

대가 지불 vs 대가 회피 세 번째는 무언가에 대한 대가를 스스로 지불하는가입니다. 리더십을 행사하면 대가를 지불해야 하는 때가 종종 찾아옵니다. 안 좋은 리더일수록 그 대가를 다른 사람에게 전가합니다. 좋은 리더는 스스로 책임을 집니다.

크게 보면 이렇게 세 가지 요소가 있습니다. 여러분은 어떠세요? '사람에 관해, 본질과 관련해, 대가를 지불하는 면에서 나는 몇 점이나 될까?' 세 영역에서 자신은 어떠한지를 한번 생각해 봐도 좋을 듯합니다.

예수의 리더십

이 세 가지 면에서 누구도 따라올 수 없는 리더십을 보인 분이 바로 예수입니다. 예수는 자신의 리더십을 제자들과 함께한 삶을 통해서 생생하게 보여 주므로 그의 생애만 충실히 연구해도 리더십 관련 서적 수십 권을 읽는 것 이상의 통찰력과 지혜를 얻을 수 있습니다. 이번 장에서 읽으려는 성경 본문은 예수의 리더십에 관해 설명하려고 적은 것이 아님에도 불구하고 그의 리더십이 어떠한지를 잘 보여 줍니다. 예수는 우리의 리더가 되겠다고 말합니다. 요한복음 10장 1-21입니다.

[1] "내가 진정으로 진정으로 너희에게 말한다. 양 우리에 들어갈 때에, 문으로 들어가지 아니하고 다른 데로 넘어 들어가는 사람은 도둑이요 강도이다. [2] 그러나 문으로 들어가는 사람은 양들의 목자이다. [3] 문지기는 목자에게 문을 열어 주고, 양들은 그의 목소리를 알아듣는다. 그

리고 목자는 자기 양들의 이름을 하나하나 불러서 이끌고 나간다. [4] 자기 양들을 다 불러낸 다음에, 그는 앞서서 가고, 양들은 그를 따라간다. 양들이 목자의 목소리를 알고 있기 때문이다. [5] 양들은 결코 낯선 사람을 따라가지 않을 것이고, 그에게서 달아날 것이다. 그것은 양들이 낯선 사람의 목소리를 알지 못하기 때문이다." [6] 예수께서 그들에게 이러한 비유를 말씀하셨으나, 그들은 그가 무슨 뜻으로 그렇게 말씀하시는지를 깨닫지 못하였다. [7] 예수께서 다시 말씀하셨다. "내가 진정으로 진정으로 너희에게 말한다. 나는 양이 드나드는 문이다. [8] [나보다 먼저 온 사람은 다 도둑이고 강도이다. 그래서 양들이 그들의 말을 듣지 않았다. [9] 나는 문이다. 누구든지 나를 통하여 들어오면, 구원을 얻고, 드나들면서 꼴을 얻을 것이다. [10] 도둑은 다만 훔치고 죽이고 파괴하려고 오는 것뿐이다. 나는, 양들이 생명을 얻고 또 더 넘치게 얻게 하려고 왔다. [11] 나는 선한 목자이다. 선한 목자는 양들을 위하여 자기 목숨을 버린다. [12] 삯꾼은 목자가 아니요, 양들도 자기의 것이 아니므로, 이리가 오는 것을 보면, 양들을 버리고 달아난다. ㅡ그러면 이리가 양들을 물어가고, 양떼를 흩어 버린다.ㅡ [13] 그는 삯꾼이어서, 양들을 생각하지 않기 때문이다. [14] 나는 선한 목자이다. 나는 내 양들을 알고, 내 양들은 나를 안다. [15] 그것은 마치, 아버지께서 나를 아시고, 내가 아버지를 아는 것과 같다. 나는 양들을 위하여 내 목숨을 버린다. [16] 나에게는 이 우리에 속하지 않은 다른 양들이 있다. 나는 그 양들도 이끌어 와야 한다. 그들도 내 목소리를 들을 것이며, 한 목자 아래에서 한 무리 양떼가 될 것이다. [17] 아버지께서 나를 사랑하신다. 그것은 내가 목숨을 다시 얻으려고 내 목숨을 기꺼이 버리기 때문이다. [18] 아무도 내게서 내 목숨을 빼앗아 가지 못한다. 나는 스스로 원해서 내 목숨을 버린다. 나는 목숨을 버릴 권세도 있고, 다시 얻을 권세도 있다. 이것은 내가 아버지께로부터 받은 명령이다." [19] 이 말씀 때문에 유대 사람들 가운데 다시 분열이 일어났다. [20] 그 가운데서 많은 사람이 말하기를 "그가 귀신이 들려서 미쳤는데, 어찌하여 그의 말을 듣느냐?" 하고, [21] 또 다른 사람들은 말하기를 "이 말은 귀신이 들린 사람의 말이 아니다. 귀신이 어떻게 눈먼 사람의 눈을 뜨게 할 수 있겠느냐?" 하였다.

예수의 리더십이 다른 어느 성경 구절에서보다 아주 선명하게 드러납니다. 예수는 인격적 관계를 매우 소중히 여긴다고 말합니다. 그는 '양들의 목자'이며, '양들은 그의 목소리를 알아듣습니다.' 목소리를 알아듣는 관계입니다. 양들이 그를 따라가는 이유는 그의 목소리를 알고 있기 때문입니다. 목자가 양들을 하나하나 부르듯 예수는 사람들 하나하나에 관심을 둡니다.

예수는 이와 비교해 좋지 않은 리더를 이어서 소개합니다. "양들은 결코 낯선 사람을 따라가지 않을 것이고, 그에게서 달아날 것이다. 그것은 양들이 낯선 사람의 목소리를 알지 못하기 때문이다." '낯선 목소리'나 '낯선 사람'이라는 표현은 인격적 관계를 제대로 맺지 않았을 때 등장합니다. 자연스럽던 관계가 어느 순간 그렇지 않다고 느껴질 때가 있습니다. 그럴 때 낯설어집니다. 잘 아는 줄 알았는데, 실제로는 잘 몰랐다는 것입니다. 이와 달리 예수는 이름을 하나하나 부를 정도로 양들과 가깝습니다. 예수는 말로만 이렇게 주장한 것이 아니라, 삶의 현장에서 그 모습을 실제로 보여 주었습니다.

인격적인 관계를 소중히 한다

우리가 함께 읽고 있는 요한복음을 한번 살펴보십시오. 예수가 처음 기적을 일으킨 곳은 가나의 혼인 잔치입니다. 마을의 평범한 결혼식이었습니다. 그런데 포도주가 떨어졌고 잔치의 흥은 깨졌습니다. 예수는 자신의 때가 되지 않았다고 했지만 끝내는 물을 포도주로 만들었습니다. 예수에게 이로울 것이 하나도 없는 행위였습니다. 혼인 잔치에 모인 사람들의 필요가 절실했기에 기적을 보인 것입니다. 더군다나 기적을 직접 경험한 사람은 신랑, 신부나 그 가족이 아니었습니다. 물이 포도주로 변하는 현장을 공개해서 보여 준 것이 아니라, 하인들만 아는 상황에서 그 일이 일어났습니다. 하인들이 물을 채워 놓았고, 물은 포도주로 변했습니다. 예수의 첫 번째 기적은 이름조차 알 수 없는 하인들의 손끝에서 일어났습니다. 예수는 보통의 모든 사람을 소중하게 생각합니다.

3장에서는 예수가 니고데모라는 지도자와 대화를 나눕니다. 그의 고민을 듣고 그에게 필요한 것을 돌직구처럼 알려 줍니다. 4장으로 넘어가면 사마리아 여인이 나옵니다. 당시 유대인 남성은 여성과 공개적인 장소에서 대화하지 않았을뿐더러 사마리아 사람하고는 말도 섞지 않았습니다. 그런데 예수는 여성이자 사마리아 사람인 그녀와 긴 대화를 주고받았습니다. 4장 거의 전부가 이 이야기를 다룰 정도로 깊은 대화였습니다. 4장의 끝에서는, 예수는 왕의 신하를 만나서 그 아들의 병을 고쳐 주었습니다. 5장에서는 베드자다라는 못가에 있는 서른여덟 해 된 병자를 고쳐 주었습니다. 8장에서는 음행하다가 걸려서 돌에 맞아 죽을 지경인 여인을 살려 내고 그와 대화를 나누었습니다. 9장에서는 눈먼 사람을 보게 하고 그가 다시 찾아와 절하자 그에게 설명을 해주었습니다.

앞에서 읽은 10장 전까지 예수가 만난 사람들을 한번 찬찬히 떠올려 보십시오. 예수는 사람 하나하나를 소중히 여깁니다. 사람 하나하나에 집중합니다. 그 사람의 필요와 문제를 보고 만져 주려고 합니다. 그것이 바로 예수가 보여 주는 리더십의 정수입니다. 인격적 관계를 소중히 여긴다는 표현조차 부족합니다. 한 사람, 한 사람을 사랑하는 리더십을 예수는 보여 줍니다.

본질적인 문제를 해결한다

예수는 한 사람에 집중하는, 아주 섬세하고 어떤 면에서는 부드럽고 민감한 리더십만 지닌 분이 아니었습니다. 그는 본질적인 문제를 해결하는 데 집중했습니다.

7절에서 예수는 "나는 양이 드나드는 문이다"라고 말합니다. 9절에서는 "누구든지 나를 통하여 들어오면, 구원을 얻고, 드나들면서 꼴을 얻을 것이다"라고 합니다. 팔레스타인 지역의 양치기는 풀 몇 포기 없는 광야 같은 땅에서 양 10-20마리를 끌고 다닙니다. 낮에는 양들과 함께 돌아다니면서 풀을 뜯게 하고 밤에는 우리로 데리고 옵니다. 그때 우리의 문을 엽니다. 그런데 종일 돌아다녀도 풀을 제대로 못 뜯어 먹을 때가 있습니다. 그럴 때는 우리 안에 미리 준비해 두었던 꼴을 양들에게 줍니다.

예수는 자신이 '문'이라고 합니다. 자신을 통해 양들이 우리로 들어와서 꼴을 먹고, 쉬고, 풍성하게 살 수 있다고 이야기합니다. 이처럼 성경은 우리가 사는 세상이 광야와 같다고 반복해서 강조합니다. 지금 여기가 결코 낙원이 아니라는 것입니다.

기억하시는지요? 3장에서 예수와 니고데모가 거듭나는 것에 관해 대화할 때 예수는 자신이 놋뱀처럼 들려야 한다고 했습니다. 그 이야기 역시 광야를 배경으로 하며, 근본적인 문제를 해결하기 위해 예수 자신이 죽어야 한다고 암시한 것입니다. 6장에서는 어떠했습니까? 광야에 모인 사람들이 주릴 때 예수는 오병이어로 그들을 모두 먹였습니다. 이에 사람들이 예수를 왕으로 모시려 하자, 예수는 생명의 밥을 주겠다며 자신의 살과 피를 먹으라고 했습니다. 당장 광야 같은 삶에서 벗어나는 미봉책 대신에 근본적인 해결책을 제시했습니다.

우리는 광야에 살면서 '더 나아지겠지'라는 막연한 기대로 버티거나 당장 눈에 보이는 가시적인 해결책을 바랍니다. 하지만 그렇게 해서는 궁극적인 문제가 해결되지 않습니다. 예수는 본질적인 문제를 해결하기 원합니다. 자신을 통해서 생명을 얻고 더욱 풍성히 얻기를 바랍니다. 그래서 자신이 양들을 우리 안으로 들이는 문이라고 말합니다. 광야 같은 곳에서 어쩔 수 없이 버티듯 살아가게 하는 힘이 아니라, 전혀 다른 국면으로 생을 전환시키는 '문'이라고 이야기합니다. 예수는 시종일관 자신이 감당해야 하는 본질적인 문제에 집중합니다.

자신의 희생을 감수한다

예수는 본질적인 문제를 해결하기 위해 인간이 대가를 지불해야 한다고 말하지 않고, 오히려 자신이 희생을 감수합니다. 11절에서 선한 목자의 특징은 양을 위해 자기 목숨을 버리는 것이라고 말했습니다. 이에 반해 삯꾼은 목자가 아니고, 따라서 자신을 따라오는 양들을 책임지려 하지 않습니다. 이리가 나타나면 양들을 버리고 달아납니다. 양떼는 흩어지고 양들은 죽습니다. 양들을 생각하지 않기 때문입니다.

한국 사회에도 수많은 리더가 있지만, 철저하게 다른 사람을 섬기는 리더십은 찾기가 어렵습니다. 리더도 자신만의 이해관계가 있고 추구하는 유익이 있습니다. 문제는 자신의 유익을 위해 상대를 이용하는 것입니다. 회사에서 가끔 일어나는 일이지만, 아래 직원의 공로는 가로채고 자신의 실책은 전가합니다. 이런 리더는 삯 꾼입니다. 리더가 아닙니다.

반면, 좋은 리더는 양들을 위해 자신의 목숨을 버리되 억지로 하는 것이 아니라 자발적으로 희생합니다. 15-18절을 보면, 예수는 누가 시켜서 하는 것이 아니라 자신이 원해서 스스로 하는 것이라고 반복해서 강조합니다. 3장의 놋뱀 비유까지만 해도 '들려야 한다'고 표현할 뿐 자신이 죽어야 한다고 직접적으로 말하지 않았습니다. 6장에서 '생명의 밥'을 이야기하면서는 '살과 피를 먹어야 한다'며 죽음을 시사했습니다. 그런데 이번 장의 성경 구절에서는 자신의 죽음을 확실히 선언합니다. 죽음이라는 대가를 치르겠다고 노골적으로 밝히고 있습니다.

예수가 당신의 '그 리더'가 될 수 있다!

예수의 리더십에 나타나는 세 가지 요소는 정말 소중합니다. 사람을 소중히 하고, 본질에 집중하고, 그것을 위해 대가를 지불하는 것은 훌륭한 리더라면 갖추어야 할 세 가지 덕목입니다.

1970년대부터 지금까지 나온 리더십 관련 서적을 살펴보면 초점이 이동한다는 사실을 알 수 있습니다. 1970-80년대에는 사람을 어떻게 관리할 것인가에 관심을 두었습니다. 그러다가 가치 중심으로 바뀌었습니다. 요즘에는 점점 관계 중심으로 이동하고 있습니다. 어떻게 정서를 채워 주는 리더가 될 것인지를 이야기합니다.

리더십 관련 서적은 어쩔 수 없이 각 시대의 특성을 반영할 수밖에 없어서 리더십의 일부분이 두드러지는데, 예수를 보면 그 모두를 아우르는 리더십의 원형이 눈에 들어옵니다. 다시 말씀드리지만, 사람을 중시하고 본질과 가치에 집중하고 그 일을 위해 기꺼이 대가를 치르는 리더십입니다. 이런 그의 리더십은 단지 교회라는 종교 집단 내에서만 통용될 것이 아니라 일반 사회 속에서도 필요한 리더십이라는 생각이 듭니다. '이런 리더가 우리에게 있으면 좋겠다'는 생각이 간절히 듭니다.

여러분에게 제가 말씀드리고 싶은 것은 이것입니다. 예수가 여러분의 리더가 될 수 있습니다. 그리고 좋은 리더를 본 사람만이 좋은 리더가 됩니다. 좋은 리더를 보지 못한 사람은 좋은 리더십이 무엇인지조차 모릅니다. 오늘날 한국 사회나 세계 곳곳에 좋은 리더가 드문 이유는 좋은 리더를 보지 못했기 때문입니다. 멀리서라도 본 적이 없어서입니다. 좋은 리더와 가까이 지내며 삶에 대해 여러 경험을 해보는 복을 누리는 사람은 아주 적습니다. 책을 통해서 간접적으로 만날 뿐입니다. 하지만 좋은 리더와 내 삶의 현장을 함께 걸으며 그를 경험할 수만 있다면 우리가 알지도 못하는 사이에 그를 닮아 가기 시작합니다.

저는 그런 면에서 예수 그리스도야말로 정관사(The)를 붙일 수 있는, 누구와도 비교할 수 없는 리더라고 생각합니다. 저는 이 예수가 여러분의 리더가 되면 좋겠습니다. 예수가 여러분의 리더가 되면 예수를 통해 여러분도 작은 리더로 성장해 나갈 가능성이 높습니다. 저 역시 마찬가지였습니다. 예수가 여러분의 리더가 될 수 있습니다.

'그 리더'의 본질적인 문제 해결을 받아 누리라

그렇다면 어떻게 예수가 나의 리더가 될 수 있을까요? 첫 번째, 본질적인 문제의 해결을 누리셔야 합니다. 예수를 나의 리더로 받아들이는 것은 단순히 그의 도덕적 훈계나 윤리적 모범을 따르는 것이 아닙니다. 그의 말을 따라 착하게 살겠다는 것이 아닙니다. 그를 리더로 따른다는 것은 그가 해결하려고 했던 광야의 문제가 내게도 있으며, 그를 통해 나의 그 문제가 해결되었음을 인정하는 것입니다. 그러고는 광야의 문제가 사라진 삶을 누리는 것입니다. 이것이 그를 따르는 삶이며, 그를 리더로 받아들이는 인생입니다.

광야의 문제가 무엇입니까? 왜 인생이 광야입니까? 어째서 우리 인생살이는 이토록 힘이 듭니까? 인류가 지난 수천 년간 이 문제를 해결하려고 여러 분야를 발전시키며 애를 썼지만 왜 여전히 고통 속에 있습니까? 성경은 지식이 부족해서, 교육을 덜 받아서, 과학 기술이 아직 완전하지 않아서, 라고 이야기하지 않습니다. 물론 약간의 진보는 있겠으나 광야의 문제를 완전히 해결할 수는 없습니다. 광야의 문제는 영적 문제입니다.

예수의 최대 관심사는 그 문제를 해결하는 것이었습니다. 인간이 생명의 근원이자 지혜와 사랑의 원천이신 하나님과의 관계를 회복하기 바랐습니다. 인간이 하나님을 배신하고 거절하고 무시해서 하나님과의 관계가 깨어졌으므로, 그 관계를 회복하려면 누군가 정의로운 화해자가 필요했습니다. 예수는 자신이 그 역할을 하겠다고 나섰습니다. 인간이 하나님을 반역한 대가를 자신이 대신 지겠다고 했습니다. 그래서 반복해서 "내가 너희를 위해 목숨을 주기 위해 왔다"라고 밝혔습니다.

이것이 기독교의 핵심 진리입니다. 예수는 하나님과의 관계 회복을 위해 인간에게 무언가를 해야 한다고, 착해져야 한다거나 성경을 읽어야 한다거나 기도를 많이 해야 한다고 요구하지 않습니다. 일정 정도의 행위를 쌓아야 한다고 말하지 않습니다. 인간이 스스로 광야의 문제를 해결할 수 없으므로 자신이 해결한다고 말합니다. 인간은 장대에 달린 놋뱀을 바라보듯 십자가에 달린 예수를 바라보기만 하면 됩니다. 그것이 믿음입니다. 하나님이 우리를 위해 하신 일을 바라보는 것, 어리석어 보여도 바라보는 것입니다. 거기에는 어떤 노력도 필요 없습니다. 믿음은 노력하는 것이 아닙니다. 믿음은 하나님이 하신 일에 대한 인격적 반응입니다. 예수가 우리를 위해 살과 피를 주겠다고 할 때, "먹겠습니다" 하며 받아들이는 것이 믿음입니다.

그다음에 무슨 일이 벌어지나요? 양들이 우리 안으로 들어가 꼴을 먹고 평안을 누리듯 예수를 통해 하나님과의 관계를 회복한 인간은 그 안에서 생명을 풍성히 누리게 됩니다. 광야의 문제가 해결되면 생명과 지혜와 사랑의 근원이신 하나님으로부터 그 모두를 충분히 공급받으며 살게 됩니다. 생명과 지혜와 사랑이 풍성한 삶이 찾아옵니다.

사람들은 광야의 문제를 회피하고 싶어 합니다. 어차피 해결되지 않는다고 생각해서 그냥 오늘 재밌고 의미 있게 감동받으며 살면 된다는 생각이 강합니다. 하지만 예수는 집요하게 인간의 본질적인 문제를 해결하기 원합니다. 그것만이 인간의 살길이며, 생명과 지혜와 사랑을 풍성히 누리며 사는 길임을 알았습니다. 그를 리더로 받아들여 따르는 이들은 그를 통해 이 같은 인생을 맛보게 됩니다.

'그 리더'를 매일 매 순간 따르라

예수는 인간이 본질적 문제만을 해결하는 데서 머무르지 않고 더 나아가기를 바랍니다. 매일 매 순간 리더인 예수를 따르는 삶이 필요합니다. 본질적인 문제가 해결되고 우리가 그분 안으로 들어갔다면, 그분의 목소리를 듣는 훈련을 해야 합니다. 목소리를 알아듣는 훈련을 해야 합니다.

여러분, 예수의 목소리가 낯선 목소리가 되지 않도록 하십시오.

예수는 하나님과의 관계가 회복된 우리에게 성령을 통해 말합니다. 성령과 성경을 통해 우리에게 말합니다. 그 목소리가 우리에게 있습니다. 앞서 읽은 성경 구절에서는 양들이 목자의 목소리를 알아듣는다고 말합니다. 그런 관계를 맺는다는 말입니다.

지금 이 글을 읽으시는 여러분이 이 글 속에서 제 목소리만 들으신다면 별 의미가 없습니다. 설교를 듣거나 그와 같은 글을 읽는 것은 그 속에서 예수의 목소리를 듣는 것입니다. 오늘 내 이름을 부르며 나에게 이야기하는 예수의 음성을 들을 수 있어야 제대로 설교를 듣는 것입니다.

오늘날 한국 교회의 문제가 무엇일까요? 하나님이 이루신 본질적인 놀라운 일은 받아들였습니다. 하지만 그의 목소리를 들으며 살아가는 법을 이어서 배우지 않는다는 것입니다. 그의 목소리를 듣지 않으니 어떤 소리가 들릴까요? 목자의 목소리가 아닌, 세상의 온갖 소리가 들립니다. 그런데 요한복음에 나오는 양들은 낯선 소리를 듣고 도망가는데, 오늘날 양들은 낯선 소리를 따라갑니다. 돈으로 위협하는 목소리들, 불안과 두려움으로 우리를 가두는 생각들, 이런 소리에 귀를 기울이며 전전긍긍합니다. '이러다 어떻게 되지 않을까? 이러다가는 뭐도 못하고, 뭐도 안되고, 뭐도 못 잡지 않을까?'라는 두려움에 사로잡혀 사는 사람이 얼마나 많은지요?

그 소리들이 어디서 들려오나요? 그 낯선 소리들을 따라야 할까요? 결단코 아닙니다. 그리스도인이라면, 예수를 리더로 받아들인 사람이라면 일상의 영역에서 예수의 목소리를 듣고 따라야 합니다.

저는 여기서 회심과 제자도에 관해 말씀드리고 싶습니다. '회심'은 하나님에 대해 깨어나는 것입니다. 그리스도인이 되기 전에도, 곧 회심하기 전에도 하나님은 계셨습니다. 다만 내가 그분에 대해 잠자고 있었습니다. 하지만 하나님에 대해 눈이 열리고 깨어나면서 관계가 생기기 시작합니다. 이것이 회심입니다.

그렇다면 회심한 다음에 이어지는 그리스도인의 삶, '제자도'는 무엇일까요? 제자도의 핵심은 하나님에 대해 깨어 있는 상태를 유지하는 것입니다. 오늘날 한국 교회는 회심도 약해졌지만, 특히 제자도가 힘을 많이 잃었습니다. 하나님께 깨어 있는 삶을 산다는 것이 무엇인지 모릅니다. 하나님의 목소리를 들으며 산다는 것이 무엇인지를 잘 모릅니다. 그냥 목회자의 목소리만 듣습니다. 그 소리 안에서 예수의 목소리를 들어야 하는데도 말입니다. 그러다 보니 세상의 소리들이 우리를 좌지우지합니다.

여러분, 예수는 여러분의 이름 하나하나를 아십니다. 저도 가끔 이런 생각이 들 때가 있습니다. '수많은 인간이 있는데 예수가 나한테 관심이 있을까? 나한테 무슨…….' 그런데 요한복음 10장까지 오면서 예수가 여러 사람을 만나는 이야기를 읽고, 특히 10장에서 양들의 이름을 하나하나 부른다고 할 때, '예수는 정말 그런 분이구나. 내 이름을 아는구나!' 하고 새삼 다시 확인했습니다.

팔레스타인 지역에서 한 목자가 이끄는 양들은 20여 마리밖에

되지 않기 때문에 목자가 실제로 이름을 다 붙여 줍니다. 오늘날 반려견에 이름을 붙이는 것과 같습니다. 예수는 우리의 이름을 하나하나 부르고, 각자의 특성을 알고, 각자의 약점과 강점을 압니다. 그렇게 우리를 이끌어 가는 분입니다. 예수를 리더로 삼은 사람이 배워야 할 것은 매일 매 순간 그 목소리를 들으며 따르는 법입니다.

주일 설교 시간을 소중한 시간으로 사용하십시오. 하나님이 나에게 뭐라고 말씀하시는지를 들으려고 하십시오. 어떤 목회자의 설교를 듣든지 상관없습니다. 목회자가 성경이 아닌 이상한 이야기를 하지만 않는다면, 그 속에 주님이 하시는 말씀이 있을 것입니다. 매일 성경 묵상(QT)을 하시나요? 매일 읽는 것에만 만족하지 마십시오. 성경을 매일 읽어도 그분의 목소리를 듣지 못할 수 있습니다. 저도 신학을 공부했지만, 수많은 신학자가 하루에 10시간 넘게 성경을 공부하면서도 불행히도 그 안에서 예수의 목소리를 듣지 못합니다. 단지 성경을 읽는다고 예수의 목소리를 듣는 것은 아닙니다. 예수의 목소리를 들으려고 성경을 읽으셔야 그 소리를 들을 수 있습니다.

그의 목소리를 듣고 그를 따라가는 것이 광야 같은 세상을 이길 수 있는 유일한 방법입니다. 참 생명과 참 양식이 되는 예수를 누리는 것은 그가 나를 부르고 나를 이끌어 간다는 사실을 알고 경험할 때만 가능합니다. 예수는 우리의 본질적 문제를 해결할 뿐만 아니라, 우리 한 사람, 한 사람이 문제가 해결된 상태를 풍성히 누리며 살아갈 수 있도록 우리를 이끌고, 때로는 꾸짖고 도와줍니다. 예수는 그만큼 섬세한 리더입니다.

'그 리더'의 비전과 사명에 동참하라

우리가 예수와 같은 리더를 따르게 되면, 그다음에 당연히 나타나는 현상이 있습니다. 그 리더의 사명과 비전에 동참하고 싶어집니다. 우리를 잘 알고 우리를 이끌어 주는 리더를 경험하기 시작하면, 그 리더가 마음을 두는 곳에 우리의 마음도 향하게 됩니다. 앞서 읽은 성경 구절 중에 이상한 구절이 있는데요, 16절입니다.

나에게는 이 우리에 속하지 않은 다른 양들이 있다. 나는 그 양들도 이끌어 와야 한다. 그들도 내 목소리를 들을 것이며, 한 목자 아래에서 한 무리 양떼가 될 것이다.

여기서 '우리에 속하지 않은 다른 양들'은 바로 여러분과 저를 가리킵니다. '우리 안에 든 양들'은 이스라엘 사람들입니다. 처음에 예수는 이스라엘 사람을 회복하는 데 전념했습니다. 그러면서도 그의 사명은 이스라엘만이 아니라 광야 같은 삶을 사는 모든 사람을 대상으로 했습니다. 예수의 이 말속에도 그 사명이 담겨 있습니다. "우리에 속하지 않은 다른 양들이 있고, 그들도 내 목소리를 들을 것이며, 그들 또한 한 양떼가 될 것이다." 참 놀랍지 않습니까? 약 2천 년 전에 서른을 갓 넘은 청년이 한 말입니다. 2천 년이 지나고 난 후에 그의 말대로 정말 여러분과 저뿐만 아니라 지구상의 수많은 사람이 한 목자 밑에서 한 무리의 양떼가 되었습니다.

예수는 지난 2천 년간 이 일을 하고 있습니다. 물론 지금도 하고 있습니다. 그러니 나의 리더가 본질적 문제를 해결하고 사람들 하나하나를 만지며 이끌어 가는 일을 하고 있다고 생각하면, 광야 같은 세상을 회복하는 그의 일에 내 인생을 드리고 싶다는 생각이 자연스레 들게 됩니다.

예수는 지금도 본질적 문제를 해결하고 사람들이 풍성한 삶을 누리기 원합니다. 우리가 광야 같은 세상에서 하루하루, 그날그날의 욕망을 충족하며 버티며 살기를 원하지 않습니다. 이 땅에 있으면서도 생명과 사랑과 지혜를 풍성하게 누리며 멋지게 살기를 바랍니다. 또한 자신만이 아니라 주변 사람들을 함께 회복하는 사람이 되기를 바랍니다. 그런 사람들이 모인 회복의 공동체가 세상의 빛이 되어 광야에서 고통을 겪는 수많은 이웃에게 사랑의 손을 내밀고 섬기는, 그 일을 하기를 예수는 지금도 바라고 있습니다.

'그 리더'를 따르는 많은 리더가 필요한 시대

여러분, 예수가 여러분의 리더가 될 수 있습니다. 자랑스럽게도 예수는 제가 아주 어릴 때부터 저의 리더가 되어 주었습니다. 40년 넘게 그는 저의 리더였습니다. 예수는 저의 본질적 문제를 해결해서 하나님과 관계를 맺는 법을 가르쳐 주었고, 이를 위해 엄청난 대가를 치렀습니다. 저는 그 사실을 깨닫고 감격하기도 했습니다. 더 나아가 그는 제 이름을 불러 주었습니다. 제 인생이 굴곡질 때마다 저를 이끌어 주었고, 절망의 순간에 저를 붙들어 주었습니다.

그리고 굉장히 중요한 결정을 내려야 하는 순간에 저에게 말했습니다. "이것을 해라. 저것을 해라"라고 말하는 것이 아니라, 예수는 늘 제게 "너를 신뢰한다. 지혜롭게 네가 선택해라"라고 말합니다. 어떤 때는 하나님이 길을 보이고 열어 주시기도 하지만, 많은 경우에는 저 스스로 하나님 앞에서 하나님의 뜻을 따라갈 수 있도록 이끄십니다.

여러분은 어떠십니까? 여러분은 예수가 여러분 인생의 리더가 되기를 원하십니까? 그렇게 될 수 있습니다. 실제로 오늘날은 좋은 리더가 많이 필요한 시대입니다. 곳곳에 좋은 리더가 많으면 좋겠습니다. 용기 있는, 가치를 중시하는, 그리고 사람을 소중히 여기는 리더가 사회 곳곳에 있어야 합니다. 그런 리더에 목이 마른 요즘입니다.

어떻게 그런 리더들이 탄생할 수 있을까요? '그(The) 리더'를 만나야 가능합니다. 좋은 리더를 경험하지 못한 사람은 좋은 리더가 되기 어렵습니다. 하지만 부족한 사람도, 평범한 사람도 위대한 리더를 만나서 함께 살면 자신도 모르는 사이에 리더로 탄생합니다. 이 책을 읽는 모든 분이 누구를 따를지 심각하게 고민하시기를 바랍니다.

여러분 가운데 예수에 관심이 있는 분이 있다면, 활동할 당시에 미쳤다는 말을 들을 수밖에 없었던 예수가 정말 내 인생의 리더가 될 수 있는지, 진지하게 성경을 살펴보면 좋겠습니다.

그리고 이미 본질적 문제가 해결되었다고 생각하는 그리스도인들은 기억하십시오. 예수의 목소리를 알아듣지 못한다면, 오히려 낯선 소리에 더 익숙해져 있다면 예수의 제자가 마땅히 걸어야 할 길에서 벗어나 다른 길을 걷고 있을지 모릅니다. 그러므로 그의 목소리가 더 친근해지도록, 그의 목소리를 더 잘 알아들을 수 있도록 애쓰십시오. 지난 2천 년간 예수를 따랐던 수많은 사람을 통해 드러나게 때로는 드러나지 않게, 널리 알려지게 때로는 아무도 모르게 수많은 기여와 영향력이 일어났습니다. 이 책을 통해 여러분에게도 그 놀라운 대열에 동참하는 기회가 주어지기를 간절히 바랍니다.

+ 함께 생각하기

1. 나는 어떤 리더인가? 스스로 리더십을 평가해 보라. 특히 리더가 씨름해야 할 세 가지 요소가 내게는 어떤 모습으로 나타나는가?

2. 예수가 집중한 일의 본질이 무엇이라고 생각하는가? 요한복음을 읽어 오면서 무엇을 더 깨닫고 있는가?

3. 나는 예수의 목소리가 낯설지 않고 잘 알아듣기 위해 무엇을 하고 있나?

4. 나는 예수가 나의 리더이기 때문에 그 리더의 비전에 동참하고 있는가? 이를 위해서 무엇이 필요한가?

16 DAY

자신의 양을 위해 희생하겠다는 예수

요 10:1-21

¹ "내가 진정으로 진정으로 너희에게 말한다. 양 우리에 들어갈 때에, 문으로 들어가지 아니하고 다른 데로 넘어 들어가는 사람은 도둑이요 강도이다. ² 그러나 문으로 들어가는 사람은 양들의 목자이다. ³ 문지기는 목자에게 문을 열어 주고, 양들은 그의 목소리를 알아듣는다. 그리고 목자는 자기 양들의 이름을 하나하나 불러서 이끌고 나간다. ⁴ 자기 양들을 다 불러낸 다음에, 그는 앞서서 가고, 양들은 그를 따라간다. 양들이 목자의 목소리를 알고 있기 때문이다. ⁵ 양들은 결코 낯선 사람을 따라가지 않을 것이고, 그에게서 달아날 것이다. 그것은 양들이 낯선 사람의 목소리를 알지 못하기 때문이다." ⁶ 예수께서 그들에게 이러한 비유를 말씀하셨으나, 그들은 그가 무슨 뜻으로 그렇게 말씀하시는지를 깨닫지 못하였다. ⁷ 예수께서 다시 말씀하셨다. "내가 진정으로 진정으로 너희에게 말한다. 나는 양이 드나드는 문이다. ⁸ [나보다] 먼저 온 사람은 다 도둑이고 강도이다. 그래서 양들이 그들의 말을 듣지 않았다. ⁹ 나는 문이다. 누구든지 나를 통하여 들어오면, 구원을 얻고, 드나들면서 꼴을 얻을 것이다. ¹⁰ 도둑은 다만 훔치고 죽이고 파괴하려고 오는 것뿐이다. 나는, 양들이 생명을 얻고 또 더 넘치게 얻게 하려고 왔

다. ¹¹ 나는 선한 목자이다. 선한 목자는 양들을 위하여 자기 목숨을 버린다. ¹² 삯꾼은 목자가 아니요, 양들도 자기의 것이 아니므로, 이리가 오는 것을 보면, 양들을 버리고 달아난다. ―그러면 이리가 양들을 물어가고, 양떼를 흩어 버린다.― ¹³ 그는 삯꾼이어서, 양들을 생각하지 않기 때문이다. ¹⁴ 나는 선한 목자이다. 나는 내 양들을 알고, 내 양들은 나를 안다. ¹⁵ 그것은 마치, 아버지께서 나를 아시고, 내가 아버지를 아는 것과 같다. 나는 양들을 위하여 내 목숨을 버린다. ¹⁶ 나에게는 이 우리에 속하지 않은 다른 양들이 있다. 나는 그 양들도 이끌어 와야 한다. 그들도 내 목소리를 들을 것이며, 한 목자 아래에서 한 무리 양떼가 될 것이다. ¹⁷ 아버지께서 나를 사랑하신다. 그것은 내가 목숨을 다시 얻으려고 내 목숨을 기꺼이 버리기 때문이다. ¹⁸ 아무도 내게서 내 목숨을 빼앗아 가지 못한다. 나는 스스로 원해서 내 목숨을 버린다. 나는 목숨을 버릴 권세도 있고, 다시 얻을 권세도 있다. 이것은 내가 아버지께로부터 받은 명령이다." ¹⁹ 이 말씀 때문에 유대 사람들 가운데 다시 분열이 일어났다. ²⁰ 그 가운데서 많은 사람이 말하기를 "그가 귀신이 들려서 미쳤는데, 어찌하여 그의 말을 듣느냐?" 하고, ²¹ 또 다른 사람들은 말하기를 "이 말은 귀신이 들린 사람의 말이 아니다. 귀신이 어떻게 눈먼 사람의 눈을 뜨게 할 수 있겠느냐?" 하였다.

※ [나보다] 먼저 온 사람(8절): 어떻게 하면 하나님을 이해하고 구원을 얻을 수 있는지 알려 준다고 주장하던 당시 종교 지도자들과 과거의 거짓 선지자들
※ 이 우리에 속하지 않은 다른 양들(16절): 유대인이 아닌 이방인

위대한 사명을 가진 사람이 자신을 따르는 한 사람, 한 사람을

잘 돌보며 이끄는 경우는 많지 않습니다. 예수는 날 때부터 맹인인 사람의 눈을 뜨게 하셨고 자신을 목자에 비유했습니다. 자기 양들의 이름을 하나하나 부르는 모습과 그 목소리를 알아듣는 양의 모습을 통해 자신과 자신을 따르는 자들에 관해 설명했습니다. 실제 당시 종교적 지도자들은 자신의 권위와 교조적인 신조로 인해 예수를 알아보지 못했지만, 눈을 뜬 맹인은 예수를 알아보았습니다.

이렇게 자신을 알아보는 한 사람, 한 사람을 이끄는 예수는 자신을 따르는 자들을 위해 자기 목숨을 희생하겠다고 선언합니다. 예수는 이 희생을 통해 양들에게 생명을 얻게 하고 더 넘치게 하려 한다고 합니다. 단지 유대인뿐 아니라, 세상 모든 사람을 위해 자신을 희생하겠다고 합니다. 자신이 앞으로 당할 죽음은 자신의 결정이라고 합니다. 자신을 '양들을 위해 목숨을 희생하는 선한 목자'라고 주장하는 예수의 이야기에 귀 기울여 봅시다.

1. 예수는 목자와 양에 빗대어 자신과 자기 목소리를 알아들은 사람의 관계를 어떻게 설명하는가? (3-5절)

   _____

   _____

2. 예수는 자신이 온 목적이 무엇이라고 말하는가? (10절) 그 의미는 무엇인가?

3. 예수는 자신이 선한 목자라고 말한다. 선한 목자의 특징에서 발견하는, 우리가 바라는 리더의 모습은 무엇인가? (11-15절)

4. 예수는 자기 죽음을 예고했으나 당시 지도자들은 이해하지 못한다. (16-21절) 예수의 죽음은 10절과 연관이 있다. 예수가 왜 스스로 죽음을 택했다고 생각하는가? 나에게는 이것이 어떻게 다가오는가?

16 DAY 묵상

예수는 나에게 풍성한 생명을 주기 위해
목숨을 바치셨습니다.

17 DAY

자신이 하나님과 동등하다고 주장하시는 예수

요 10:22-42

²² 예루살렘은 성전 봉헌절이 되었는데, 때는 겨울이었다. ²³ 예수께서는 성전 경내에 있는 솔로몬 주랑을 거닐고 계셨다. ²⁴ 그때에 유대 사람들은 예수를 둘러싸고 말하였다. "당신은 언제까지 우리의 마음을 졸이게 하시렵니까? 당신이 그리스도이면 그렇다고 분명하게 말하여 주십시오." ²⁵ 예수께서 그들에게 대답하셨다. "내가 너희에게 이미 말하였는데도, 너희가 믿지 않는다. 내가 내 아버지의 이름으로 하는 그 일들이 곧 나를 증언해 준다. ²⁶ 그런데 너희가 믿지 않는 것은, 너희가 내 양이 아니기 때문이다. ²⁷ 내 양들은 내 목소리를 알아듣는다. 나는 내 양들을 알고, 내 양들은 나를 따른다. ²⁸ 나는 그들에게 영생을 준다. 그들은 영원토록 멸망하지 아니할 것이요, 또 아무도 그들을 내 손에서 빼앗아 가지 못할 것이다. ²⁹ 그들을 나에게 주신 내 아버지는 만유보다도 더 크시다. 아무도 아버지의 손에서 그들을 빼앗아 가지 못한다. ³⁰ 나와 아버지는 하나이다." ³¹ 이때에 유대 사람들이 다시 돌을 들어서 예수를 치려고 하였다. ³² 예수께서 그들에게 말씀하셨다. "내가 아버지의 권능을 힘입어서, 선한 일을 많이 하여 너희에게 보여 주었는데, 그 가운데서 어떤 일로 나를 돌로 치려고 하느냐?" ³³ 유대 사

람들이 대답하였다. "우리가 당신을 돌로 치려고 하는 것은, 선한 일을 하였기 때문이 아니라, 하나님을 모독하였기 때문이오. 당신은 사람이면서, 자기를 하나님이라고 하였소." [34] 예수께서 그들에게 말씀하셨다. "너희의 율법에, '내가 너희를 신들이라고 하였다' 하는 말이 기록되어 있지 않으냐? [35] 하나님의 말씀을 받은 사람들을 하나님께서 신이라고 하셨다. 또 성경은 폐하지 못한다. [36] 그런데 아버지께서 거룩하게 하여 세상에 보내신 사람이, 자기를 하나님의 아들이라고 한 말을 가지고, 너희는 그가 하나님을 모독한다고 하느냐? [37] 내가 내 아버지의 일을 하지 아니하거든, 나를 믿지 말아라. [38] 그러나 내가 그 일을 하고 있으면, 나를 믿지는 아니할지라도, 그 일은 믿어라. 그리하면 너희는, 아버지께서 내 안에 계시고 또 내가 아버지 안에 있다는 것을, 깨달아 알게 될 것이다." [39] [그러므로] 그들이 다시 예수를 잡으려고 하였으나, 예수께서는 그들의 손을 벗어나서 피하셨다. [40] 예수께서 다시 요단강 건너 쪽, 요한이 처음에 세례를 주던 곳으로 가서, 거기에 머무르셨다. [41] 많은 사람이 그에게로 왔다. 그들은 이렇게 말하였다. "요한은 표징을 하나도 행하지 않았으나, 요한이 이 사람을 두고 한 말은 모두 참되다." [42] 그곳에서 많은 사람이 예수를 믿었다.

예수와 유대인 사이의 갈등이 최고조에 이르렀습니다. 유대인들은 구약에 예언되었던 메시아(그리스어로 '그리스도')를 기다리고 있었습니다. 그들은 예수가 스스로 메시아라고 선언해 주기를 바랐습니다. 예수 자신이 단지 유대인이 기다리던 정치적 메시아, 곧 그들을 이방인의 손에서 구원해 줄 민족적인 해방자라고 주장해 주기를 바랐습니다. 그러나 예수는 자신이 메시아라고 선언하는 것을 넘어서서, 하나님과 하나라고(30절) 주장했고, 이로 인해 살해 위협을 받았습니다.

예나 지금이나 사람들은 예수를 위대한 선생이나 인류가 낳은 소중한 성현 중 한 사람으로 여기고 싶어 합니다. 그러나 예수는 자신이 하나님과 동등한 존재라고 선언합니다. 예수의 자기주장은 당시나 지금이나 사람들을 곤혹스럽게 합니다. 이러한 선언은 액면 그대로 받아들이기 쉽지 않은 말입니다. 그래서 많은 사람은 이 주장을 상징이나 비유, 또는 예수의 제자들과 초대교회가 예수를 신성화해서 만들어 낸 말이라고 생각합니다. 그러나 예수는 이러한 과격한 주장 때문에 실제로 십자가에서 처형을 당했습니다. 여러분은 예수의 이러한 주장을 어떻게 생각하십니까?

1. 유대인들은 예수가 누구인지 알고 싶어 했는가? (24절)

   _____
   _____
   _____

2. 예수는 자신에 대해 매우 극단적인 주장을 하고 있다. 무엇이라 말하는가? (26-30절)

3. 예수의 이러한 자기주장에 대해 유대인들이 보인 반응은 당연한 것이었다. (31-39절) 오늘날 사람들은 이 주장에 대해 어떻게 생각할까?

4. 예수는 자신이 하나님이라고 주장을 하면서 무엇을 근거로 삼았는가? (32, 37-38절) 나에게는 이것이 어떻게 다가오는가?

17 DAY 묵상

예수는 하나님 아버지와 하나이십니다.

18 DAY

우리의 생명과 부활 되시는 예수

요 11:1-57

¹한 병자가 있었는데, 그는 마리아와 그의 자매 마르다의 마을 베다니에 사는 나사로였다. ²마리아는 주님께 향유를 붓고, 자기의 머리털로 주님의 발을 씻은 여자요, 병든 나사로는 그의 오라버니이다. ³그 누이들이 사람을 예수께로 보내서 말하였다. "주님, 보십시오. 주님께서 사랑하시는 사람이 앓고 있습니다." ⁴예수께서 들으시고 말씀하셨다. "이 병은, 죽을병이 아니라 오히려 하나님의 영광을 드러낼 병이다. 이것으로 말미암아 하나님의 아들이 영광을 받게 될 것이다." ⁵예수께서는 마르다와 그의 자매와 나사로를 사랑하셨다. ⁶그런데 예수께서는 나사로가 앓는다는 말을 들으시고도, 계시던 그곳에 이틀이나 더 머무르셨다. ⁷그리고 나서 제자들에게 "다시 유대 지방으로 가자" 하고 말씀하셨다. ⁸제자들이 예수께 말하였다. "선생님, 방금도 유대 사람들이 선생님을 돌로 치려고 하였는데, 다시 그리로 가려고 하십니까?" ⁹예수께서 대답하셨다. "낮은 열두 시간이나 되지 않느냐? 사람이 낮에 걸어다니면, 햇빛이 있으므로 걸려서 넘어지지 않는다. ¹⁰그러나 밤에 걸어다니면, 빛이 그 사람 안에 없으므로, 걸려서 넘어진다." ¹¹이 말씀을 하신 뒤에, 그들에게 말씀하셨다. "우리 친구 나사로는 잠

들었다. 내가 가서, 그를 깨우겠다." [12] 제자들이 말하였다. "주님, 그가 잠들었으면, 낫게 될 것입니다." [13] 예수께서는 나사로가 죽었다는 뜻으로 말씀하셨는데, 제자들은 그가 잠이 들어 쉰다고 말씀하시는 것으로 생각하였다. [14] 이때에 예수께서 그들에게 밝혀 말씀하셨다. "나사로는 죽었다. [15] 내가 거기에 있지 않은 것이 너희를 위해서 도리어 잘된 일이므로, 기쁘게 생각한다. 이 일로 말미암아 너희가 믿게 될 것이다. 그에게로 가자." [16] 그러자 디두모라고도 하는 도마가 동료 제자들에게 "우리도 그와 함께 죽으러 가자" 하고 말하였다. [17] 예수께서 가서 보시니, 나사로가 무덤 속에 있은 지가 벌써 나흘이나 되었다. [18] 베다니는 예루살렘에서 오 리가 조금 넘는 가까운 곳인데, [19] 많은 유대 사람이 그 오라버니의 일로 마르다와 마리아를 위로하러 와 있었다. [20] 마르다는 예수께서 오신다는 말을 듣고서 맞으러 나가고, 마리아는 집에 앉아 있었다. [21] 마르다가 예수께 말하였다. "주님, 주님이 여기에 계셨더라면, 내 오라버니가 죽지 아니하였을 것입니다. [22] 그러나 이제라도, 나는 주님께서 하나님께 구하시는 것은 무엇이나 하나님께서 다 이루어 주실 줄 압니다." [23] 예수께서 마르다에게 말씀하셨다. "네 오라버니가 다시 살아날 것이다." [24] 마르다가 예수께 말하였다. "마지막 날 부활 때에 그가 다시 살아나리라는 것은 내가 압니다." [25] 예수께서 마르다에게 말씀하셨다. "나는 부활이요 생명이니, 나를 믿는 사람은 죽어도 살고, [26] 살아서 나를 믿는 사람은 영원히 죽지 아니할 것이다. 네가 이것을 믿느냐?" [27] 마르다가 예수께 말하였다. "예, 주님! 주님은 세상에 오실 그리스도이시며, 하나님의 아들이심을, 내가 믿습니다."

[28] 이렇게 말한 뒤에, 마르다는 가서, 그 자매 마리아를 불러서 가만히 말하였다. "선생님께서 와 계시는데, 너를 부르신다." [29] 이 말을 듣고, 마리아는 급히 일어나서 예수께로 갔다. [30] 예수께서는 아직 동네에 들어가지 않으시고, 마르다가 예수를 맞이하던 곳에 그냥 계셨다. [31] 집에서 마리아와 함께 있으면서 그를 위로해 주던 유대 사람들은, 마리아가 급히 일어나서 나가는 것을 보고, 무덤으로 가서 울려고 하는 것으로 생각하고, 그를 따라갔다. [32] 마리아는 예수께서 계신 곳으로 와서, 예수님을 뵙고, 그 발아래에 엎드려서 말하였다. "주님, 주님이 여기에 계셨더라면, 내 오라버니가 죽지 않았을 것입니다." [33] 예수께서는 마리아가 우는 것과, 함께 따라온 유대 사람들이 우는 것을 보시고, 마음이 비통하여 괴로워하셨다. [34] 예수께서 그들에게 물으셨다. "그를 어디에 두었느냐?" 그들이 대답하였다. "주님, 와 보십시오." [35] 예수께서는 눈물을 흘리셨다. [36] 그러자 유대 사람들은 "보시오, 그가 얼마나 나사로를 사랑하였는가!" 하고 말하였다. [37] 그 가운데서 어떤 사람은 이렇게 말하였다. "눈먼 사람의 눈을 뜨게 하신 분이, 이 사람을 죽지 않게 하실 수 없었단 말이오?" [38] 예수께서 다시 속으로 비통하게 여기시면서 무덤으로 가셨다. 무덤은 동굴인데, 그 어귀는 돌로 막아 놓았다. [39] 예수께서 "돌을 옮겨 놓아라" 하시니, 죽은 사람의 누이 마르다가 말하였다. "주님, 죽은 지가 나흘이나 되어서, 벌써 냄새가 납니다." [40] 예수께서 마르다에게 말씀하셨다. "네가 믿으면 하나님의 영광을 보게 되리라고, 내가 네게 말하지 않았느냐?" [41] 사람들이 그 돌을 옮겨 놓았다. 예수께서 하늘을 우러러 보시고 말씀하셨다. "아버지, 내 말을

들어주신 것을 감사드립니다. [42] 아버지께서는 언제나 내 말을 들어주신다는 것을 압니다. 그런데도 이렇게 말씀을 드리는 것은, 둘러선 무리를 위해서입니다. 그들로 하여금 아버지께서 나를 보내신 것을 믿게 하려는 것입니다." [43] 이렇게 말씀하신 다음에, 큰 소리로 "나사로야, 나오너라" 하고 외치시니, [44] 죽었던 사람이 나왔다. 손발은 천으로 감겨 있고, 얼굴은 수건으로 싸매여 있었다. 예수께서 그들에게 "그를 풀어 주어서, 가게 하여라" 하고 말씀하셨다. [45] 마리아에게 왔다가 예수께서 하신 일을 본 유대 사람들 가운데서 많은 사람이 예수를 믿게 되었다. [46] 그러나 그 가운데 몇몇 사람은 바리새파 사람들에게 가서, 예수가 하신 일을 그들에게 알렸다. [47] 그래서 대제사장들과 바리새파 사람들은 공의회를 소집하여 말하였다. "이 사람이 표징을 많이 행하고 있으니, 어떻게 하면 좋겠습니까? [48] 이 사람을 그대로 두면 모두 그를 믿게 될 것이요, 그렇게 되면 로마 사람들이 와서 우리의 땅과 민족을 약탈할 것입니다." [49] 그 가운데 한 사람으로서, 그해의 대제사장인 가야바가 그들에게 말하였다. "당신들은 아무것도 모르오. [50] 한 사람이 백성을 위하여 죽어서 민족 전체가 망하지 않는 것이, 당신들에게 유익하다는 것을 생각하지 못하고 있소." [51] 이 말은, 가야바가 자기 생각으로 한 것이 아니라, 그해의 대제사장으로서, 예수가 민족을 위하여 죽으실 것을 예언한 것이니, [52] 민족을 위할 뿐만 아니라, 흩어져 있는 하나님의 자녀를 한데 모아서 하나가 되게 하기 위하여 죽으실 것을 예언한 것이다. [53] 그들은 그날로부터 예수를 죽이려고 모의하였다. [54] 그래서 예수께서는 유대 사람들 가운데로 더 이상 드러나게 다니지 아니하시고, 거기에서 떠나, 광야에서 가까운 지방 에브라임이라는 마을로 가서, 제자들과 함께 지내셨다. ⁵⁵ 유대 사람들의 유월절이 가까이 다가오니, 많은 사람이 자기의 몸을 성결하게 하려고, 유월절 전에 시골에서 예루살렘으로 올라왔다. ⁵⁶ 그들은 예수를 찾다가, 성전 뜰에 서서 서로 말하였다. "당신들은 어떻게 생각합니까? 그가 명절을 지키러 오지 않겠습니까?" ⁵⁷ 대제사장들과 바리새파 사람들은 예수를 잡으려고, 누구든지 그가 있는 곳을 알거든 알려 달라는 명령을 내려 두었다.

※ 공의회(47절): 당시 종교 지도자들이 중심이 되어 형성된 유대인 자치 조직의 최고 회의

우리는 인간이 모두 죽는다는 사실을 압니다. 죽음의 문제는 사람들에게 인생에 대해, 신에 대해, 죽음 이후의 삶에 대해 질문을 던집니다. 그 결과 인류는 종교와 철학, 다양한 문명을 꽃피울 수 있었습니다. 그러나 여전히 인간은 죽음을 피할 수 없고, 죽음은 인간이 경험하는 상실 가운데 가장 큰 상실입니다. 그래서 장례식장에는 항상 깊은 슬픔이 있습니다.

예수는 죽음의 현장에서 자신이 누구인지를 다시 한 번 더 선명하게 드러냈습니다. 예수가 일으킨 기적 중에서 가장 믿기 어려운 기적인 나사로의 소생이 바로 그것입니다. 예수는 죽은 지 나흘이 지나 무덤 속에서 부패하기 시작한 나사로의 시신을 살렸습니다. 이 기적을 통해 예수는 앞으로 자신에게 어떤 일이 있을지, 또한

그를 믿는 자들에게도 어떤 일이 있을지를 예고합니다. 예수는 단지 자신이 인생에 대해 사색하고 가르치는 철학자가 아니라, 인간의 실존 문제를 해결하는 분임을 보여 주었습니다.

1. 예수가 나사로에 대한 이야기를 듣고 이틀을 지체(6절)한 이유가 무엇이라고 생각하는가? (4, 15절)

2. 마르다의 고백(24절)을 넘어서서 예수가 자신에 대해 주장한 것은 무엇인가? (25-27절)

3. 예수는 나사로의 죽음 앞에서 눈물을 흘렸다. (35절) 그 이유는 무엇인가?

4. 이 기적을 통해 예수가 나사로의 장례식에 있었던 사람들에게 알려 주고 싶었던 것은 무엇인가? (41-42절)

5. 이 본문에 그려진 예수가 오늘날 나에게는 어떻게 다가오는가?

18 DAY 묵상

예수는 부활이며 생명이십니다.

한 알의 밀알이며
세상의 빛이신 예수

요 12:1-50

¹ 유월절 엿새 전에, 예수께서 베다니에 가셨다. 그곳은 예수께서 죽은 사람 가운데에 살리신 나사로가 사는 곳이다. ² 거기서 예수를 위하여 잔치를 베풀었는데, 마르다는 시중을 들고 있었고, 나사로는 식탁에서 예수와 함께 음식을 먹고 있는 사람 가운데 끼어 있었다. ³ 그때에 마리아가 매우 값진 순 나드 향유 한 근을 가져다가 예수의 발에 붓고, 자기 머리털로 그 발을 닦았다. 온 집 안에 향유 냄새가 가득찼다. ⁴ 예수의 제자 가운데 하나이며 장차 예수를 넘겨줄 가룟 유다가 말하였다. ⁵ "이 향유를 삼백 데나리온에 팔아서 가난한 사람들에게 주지 않고, 왜 이렇게 낭비하는가?" ⁶ (그가 이렇게 말한 것은, 가난한 사람을 생각해서가 아니다. 그는 도둑이어서 돈 자루를 맡아 가지고 있으면서, 거기에 든 것을 훔쳐 내곤 하였기 때문이다.) ⁷ 예수께서 말씀하셨다. "그대로 두어라. 그는 나의 장사 날에 쓰려고 간직한 것을 쓴 것이다. ⁸ 가난한 사람들은 언제나 너희와 함께 있지만, 나는 언제나 너희와 함께 있는 것이 아니다." ⁹ 유대 사람들이 예수가 거기에 계신다는 것을 알고, 크게 떼를 지어 몰려왔다. 그들은 예수를 보려는 것만이 아니라, 그가 죽은 사람들 가운데서 다시 살리신 나사로를 보려는 것이었다. ¹⁰ 그래서 대제사장들은

나사로도 죽이려고 모의하였다. [11] 그것은 나사로 때문에 많은 유대 사람이 떨어져 나가서, 예수를 믿었기 때문이다. [12] 다음 날에는 명절을 지키러 온 많은 무리가, 예수께서 예루살렘에 들어오신다는 말을 듣고, [13] 종려나무 가지를 꺾어 들고, 그분을 맞으러 나가서 "호산나! 주님의 이름으로 오시는 이에게 복이 있기를! 이스라엘의 왕에게 복이 있기를!" 하고 외쳤다. [14] 예수께서 어린 나귀를 보시고, 그 위에 올라타셨다. 그것은 이렇게 기록한 성경 말씀과 같았다. [15] "시온의 딸아, 두려워하지 말아라. 보아라, 네 임금이 어린 나귀를 타고 오신다." [16] 제자들은 처음에는 이 말씀을 깨닫지 못하였으나, 예수께서 영광을 받으신 뒤에야, 이것이 예수를 두고 기록한 것이며, 또 사람들도 그에게 그렇게 대하였다는 것을 회상하였다. [17] 또 예수께서 무덤에서 나사로를 불러내어 죽은 사람들 가운데서 살리실 때에 함께 있던 사람들이, 그 일어난 일을 증언하였다. [18] 이렇게 무리가 예수를 맞으러 나온 것은, 예수가 이런 표징을 행하셨다는 말을 들었기 때문이다. [19] 그래서 바리새파 사람들이 서로 말하였다. "이제 다 틀렸소. 보시오. 온 세상이 그를 따라 갔소." [20] 명절에 예배하러 올라온 사람들 가운데 그리스 사람이 몇 있었는데, [21] 그들은 갈릴리 벳새다 출신 빌립에게로 가서 청하였다. "선생님, 우리가 예수를 뵙고 싶습니다." [22] 빌립은 안드레에게로 가서 말하고, 안드레와 빌립은 예수께 그 말을 전하였다. [23] 예수께서 그들에게 대답하셨다. "인자가 영광을 받을 때가 왔다. [24] 내가 진정으로 진정으로 너희에게 말한다. 밀알 하나가 땅에 떨어져서 죽지 않으면 한 알 그대로 있고, 죽으면 열매를 많이 맺는다. [25] 자기의 목숨을 사랑하는 사람은 잃을 것이요, 이 세상에서 자기의 목숨을 미워하는 사람은, 영생에 이르도록 그 목숨을 보존할 것이다. [26] 나를 섬기려고 하는 사람은, 누구든지 나를 따라오너라. 내가 있는 곳에는, 나를 섬기는 사람도 나와 함께 있을 것이다. 누구든지 나를 섬기면, 내 아버지께서 그를 높여 주실 것이다." [27] "지금 내 마음이 괴로우니, 무슨 말을 하여야 할까? '아버지, 이 시간을 벗어나게 하여 주십시오' 하고 말할까? 아니다. 나는 바로 이 일 때문에 이때에 왔다. [28] 아버지, 아버지의 이름을 영광스럽게 드러내십시오." 그때에 하늘에서 소리가 들려왔다. "내가 이미 영광되게 하였고, 앞으로도 영광되게 하겠다." [29] 거기에 서서 듣고 있던 무리 가운데서 더러는 천둥이 울렸다고 하고, 또 더러는 천사가 그에게 말하였다고 하였다. [30] 예수께서 대답하셨다. "이 소리가 난 것은, 나를 위해서가 아니라 너희를 위해서이다. [31] 지금은 이 세상이 심판을 받을 때이다. 이제는 이 세상의 통치자가 쫓겨날 것이다. [32] 내가 땅에서 들려서 올라갈 때에, 나는 모든 사람을 내게로 이끌어 올 것이다." [33] 이것은 예수께서 자기가 당하실 죽음이 어떠한 것인지를 암시하려고 하신 말씀이다. [34] 그때에 무리가 예수께 말하였다. "우리는 율법에서 그리스도는 영원히 살아 계시다는 것을 배웠습니다. 그런데 어떻게 당신은 인자가 들려야 한다고 말씀하십니까? 인자가 누구입니까?" [35] 예수께서 그들에게 대답하셨다. "아직 얼마 동안은 빛이 너희 가운데 있을 것이다. 빛이 있는 동안에 걸어다녀라. 어둠이 너희를 이기지 못하게 하여라. 어둠 속을 다니는 사람은 자기가 어디로 가는지를 모른다. [36] 빛이 있는 동안에 너희는 그 빛을 믿어서, 빛의 자녀가 되어라." 이 말씀을 하신 뒤에, 예수께서는 그들을 떠나서 몸을 숨기셨다. [37] 예수께서 그렇게 많은 표징을 그들 앞에 행하셨으나, 그들은 예수를 믿지 아니하였다. [38] 그리하여 예언자 이사야가 한 말이 이루어졌다. "주님, 우리가 전한 것을 누가 믿었으며, 주님의 팔이 누구에게 나타났습니까?" [39] 그들이 믿을 수 없었던 까닭을, 이사야가 또 이렇게 말하였다. [40] "주님께서 그들의 눈을 멀게 하시고, 그들의 마음을 무디게 하셨다. 그것은 그들이 눈이 있어도 보지 못하게 하고, 마음으로 깨달아서 돌아서지 못하게 하여, 나에게 고침을 받지 못하게 하려는 것이다." [41] 이사야가 이렇게 말한 것은, 그가 예수의 영광을 보았기 때문이다. 이 말은 그가 예수를 가리켜서 한 것이다. [42] 지도자 가운데서도 예수를 믿는 사람이 많이 생겼으나, 그들은 바리새파 사람들 때문에, 믿는다는 사실을 드러내지는 못하였다. 그것은, 그들이 회당에서 쫓겨날까 봐 두려워하였기 때문이다. [43] 그들은 하나님의 영광보다도 사람의 영광을 더 사랑하였다. [44] 예수께서 큰 소리로 말씀하셨다. "나를 믿는 사람은 나를 믿는 것이 아니라 나를 보내신 분을 믿는 것이요, [45] 나를 보는 사람은 나를 보내신 분을 보는 것이다. [46] 나는 빛으로서 세상에 왔다. 그것은, 나를 믿는 사람은 아무도 어둠 속에 머무르지 않도록 하려는 것이다. [47] 어떤 사람이 내 말을 듣고서 그것을 지키지 않는다 하더라도, 나는 그를 심판하지 아니한다. 나는 세상을 심판하러 온 것이 아니라 구원하러 왔다. [48] 나를 배척하고 내 말을 받아들이지 않는 사람을 심판하시는 분이 따로 계시다. 내가 말한 바로 이 말이, 마지막 날에 그를 심판할 것이다. [49] 나는 내 마음대로 말한 것이 아니다. 나를 보내신 아버지께서, 내가 무엇을 말해야 하고, 또 무엇을 이야기해야 하는가를, 친히 나에게 명령해 주셨다. [50] 나는 그의 명령이 영생인 줄 안다. 그러므로 나는 무엇이든지 아버지께서 나에게 말씀하여 주신 대로 말할 뿐이다."

※ 그리스 사람(20절): 유대인이 아닌 사람 중에 유대교로 개종한 사람
※ 자기의 목숨을 미워하는(25절): 자기 증오나 자기 학대가 아니라, 하나님을 사랑하는 것이 가장 소중하기에 이에 대비한 과장법적 표현

예수 주변에 있었던 사람들은 예수를 이해하지 못했습니다. 여인이 향유를 붓는 것을 보고 불평하는 제자들, 예루살렘에 입성할 때 열광적으로 환호하는 군중들, 그리고 예수의 자기주장을 들은 후에도 전체적으로 불신하는 당시 지도자들 등 모두가 예수의 주장을 제대로 이해하지도, 믿지도 않았습니다. 그러나 이런 중에도 여인과 지도자 중 일부는 예수에 대해 어렴풋이 이해하고 믿기 시작했습니다(7, 42절).

나사로의 소생 사건을 통해 자기 부활을 암시한 예수는 이제 자신이 죽을 것에 대해 예고합니다. 한 여인이 향유를 붓는 행위를 자신의 장례를 예비한 것으로 여기고, 군중의 환호 속에서 자신이 한 알의 밀알이 되어 떨어져 죽어 많은 열매를 맺을 것을 예고합니다. 자신이 빛으로 세상에 와서(35, 46절) 세상 사람들을 어둠에서 해방시키고 구원할 것이라고 주장합니다(36, 46-47절).

1. 예수가 여인의 사랑 표현을 받은 이유는 무엇인가? (7-8절) 제자들의 반응은 어떠했는가?

2. 예루살렘에 입성하는 예수를 향해 사람들이 가진 기대는 무엇인가?

3. 예수는 자기 죽음과 부활을 암시하며, 자신이 하려는 일의 궁극적인 목적이 무엇이라고 말하는가? (23-25, 31-33절)

4. 유대인들은 예수의 자기주장을 믿지 않았다. 이에 대해 예수는 자신에 대해 매우 선명하게 선언한다. 그 내용은 무엇인가? (44-50절)

5. 이 본문에 그려진 예수가 오늘날 나에게는 어떻게 다가오는가?

19 DAY 묵상

예수는 한 알의 밀알이시며 세상의 빛이십니다.

끝까지 사랑하시는 예수

요 13:1-20

¹ 유월절 전에 예수께서는, 자기가 이 세상을 떠나서 아버지께로 가야 할 때가 된 것을 아시고, 세상에 있는 자기의 사람들을 사랑하시되, 끝까지 사랑하셨다. ² 저녁을 먹을 때에, 악마가 이미 시몬 가룟의 아들 유다의 마음속에 예수를 팔아넘길 생각을 불어넣었다. ³ 예수께서는, 아버지께서 모든 것을 자기 손에 맡기신 것과 자기가 하나님께로부터 왔다가 하나님께로 돌아간다는 것을 아시고, ⁴ 잡수시던 자리에서 일어나서, 겉옷을 벗고, 수건을 가져다가 허리에 두르셨다. ⁵ 그리고 대야에 물을 담아다가, 제자들의 발을 씻기시고, 그 두른 수건으로 닦아 주셨다. ⁶ 시몬 베드로의 차례가 되었다. 이때에 베드로가 예수께 말하였다. "주님, 주님께서 내 발을 씻기시렵니까?" ⁷ 예수께서 그에게 대답하셨다. "내가 하는 일을 지금은 네가 알지 못하나, 나중에는 알게 될 것이다." ⁸ 베드로가 다시 예수께 말하였다. "아닙니다. 내 발은 절대로 씻기지 못하십니다." 예수께서 그에게 말씀하셨다. "내가 너를 씻기지 아니하면, 너는 나와 상관이 없다." ⁹ 그러자 시몬 베드로는 예수께 이렇게 말하였다. "주님, 내 발뿐만이 아니라, 손과 머리까지도 씻겨 주십시오." ¹⁰ 예수께서 그에게 말씀하셨다. "이미 목욕한 사람은 온몸이 깨끗

하니, 발밖에는 더 씻을 필요가 없다. 너희는 깨끗하다. 그러나, 다 그런 것은 아니다." [11] 예수께서는 자기를 팔아넘길 사람을 알고 계셨다. 그러므로 "너희가 다 깨끗한 것은 아니다" 하고 말씀하신 것이다. [12] 예수께서 제자들의 발을 씻겨 주신 뒤에, 옷을 입으시고 식탁에 다시 앉으셔서, 그들에게 말씀하셨다. "내가 너희에게 한 일을 알겠느냐? [13] 너희가 나를 선생님 또는 주님이라고 부르는데, 그것은 옳은 말이다. 내가 사실로 그러하다. [14] 주이며 선생인 내가 너희의 발을 씻겨 주었으니, 너희도 서로 남의 발을 씻겨 주어야 한다. [15] 내가 너희에게 한 것과 같이, 너희도 이렇게 하라고, 내가 본을 보여 준 것이다. [16] 내가 진정으로 진정으로 너희에게 말한다. 종이 주인보다 높지 않으며, 보냄을 받은 사람이 보낸 사람보다 높지 않다. [17] 너희가 이것을 알고 그대로 하면, 복이 있다. [18] 나는 너희 모두를 가리켜서 말하는 것이 아니다. 나는 내가 택한 사람들을 안다. 그러나 '내 빵을 먹는 자가 나를 배반하였다' 한 성경 말씀이 이루어질 것이다. [19] 내가 그 일이 일어나기 전에 너희에게 미리 말하는 것은, 그 일이 일어날 때에, 너희로 하여금 '내가 곧 나'임을 믿게 하려는 것이다. [20] 내가 진정으로 진정으로 너희에게 말한다. 내가 보내는 사람을 영접하는 사람은 나를 영접하는 사람이요, 나를 영접하는 사람은 나를 보내신 분을 영접하는 사람이다."

사람들은 자기 죽음이 가까이 왔을 때 세상에서 가장 중요한 것을 다른 사람들에게 남기게 됩니다. 예수는 세상의 삶의 방식과 전혀 다른 방식의 삶을 그를 따르는 자들이 따르기를 원했습니다. 세상은 주와 선생이 되어 다른 사람들이 자신의 발을 씻기게 하지만, 예수는 높은 자가 낮은 자를 섬기기 원했습니다. 가장 지저분한 발을 씻기는 일을 통해 참된 사랑은 섬김에 있다는 것을 보여 줍니다.

이 섬김의 대상에는 자신을 좋아하는 사람만 포함되어 있지 않았습니다. 자신을 배신할 사람까지 포함되어 있었습니다. 자신을 오해하고, 배척하고, 미워하는 사람을 위해 무릎을 꿇고 그의 발을 씻겨 주는 예수의 모습은 십자가에서도 재현됩니다. 예수는 자신을 조롱하고, 핍박하고, 죽이는 자들에게 분노하는 것이 아니라 그들을 용서하고 그들을 위해 기도합니다. 오해, 미움, 그리고 분노가 가득한 세상을 이길 힘은 섬김과 사랑에 있습니다.

1. 예수를 밀고할 생각을 굳힌 가룟 유다는 예수가 발을 씻겨 줄 때 무슨 생각을 했는가? (1절 참고)

   _____

   _____

   _____

2. 예수가 제자들의 발을 씻겨 주는 것을 통해 제자들에게 남긴 중요한 가르침은 무엇인가? (14-15절)

   _____

   _____

   _____

3. 예수는 섬기는 자는 어떤 사람이라고 말하는가? (14, 16절)

_____
_____
_____

4. 유다의 배신을 미리 예고한 예수의 의도는 무엇인가? (19절)

_____
_____
_____

5. 이 본문에 그려진 예수가 오늘날 나에게는 어떻게 다가오는가?

_____
_____
_____

20 DAY 묵상

예수는 우리를 끝까지 사랑하십니다.

JOHN

이야기. 다섯

삶에서 가장 중요한 것은 무엇인가

새 계명을 주시는 예수

언젠가 동네 목욕탕에 갔다가 진귀한 풍경을 보았습니다. 젊은 아빠들이 서너 살쯤 되는 아이들을 데리고 와서 목욕을 시키고 있었지요. 아이들은 신이 나서 수영장인 양 헤엄치고 난리가 났습니다. 아빠들이 그런 아이들을 데리고 뜨거운 탕에 들어갔다가 차가운 탕에 들어갔다가 하면서 아이들을 씻겼습니다. 그 모습이 얼마나 따뜻해 보이는지, 참 소중하다는 생각을 했습니다.

세상에는 이런 따뜻한 이야기들, 사랑하는 모습이 많습니다. 그런데 그만큼이나 사랑에 실패한 이야기도 많습니다. 목욕탕에 온 아빠 중에 한 분은 쌍둥이를 데리고 왔는데, 아이 하나가 뭘 잘못했는지 아이를 세워 놓고 혼을 냈습니다. 벌거벗은 아빠와 벌거벗은 아이 둘이 마주보고 앉아서 소리가 높아지면서 아빠 얼굴이 점점 험상궂어졌습니다. 짜증도 굉장히 많이 나 보였습니다. 사랑하려고 애를 쓰고, 또 그 마음으로 목욕탕까지 같이 왔지만 화가 나고 짜증이 올라오는 것은 어쩔 수 없는 것이지요. 아이는 당혹한 표정 반, 불만스러운 표정 반으로 서 있었습니다. 사랑이 언제나 따뜻하게만 흐르면 얼마나 좋겠습니까. 우리는 따뜻한 사랑을 주고받는 삶을 원하지요. 하지만 우리의 사랑은 따뜻하다가도 갑자기 짜증이 올라오고 힘들어집니다.

목욕탕에 앉아서 이런 풍경을 보면서 여러 생각을 하다가 목욕탕에서 숨진 한 아이가 떠올랐습니다. 여러 언론 매체의 보도를 통해 보신 분도 있겠지만, 새어머니의 폭력으로 생명을 잃은 아이입니다. 오랫동안 폭력에 시달려 왔고, 마지막에도 거짓말을 했다는 이유로 심하게 맞아서 갈비뼈가 10개 넘게 부러져 있었습니다. 아이의 멍을 감추기 위해 뜨거운 욕탕에 집어넣었는데 아이의 폐가 찔리는 바람에 목욕탕에서 죽었습니다.

이런 이야기를 들으면 마음이 참 아픕니다. 어떻게 이런 일이 일어날 수 있나 싶습니다. 사실 이런 일은 빙산의 일각입니다. 아이가 죽지 않아서 알려지지 않았을 뿐 여기저기서 유사한 일들이 지금도 일어나는 것을 알기 때문에 우리의 마음은 더 무거워집니다.

사랑의 아이러니

사랑이 우리에게는 너무너무 소중한데, 왜 그 사랑이 잘 안 되는 것일까요? 잘 안 되는 정도가 아니라, 그 사랑을 못해서 때로는 무섭고 끔찍한 결과를 만들어 냅니다. 우리 모두의 안타까움입니다.

모든 종교의 제안

이 때문에 모든 종교는 사랑이 중요하다고 이야기합니다. 사랑을 하자고 제안합니다.

불교 불교에서는 여러분이 잘 아시듯 자비가 굉장히 중요합니다. 자비에도 중생연, 법연, 무연, 이렇게 세 가지가 있다고 합니다. 뒤에 둘은 해탈한 상황에서의 자비이고, 첫 번째 중생연이 우리가 일반적으로 아는 자비와 유사합니다. 나와 인연이 있든 없든 모든 중생을 나와 한 몸으로 생각해, 모든 중생에게 베푸는 무한한 사랑을 중생연이라고 합니다. 참 귀한 말이 아닐 수 없습니다.

어떤 분이 금강경을 자기 나름대로 요약했는데, 다 동의할 수는 없어도 흥미로웠습니다. "조건이나 결과에 연연하지 말고, 아니 그 생각조차 버리고 마음에서 우러나오는 대로 자비를 베풀며 살아라. 그리하면 진리 자체를 언젠가 보게 되리라." 금강경의 핵심을 이렇게 파악했습니다. 이처럼 자비는 불교에서 아주 중요한 부분입니다. 자비를 계속 베풀다 보면 언젠가 진리를 보게 된다고 말할 만큼 핵심인 것이지요.

유교 유교는 어떤가요? 유교는 인의예지신을 중시하는 철학이라고 말할 수 있습니다. 유교에서는 인간 속에 측은지심, 수오지심, 사양지심, 시비지심이 있다고 합니다.

측은지심은 다른 사람을 불쌍히 여기는 마음입니다. 공자는 "갓난아이가 우물로 기어들어가 빠지려고 하는데 누가 그냥 내버려 두겠는가"라며, 인간이라면 아이를 측은히 여겨 끄집어낼 것이라고 했습니다. 이것이 인간이 가진 본능적인 생각이며 태생적인 마음이라며 '측은지심'이라고 칭했습니다. '수오지심'은 자신이 옳지 못한 행동을 했을 때는 부끄럽게 여기고, 다른 이가 부끄러운 일을 했을 때는 이를 미워하는 마음입니다. '사양지심'은 겸손하게 사양할 줄 아는 마음입니다. '시비지심'은 옳고 그름을 아는 마음입니다.

이런 마음들이 우리 속에 있다는 것입니다. 인간이 본래 가진 성품이라는 것이지요. 이것들이 욕망과 충돌하므로 욕망을 억제하고 수양하면 우리 속에 있는 이런 마음들이 자연스럽게 흘러나와 다른 사람들과 건강한 관계를 맺는다는 것이 유교의 주장입니다.

이슬람교 이슬람교는 한국에서도 영향력이 점점 확대될 수 있으므로 앞으로 많이 이야기할 것 같습니다. 이슬람교의 기본적인 가르침은 "알라에게 충성하고, 알라에게 충성하는 이웃들을 선대하자"입니다. 꾸란 2장 177절은 이렇게 적고 있습니다. "너희들이 너희의 얼굴과 몸을 서로 돌리는 것은 올바르지 못하느니라. 알라와 최후의 심판일에 천사와 성서, 그리고 선지자들을 믿고, 알라를 위한 사랑으로 너희의 친척, 고아들, 가난한 사람들, 여행자들, 도움을 청하는 사람들, 그리고 노예들의 몸값을 위하여 너희의 재산을 사용하며, 꾸준히 예배를 드리며, 정기적으로 자선을 행하며, 그리고 너희가 맺은 계약을 이행하고, 고통과 역경, 그리고 고통의 모든 시기를 통하여 변치 않고 인내하는 것은 옳은 일이니라. 그와 같은 사람들은 진실하고 알라를 두려워하는 사람들이니라." 알라를 두려워하고 알라를 사랑하는 마음으로 자신이 가진 자원과 마음을 다해 이웃을 선대하라는 이야기입니다. 그것이 옳은 것이라고 말합니다.

기독교 기독교는 어떻습니까? 여러분이 아시듯 기독교를 '사랑의 종교'라고 이야기합니다. 구약성경은 고아와 과부와 나그네를 잘 돌보라고 가르칩니다. 신약성경에서는 끊임없이 약한 이들을 잘 섬겨야 한다고 강조합니다. 요한복음 13장 38절은 예수가 직접 그 사랑에 관해 이야기한 부분입니다. 기독교에서 사랑을 무엇이라고 말하는지 읽어 봅시다.

[33] "어린 자녀들아, 아직 잠시 동안은 내가 너희와 함께 있겠다. 그러나 너희가 나를 찾을 것이다. 내가 일찍이 유대 사람들에게 '내가 가는 곳에 너희는 올 수 없다' 하고 말한 것과 같이, 지금 나는 너희에게도 말하여 둔다. [34] 이제 나는 너희에게 새 계명을 준다. 서로 사랑하여라.

내가 너희를 사랑한 것같이, 너희도 서로 사랑하여라. [35] 너희가 서로 사랑하면, 모든 사람이 그것으로써 너희가 내 제자인 줄을 알게 될 것이다." [36] 시몬 베드로가 예수께 물었다. "주님, 어디로 가십니까?" 예수께서 대답하셨다. "내가 가는 곳에 네가 지금은 따라올 수 없으나, 나중에는 따라올 수 있을 것이다." [37] 베드로가 예수께 말하였다. "주님, 왜 지금은 내가 따라갈 수 없습니까? 나는 주님을 위하여서는 내 목숨이라도 바치겠습니다." [38] 예수께서 대답하셨다. "네가 나를 위하여 네 목숨이라도 바치겠다는 말이냐? 내가 진정으로 진정으로 너에게 말한다. 닭이 울기 전에, 너는 세 번 나를 모른다고 할 것이다."

앞부분에서 예수가 말한 것은 "내가 너희에게 새 계명을 준다. 서로 사랑하라"입니다. 앞서 살펴본 불교, 유교, 이슬람교와 표현만 다를 뿐 내용은 굉장히 비슷해 보입니다. "자비를 베풀어라", "내 안의 측은지심이 드러나도록 하라", "알라를 공경하고 사랑하는 마음으로 이웃을 선대하라", 그리고 "사랑하라"까지, 다 비슷한 말처럼 들립니다.

실패하는 우리의 사랑

그런데 참 불행하게도 많은 종교가 서로 사랑하고, 자비를 베풀고, 측은히 여겨야 한다고 말하지만 우리의 사랑은 대개 실패하고 맙니다. 대다수 사람은 자신이 원하는 사랑을 얻지 못한 채 살고 있다고 생각합니다. 나를 있는 그대로 봐 주고, 나의 잠재력을 인정해 주고, 그 잠재력을 발현할 수 있도록 옆에서 도와주고 기다려 주며, 내 단점이나 약점을 책망만 하는 것이 아니라 수용하고 후원해 주며, 내 필요를 채워 주는 사랑, 우리는 그런 사랑을 원합니다.

하지만 그런 사랑을 가지지 못하는 경우가 참 많습니다. 우리는 어릴 때 부모로부터 이와 비슷한 사랑을 받아야 합니다. 아이들의 특권이지요. 하지만 70%, 많게는 80%가 부모에게 그런 사랑을 받지 못하고 자랍니다. 왜냐하면 부모들도 그런 사랑을 어떻게 하는지, 무슨 힘으로 하는지 잘 모르기 때문입니다. 부모들도 자신의 부모에게서 그런 사랑을 받아 본 적이 별로 없습니다. 부모의 부모, 다시 그 부모의 부모로 거슬러 올라가도 마찬가지입니다. 부모에게 사랑을 받아 누리면서 사랑할 수 있는 사람으로 성장하는 것이 맞는데도 불구하고 많은 사람이 그렇게 성장하지 못합니다. 부모를 탓할 수도 없습니다. 어떻게 보면 그분들도 희생자입니다. 사랑하고 싶으나 사랑하지 못하는 것이 우리 인생의 딜레마입니다.

그래서 많은 젊은이가 이성 간에 그런 사랑을 찾을 수 있지 않을까 생각합니다. '나를 정말 사랑해 주는 사람일 거야'라는 마음으로 사귀기 시작합니다. 그러나 대개는 이성 교제를 통해 깊은 상처를 받습니다. '아, 이 사람은 아니구나. 이 사람은 나를 사랑하지 못하는구나'라는 생각이 들고, 더 나아가서는 '나도 이 사람을 사랑할 줄 모르는구나' 하고 깨닫습니다. 사랑이 결코 쉽게 이루어지지 않는다는 사실을 젊은 시절에 배웁니다. 이성 교제를 통해서 우리가 바랐던 사랑을 만나기보다는 우리의 한계를 경험할 때가 참 많습니다.

그러다가 결혼을 합니다. 결혼식 때 얼마나 표정이 밝은지 모릅니다. 저는 교회 청년부 출신 성도들의 주례를 자주 하는 편인데, 지난달에는 결혼식장에서 이런 생각이 문득 들었습니다. '이건 정말 딜레마다. 많은 실패와 좌절을 딛고 한 사람만 사랑하기로 마음을 정하고 결혼을 한다. 그런데 단 한 명을 사랑하겠다는 결단이 실패하는 경우가 많다. 온 인류도 아니고, 한 민족도 아니고, 동네 사람 전부도 아니고, 딱 한 사람만 최선을 다해서 사랑하자고 마음을 먹고 결혼하지만 성공하지 못하는 경우가 많다. 이것이 인류의 딜레마구나.'

여러분, 왜 이렇게 될까요? 여러분도 그런 사랑을 추구하고 계시지 않습니까? 사람들이 사랑을 추구하다가 상처를 받으면 대개는 두 가지로 나뉩니다. 한쪽은 실패할수록 더욱 그런 사랑을 찾아서 헤맵니다. 남자친구나 여자친구를 자주 바꾸는 사람 중에 이런 분들이 있을 수 있지요. 사랑을 찾고 있는 것입니다. 다른 한쪽은 '그런 사랑은 없어' 하며 사랑에 대한 기대를 아예 접습니다. 사랑하기를 포기하고, 사랑을 하더라도 적당히, '어차피 안 될 테니까' 하는 냉소적인 마음으로 합니다. 참 슬픈 일이 아닐 수 없습니다.

그런데 이런 모습을 가만히 살펴보면 안타까운 사실 하나가 눈에 들어옵니다. 자신은 그런 사랑을 하지 않으면서 그런 사랑을 받기 원하는 것입니다. 스스로는 누구도 그렇게 사랑하지 않습니다. 조건 없이 지지하고, 용납하고, 기다리고, 희생하지 않으면서 누군가가 자신을 그렇게 사랑해 주기를 바라는 것입니다. 참 인간이 말이 안 되는 모습을 자주 보이는데, 그것이 우리의 모습입니다.

그래서 젊을 때부터 우리가 배워야 하는 것 중 하나가 사람을 사랑하는 법입니다. 정말 잘 배워야 합니다. '사랑을 어떻게 할 것인가? 어떻게 깊이 사랑할 것인가?' 이것을 잘 배우지 못하면 평생 고통스러울 수밖에 없습니다. 가장 큰 문제는 사랑에 실패한다는 것입니다.

우리의 힘으로는 사랑할 수 없다

앞에서 읽은 성경 구절이 재미있는 것은, 예수가 "서로 사랑하라"고 말한 다음에 바로 베드로의 이야기가 나온다는 것입니다. 예수는 베드로를 통해 우리의 한계를 여실히 보여 줍니다. 예수가 간접적으로 자신의 죽음을 자꾸 언급하니까, 베드로가 나섰습니다. "어디 가시려고 자꾸 그러세요?" 이에 예수는 "내가 가는 곳에 너는 따라오지 못한다"고 답했습니다. 그러자 베드로는 "죽어도 당신을 따르겠습니다. 죽음도 두렵지 않습니다. 당신을 따라가기 위해서라면 목숨도 바치겠습니다"라고 말했습니다. 충성을 넘어선, 죽음을 마다하지 않는 사랑입니다.

그런데 예수는 이렇게 말하는 베드로에게 "그렇게 나를 아끼고 사랑해 다오"라고 격려한 것이 아니라, "너는 나를 부인할 것이다. 닭이 울기 전에 세 번 나를 부인할 것이다"라고 말했습니다. 참 이상한 표현이지요. 사랑을 고백하는 상대에게 "너는 그 사랑을 못 할 거야"라고 이야기한 것입니다.

이뿐만이 아닙니다. 예수의 이 이야기 전에는 가룟 유다가 예수를 팔겠다고 결단하고 예수를 떠나는 장면이 나옵니다. 그러니까 예수가 "서로 사랑하라"고 한 구절 앞뒤로 예수를 배신하고 떠나는 사람과 예수를 끝까지 사랑하겠다고 말하지만 실패하는 사람의 이야기가 나오는 것입니다. 예수의 사랑 이야기는 이 둘 사이에 샌드위치처럼 끼어 있습니다. 우연이 아닙니다. 예수는 우리의 힘으로는 예수를 사랑할 수 없음을 보여 주고 있습니다.

예수의 새 계명의 독특성

예수가 서로 사랑하라고 했지만, 그것은 결국 실패할 수밖에 없는 사랑입니다. 이를 극복할 방법을 예수가 보여 주고 있을까요? 저는 보여 주고 있다고 생각합니다. 모든 종교에서 서로 사랑하라고 말하지만, 예수의 말에서는 그만의 독특성을 발견할 수 있습니다. 34절 후반에 짧게 덧붙인 말씀입니다. "내가 너희를 사랑한 것

같이, 너희도 서로 사랑하여라." "서로 사랑하라"라는 말은 모든 종교의 공통점이지만, "내가 너희를 사랑한 것같이"는 다른 종교들과 차별되는 굉장히 중요한 구절입니다. 그렇다면 예수가 우리를 어떻게 사랑했기에 "내가 너희를 사랑한 것같이"라는 말을 했을까요?

성육신

첫 번째는 예수의 성육신에 나타난 사랑입니다. '성육신'이란 '하나님이 우리와 같은 인간이 되셨다'는 뜻입니다. 우리가 처음 읽었듯이, 요한복음 1장은 태초에 하나님과 함께 계시던 말씀이 육신이 되어 우리 가운데 사셨다는 내용으로 시작합니다. 원래 예수는 하나님과 함께 계셨고 하나님이셨는데, 인간이 되어 이 땅에 왔다고 말합니다.

5장에서는 예수가 하나님과 자신의 관계를 설명하면서 "아버지께서 나를 보내셨다"고 합니다. 우리가 지금 읽어 가고 있는 요한복음을 자세히 보신 분은 아시겠지만, '보냄을 받았다', '보내신 분', '내가 왔다' 같은 표현들이 반복해서 나타납니다. 예수는 자신이 하나님에게서 왔다는 사실을 알고 있었습니다. 그래서 6장에서는 노골적으로 '하늘에서 내려온 빵', '생명의 밥'이라고 말합니다.

12장 45절에서는 이런 이야기까지 합니다. "나를 보는 사람은 나를 보내신 분을 보는 것이다." 이 말은 자신이 선한 스승 정도가 아니라, 하나님에게서 와서 하나님을 보여 주는 하나님이라는 것입니다. 이것이 성육신입니다. 우주를 만드신 하나님이 인간이 되신 것입니다.

그런데 사람이 되어도, 여러 종류의 인간이 될 수 있었습니다. 왕 중의 왕이 될 수도 있고, 철학자가 될 수도 있고, 종교 지도자가 될 수도 있었습니다. 엄청난 재력가로 올 수도 있었겠지요. 그런데 예수는 어떤 사람으로 왔습니까? 식민지 피지배계층으로, 갈릴리 촌구석 목수의 아들로 왔습니다. 평범 이하의 인간으로 태어났습니다. 하나님이 그렇게 오셨다는 사실을 여러분은 어떻게 받아들이십니까? 하나님은 우리가 상상할 수 없는 분이십니다. 그분이 인간으로 오셨다니요.

나들목교회는 일주일에 세 번 노숙인들에게 식사를 드립니다. 여러분 중에 봉사를 위해서 일주일 동안만 24시간 노숙인과 함께 생활할 수 있는 분이 계실까요? 어쩌면 냄새부터 불결함과 위험 때문에 일주일도 견디기 어려울 수 있습니다. 우리가 노숙인을 이해하고 사랑하고 싶어서 다가가는 것이 시선을 낮추는 정도라면, 천지를 지으신 하나님이 인간 목수로 오신다는 것은 천장에서 바닥만큼 내려오는 것이라 해도 부족합니다. 예수의 사랑은 첫 번째, 이 성육신에서 드러납니다.

그런데 왜 하나님은 인간이 되셨을까요? 하나님을 보여 주고 싶으신 것입니다. 인간에게 하나님을 설명할 수 없어서 하나님이 택하신 방법이 인간이 되어 보여 주시는 것이었습니다. 그래서 "나를 보는 사람은 나를 보내신 분을 보는 것이다"라고 예수가 말한 것입니다.

앞 장에서 바람직한 리더의 첫 번째 특징으로 인격적 관계를 소중히 하는 것을 꼽았습니다. 한 사람, 한 사람 그 사람의 자리로 가서 그의 처지가 되는 것이 리더의 모습인데, 예수가 바로 그러했습니다. 이런 예수가 "내가 너희를 사랑한 것같이"라고 말했을 때, 그 진의를 제대로 이해한 사람은 다른 사람을 사랑할 때 상대의 입장이 되어서 사랑하려고 할 것입니다. 하나님이 우리를 어떻게 사랑하시는지를 절감한 사람은 그 사랑을 배우기 시작합니다. 상대의 입장에서 소통하는 것, 그렇게 낮아지는 것이 성육신으로 나타난 첫 번째 사랑입니다.

구원

성육신에 이어서 다음으로 살펴볼 것은 예수가 보여 준 구원입니다. 성육신해서 무엇을 했는지가 중요합니다. 그냥 낮아져서 같은 입장이 되는 것만이 아닙니다. 상대에게 정말 필요한 것을 주는 것이 사랑입니다. 배고픈 아이에게 빵을 주는 것이 사랑입니다. 요한복음 1장에서 세례자 요한은 예수를 향해 '세상 죄를 지고 가는 어린 양'이라고 했습니다. 예수가 이 땅에 와서 감당한 가장 중요한 일은 인간에게 가장 필요한, 죄의 문제를 해결하는 것이었습니다. 그래서 세례자 요한이 예수를 두고 그렇게 말한 것입니다. 요한복음을 읽으면서 어떤 느낌이 드셨나요? 앞서 3장에서도, 6장에서도 계속해서 우리가 사는 세상이 정상적이지 않으며 광야에 가깝다고 이야기합니다. 왜 그렇습니까? 죄 때문입니다.

죄라고 하면 사람들은 윤리적이거나 도덕적인 면을 먼저 생각합니다. 그러나 죄 중의 죄는 우주와 인생의 중심이신 하나님을 부인하고 무시하는 것입니다. 죄는 자기중심주의입니다. 내가 주인이 되는 것입니다. 왜 인간에게는 고통이 끊이지 않나요? 왜 부부가 서로를 사랑하지 못하나요? 둘 다 자기가 주인이기 때문입니다. 그러면 권력 관계가 형성될 수밖에 없어요. 서로 주인인 두 사람이 가진 것은 몸뚱이와 아주 작은 영역이지만, 그것이 일종의 자신의 왕국입니다. 두 왕국이 만나서 같이 살기로 한 것입니다. 그러면 둘 중 하나가 지배를 해야 합니다.

이 같은 양상은 결혼뿐만 아니라 모든 인간관계에서 나타납니다. '누가 주도권을 잡을 것인가?', '누가 리더인가?', '누가 선배인가?', '누구한테 함부로 하면 안 되나?' 이런 것들이 인간관계를 지배합니다. 그런데 힘을 가진 쪽이 상대를 잘 돌봐 주면 좋은데 대개는 그렇지가 않습니다. 대부분 자신의 유익을 위해 자신이 쥔 권력을 사용합니다. 그래서 성경은 인간의 모든 문제의 근원에 죄가 있으며, 그 죄가 자기중심주의라고 설명합니다. 내가 내 영역을 지배하겠다는 생각입니다. 그래서 작은 인간관계부터 국가 간 국제 관계에 이르기까지 인간은 서로를 사랑하지 못합니다. 이러한 죄가 모이고 증폭되어 역사 속으로 도도히 흘러 내려가고 있습니다.

그러나 어떤 부부가 각자 자신이 주인이 아니라 하나님이 주인이시라고 믿는다면, 갈등이 발생할 때 하나님께 지혜도 얻고, 중재도 구하고, 꾸지람도 받을 것입니다. 그러면 관계가 달라집니다. 교회에서 발생하는 갈등도 예수가 주인이기에 풀 수 있습니다. 목회자가 권력을 휘둘러 문제를 풀려고 하면 하나님의 뜻을 묻기보다는 자신의 권력을 남용하기 쉽고 상대는 상처를 입습니다.

그렇지만 그리스도인이 되었다고 자동으로 이런 갈등이나 문제가 풀리는 것은 당연히 아닙니다. 순간순간 "하나님이 나의 주인이십니다. 우리의 주인이십니다. 당신의 뜻을 따르겠습니다"라고 고백하는 제자의 삶을 살 때라야 이런 문제가 해결될 수 있습니다.

예수가 이 땅에 온 가장 중요한 이유는 이처럼 하나님이 우리의 주인이 되실 수 있는 길을 열기 위해서였습니다. 그래서 자신이 죽어야 한다고 말했습니다. 그 죽음을 통해 살과 피를 우리에게 주겠다고 6장에서 말했습니다. 예수는 하나님과의 관계를 다시 시작할 수 있도록 구원이라는 인간의 본질적 문제를 해결했습니다. 인간은 하나님과의 관계를 회복하면서 점점 다른 인생을 살기 시작합니다. 이 같은 인간의 근본적 필요를 해결하기 위해 예수가 이 땅에 온 것입니다.

여기서 하나 살펴봐야 할 것은 '무엇이 가장 필요한가?'입니다.

내가 주고 싶은 것이나 내가 사랑하고 싶은 방식이 아니라, 상대에게 가장 필요한 것이 무엇인지를 보는 것입니다. 상대를 위해 최선을 도모하는 것이 사랑입니다. 더 정확하게 말하면, 상대가 필요하다고 느끼는 것이 아니라 그에게 정말 필요한 것을 주어야 합니다. 이 둘을 구별할 줄 알아야 합니다.

우리는 돈도 필요하고, 여자친구나 남자친구도 필요하고, 직업도 필요하고, 이것도 필요하고, 저것도 필요하고, 다 필요합니다. 하지만 이런 것보다 우리에게 시급히 더 필요한 것은 자기중심의 삶이 하나님 중심의 삶으로 바뀌는 것입니다. 이 문제를 다루기 위해 예수가 온 것입니다.

십자가

이를 해결하기 위해 예수는 어떻게 했습니까? 십자가를 지고 죽었습니다. '세상 죄를 지고 가는 어린 양'이라는 상징에서 암시되었고, 구약의 놋뱀 사건을 통해서도 넌지시 알려 줍니다. 그러다가 6장에서는 살과 피를 주겠다고 노골적으로 밝히고, 10장에서는 양들을 위해 자기 목숨을 버리겠다고 합니다. 12장 32-33절에서는 어떻게 죽을지를 묘사합니다. 그 이후로 넘어가면 생명을 바치기 위해 골고다 언덕으로 올라가는 예수의 모습이 그림처럼 선명하게 펼쳐집니다.

앞 장에서 살펴본 좋은 리더의 덕목 중 첫 번째였던 '상대를 하나하나 소중히 여기는 모습'을 성육신에서 확인했다면, 두 번째인 '본질적 문제를 해결하는 모습'은 인간의 구원에 집중하는 예수에게서 확인할 수 있습니다. 세 번째인 '희생을 감수하는 모습'은 십자가에서 나타납니다. 상대를 위해 대가를 지불하는 것이지요.

희생 없는 사랑은 낭만적 연정입니다. 남자친구나 여자친구가 여러분을 진짜로 사랑하는지 보려면 그가 얼마나 희생하는지를 보시면 됩니다. 대가를 지불하는지를 보셔야 합니다. 대가를 지불하지 않으려는 사람과는 결혼하면 안 됩니다. 사랑이 무엇인지를 잘 모르는 사람이기 때문입니다. 낭만적 연정은 사라지는 것입니다. 본질이 아닙니다. 성경에는 '사랑의 수고'라는 표현이 자주 나옵니다. 사랑은 수고하는 것입니다. 영어로는 '노동'(labor)입니다. 사랑은 노동하는 것입니다. 사랑에는 수고가 따르기 마련입니다. 그것이 진짜 사랑입니다.

그래서 예수도 사랑을 말만이 아니라 몸소 보여 주었습니다. 예수가 가르친 사랑이 단지 "서로 사랑하라", "자비를 베풀어라", "연민을 품어라" 하는 것과 다른 이유가 여기에 있습니다. 예수가 "내가 너희를 사랑한 것같이"라고 말한 것은 예수의 성육신과 구원 사역과 십자가 죽음을 통해 나타난 그의 사랑을 보면서 그렇게 사랑하라는 뜻입니다.

예수가 가르친 대로 서로 사랑하려면

예수의 가르침대로 우리가 서로를 사랑하는 것이 가능할까요? 여러분 모두 잘 알듯이 우리는 상당히 이기적입니다. 그 본질을 극복할 수 있을까요? 예수가 몸소 보여 준 대로 사랑하려면 어떻게 해야 할까요?

자신의 사랑을 성찰하라

먼저, 자신의 사랑을 성찰해 봐야 합니다. 내 힘과 지혜로 사랑할 수 있는지를 살펴보셔야 합니다. 만약 가능하다면, 불교나 유교나 이슬람교가 더 맞는다고 할 수 있습니다. 자비를 베풀면서 진리를 깨닫고, 자기 안의 측은지심을 수양을 통해 드러내면 됩니다. 또는 알라를 두려워하는 마음으로 이웃을 사랑하면 됩니다. 이러한 사랑의 전제는 여러분이 할 수 있다는 것입니다.

그런데 '진지하게 누군가를 사랑하려고 해보았으나 잘 안 되더라. 내 사랑에는 한계가 있더라' 이렇게 절감하신 분은 예수의 말에서 비밀을 찾을 준비가 되신 것입니다. 내 힘과 지혜로는 한계가 있음을 발견하신 분은 예수의 가르침을 받아들일 수 있습니다.

이번 장을 시작하면서 안타깝게 죽은 아이의 이야기를 했는데요, 생각할수록 눈물이 납니다. 세상에 학대당하는 아이들이 얼마나 많을까요. 또 학대받는 여성들은요. 한편으로는 마음이 아프다가도, 다른 한편에서는 그들을 학대하는 사람들에 대한 분노가 치밀었습니다. 인간이 얼마나 잔인한지요.

그렇게 그 사건을 찬찬히 묵상하다가 섬뜩했습니다. 제 속에서 그 잔인성의 끝자락을 발견했기 때문입니다. 아이를 죽인 어머니에게도 아마 자기만의 스토리가 있었을 것입니다. 만약 제가 같은 상황과 조건에 놓이고 까딱 잘못만 하면 제 속의 잔인성이 드러날 수도 있을 것이라고 생각합니다. 성찰을 통해 그 사실을 발견한 것입니다. 제 속에 그런 것이 있습니다. 그렇다고 제가 잔인하거나 폭력을 휘두르는 사람은 아닙니다. 그것들은 마음속 깊숙이 내려앉아 있지요. 잘 나오지 않을 것입니다. 하지만 여러 조건과 상황이 맞물리고 오랜 기간 압력을 받으면 잔인성이 나올 것입니다. 그것이 제 속에 있음을 발견하고는 섬뜩했습니다.

여러분, 우리가 서로 사랑하려면 자신이 사랑할 수 있는 사람인지를 먼저 진실하게 성찰해야 합니다. '내 힘으로는, 내 이기적인 본성으로는 극복하기 힘들다. 지금까지 내가 했던 사랑이 실패하고 잔해만 남긴 이유는 내 속에 사랑할 능력이 없기 때문이다.' 이렇게 절감하는 것이 "내가 너희를 사랑한 것같이"라는 예수의 말을 받아들일 수 있는 첫 번째 조건입니다.

그의 사랑을 충분히 받아 누리라

사랑에 관한 무능력을 절감했다면, 두 번째로는 사랑을 충분히 받아서 누려야 합니다. 사랑을 먼저 받아야 합니다. 예수가 제자들에게 "내가 너희를 사랑한 것같이"라고 말할 수 있었던 이유는 예수가 제자들을 그만큼 사랑했으며, 제자들은 그 사랑을 받았기 때문입니다.

제자들이 예수에게서 받은 사랑은 무엇입니까? 예수는 제자들과 함께 생활하며 친구가 되었으며, 중요한 깨달음을 주는 데서 그치지 않고 그들을 위해 죽었습니다. 광야 같은 세상에서 홀로 여기저기서 풀을 뜯으며 주린 배를 채우던 제자들을 위해 양 우리의 문을 열고 그 안으로 제자들을 들였습니다. 자격이 없는 제자들이 그 문으로 들어가 풍성한 양식과 안전을 얻었습니다. 예수는 제자들을 그렇게 사랑했습니다. 예수는 그처럼 우리를 사랑하고 있습니다.

그런데 우리에게 그럴 만한 자격이 있나요? 아무런 한 일 없이 공짜로 받는 것, 성경은 이것을 '은혜'라고 합니다. 값없이 받는 것입니다. 사실 현대인은 값없이 무언가를 받는 것이 익숙하지 않습니다. 뭘 좀 해야만 할 것 같습니다. 하지만 예수의 말은 단호합니다. 우리의 본질적 문제를 해결하는 데 우리가 할 수 있는 일이 별로 없다고 말합니다.

우리는 원래 잃어버린 양들이며, 잃어버린 사람들입니다. 하나님의 다스림 아래로 들어갈 수 있는 길이 우리에게는 없습니다. 그 길은 오직 예수가 십자가에서 죽음으로 죄를 사해 주는 은혜를 입어야만 열립니다. 예수 밖에는 다른 길이 없습니다. 그를 통해 하나님께로 나아가면 그 안에 준비된 풍성한 꼴과 안전을 얻을 수 있습니다. 그러면서 광야에서 얻은 온갖 상처와 영양실조로 망가진 몸이 회복됩니다. 결국은 풍성한 삶을 누리게 됩니다. 예수는 이것을 주고 싶다고 말하는 것이고, 이것을 받아 누리는 삶이 먼저 필요합니다. 그래야만 우리에게서도 사랑이 가능해집니다.

여러분, 예수의 사랑을 받아 누리는 일이 우리에게는 가장 소중한 일입니다. 그런데 많은 그리스도인이 그 사랑을 받기만 하고 누리지 않습니다. 양의 문을 통해 우리 안으로 들어가 생명과 안전을 얻었는데도 다시 우리 밖으로 나가 거친 광야에서 자기 힘으로 살아갑니다. 그 결과 예수라는 선한 목자가 없는 이들과 똑같이 살아갑니다. 여기저기 먹을 풀을 찾아 돌아다닙니다. 그리스도인인데도 그 사랑을 누리지 못하는 사람은 너무나 불행한 사람입니다. 예수는 우리에게 이것을 누리라고 말합니다.

그의 사랑을 모델로 삼고 싶어진다

그러고 나면 이제 우리는 예수의 사랑을 모델로 삼을 수 있습니다. 사람은 무언가를 누리면 그것이 정말 좋아서 자기 것으로 만들려고 노력하게 됩니다. 예수의 사랑을 받아서 누리면 자신도 그처럼 살고 싶다는 생각이 듭니다. 예수가 성육신했듯이 남의 입장에 서서 상대의 필요를 파악하고, 이를 위해 자신을 희생하면서 자연스레 좋은 리더가 됩니다. 예수의 사랑을 누리고 배우면 그를 닮은 리더가 됩니다. 지난 장에서 이야기했던 바로 그런 좋은 리더가 됩니다.

예수의 성육신을 배우면 상대의 입장에서 소통하고 상대를 깊이 고려하게 됩니다. 누군가를 사랑하려면 그를 깊이 생각하셔야 합니다. 기도할 때는 여러분의 골방에 그 사람을 데리고 들어가서 기도하십시오. '그의 상태가 어떨까? 그의 입장은 어떨까? 그의 마음은 어떨까?' 기도 가운데 하나님 앞에서 그의 입장이 되는 것입니다. 그러면 상대를 만났을 때 그의 말을 경청할 수 있습니다.

사랑할 줄 모르는 사람은 무조건 자신이 원하는 것을 줍니다. "너 빵 필요하지? 너 빵 먹어." 이렇게 나오는 것입니다. 무례한 사랑입니다. 얼마나 많은 그리스도인이 무례하게 사랑하는지 모릅니다. 무례하게 사랑하지 않으려면 상대를 이해해야 합니다. 부부 중에 가만히 앉아서 상대를 생각하며 '저 사람에게 정말 필요한 것이 뭘까?'를 곰곰이 숙고하는 부부가 몇이나 될까요? "뻔해. 돈 달라는 거지. 돈만 갖다 주면 돼." 이렇게 말하는 남편분도 있었습니다. 아내가 정말 돈만 바랄까요? 물론 그런 사람도 있을 수 있습니다. 중요한 것은 사람의 속을 보는 것입니다. "나는 네 편이야. 나는 네 자리에 같이 서 있어"라는 메시지가 전달되기 전에 사랑하려는 행위는 자기 만족입니다. 자기 욕심입니다. 우리는 성육신의 사랑을 먼저 배워야 합니다.

예수의 사랑을 누리고 배울 때 나타나는 두 번째 현상은 상대를 위해 최선을 도모하는 것이 무엇인지를 생각하게 된다는 것입니다. '좋게 좋게 말하지 뭐. 그냥 좋게 좋게 넘어가야지'라는 생각은 옳지 않습니다. 상대에게 무엇이 진정으로 유익한지를 고민하셔야 합니다. 교회 공동체에서도 가령 청년부 같은 데서 무슨 이야기를 해도 조금씩 삐딱한 친구들이 있습니다. 자기를 좀 알아 달라는 신호입니다. 그 마음에 허함이 있어서 그렇습니다. 그 친구에게 지금 무엇이 필요한지를 알아채고 품어야 합니다. '왜 저래? 늘 저런 식이야' 하며 치워 버리면 안 됩니다.

이렇게 분별하면 당연히 대가를 지불하게 됩니다. 세 번째 나타나는 현상입니다. 사랑은 대가를 지불하는 것입니다. 경제적, 시간적, 심적 자원과 에너지를 사용하지 않을 수 없습니다. 그래서 자신의 것들을 소모하기 시작합니다. 그것이 사랑입니다. 최근에 저는 어떤 사람을 사랑하면서 제 시간을 너무 많이 뺏긴다는 생각을 했습니다. 그런데 한편으로는 그렇게 하는 것이 그에게 필요하다는 생각도 했습니다. 제 시간도 중요하지만 그 시간이 정말로 그에게 필요하다면 제가 조금 희생하는 것이 맞겠다는 생각이 들었습니다.

처음에는 대가를 지불하는 사랑이 힘들어도 시간이 지날수록 조금씩 쉬워집니다. 왜 그럴까요? 사랑도 자라기 때문입니다. 사랑하니까 사람이 변하고, 관계가 회복되고, 세상이 달라진다는 것을 발견하면 대가를 지불하는 것이 영광스러워집니다. '이것이 가치 있는 일이구나. 손해 보는 일이 아니구나. 이것이 궁극적으로 이기는 것이구나'라는 사실을 발견합니다.

대가를 지불하는 사랑을 할 때 한 가지는 꼭 기억하셔야 합니다. 자신을 희생하는 사랑은 하나님과의 좋은 관계 속에서 해야 한다는 것입니다. 대가를 지불하고 희생하는 것이 너무 고통스러워서 자신이 훼손되기 시작하고, 급기야 하나님과의 관계마저 무너진다면 하지 마셔야 합니다.

어떤 사람은 무조건 대가를 지불한다고 생각해서 자신이 엉망이 될 때까지 다른 사람을 돕습니다. 하나님은 우리가 하나님께 사랑을 받은 한도 내에서 일하기를 원하시지, 하나님과의 관계를 망가뜨리면서까지 다른 사람을 사랑하는 것을 원하시지 않습니다. 오히려 그렇게 하면 안 된다고 말씀하십니다. 왜냐하면 나도 하나님께는 소중한 존재이고, 하나님과의 관계가 훼손되면 희생하며 사랑할 힘이 사라지기 때문입니다. 내가 망가지는 것이 하나님의 뜻은 아닙니다. 어느 선까지 나 자신을 희생해야 하는지를 분별하는 지혜를 배우는 것이 성숙입니다.

사랑을 가능하게 하는 예수

여러분은 예수의 사랑을 받으셨습니까? 그러면 그 예수를 따라가고 싶고, 그 사랑을 하고 싶으실 것입니다. 이 사랑을 계속하다

보면 지난 장에서 이야기했던 리더로 변하기 시작합니다. 그것이 주님의 뜻입니다. 이번 장에서 읽은 성경 구절에서 예수는 "너희가 서로 사랑하면, 모든 사람이 그것으로써 너희가 내 제자인 줄을 알게 될 것이다"(35절)라고 말했습니다. 여러분은 예수가 보여 준 사랑을 모든 사람에게 베풀어야 하지만, 특히 하나님을 아버지라고 부르는 그리스도인들 사이에서 그 사랑을 더욱더 보여 주고 연습해야 합니다. 여기에 교회의 본질과 사명이 있습니다.

교회가 서로 사랑하지 않으면 사람들은 우리를 예수의 제자로 생각하지 않습니다. 오늘날 수많은 교회가 큰 건물도 소유하고, 큰 일도 하고, 큰돈도 있지만 사람들에게 지탄받는 이유는 그들이 서로 사랑하지 않을뿐더러 교회 밖의 사람들을 사랑하지 않기 때문입니다. 교회가 생명을 걸고 연습하고 누려야 할 것은 예수의 사랑입니다. 하나님의 사랑을 받아서 충분히 누리고, 그것을 가지고 서로 사랑하는 연습을 우리 안에서 먼저 해야 합니다. 그러고 나서 세상으로 나가서 그 사랑으로 이웃과 친구들을 대해야 하는 것이지요. 그럴 때라야 사람들이 우리를 보고 '아, 하나님이 정말 살아 계시는구나. 예수의 제자는 저렇게 사는구나. 나도 저렇게 살고 싶다'는 생각을 할 수 있고, 그제야 가능성이 열리기 시작합니다.

제게 예수는 사랑을 가능하게 하는 분입니다. 제가 예수를 몰랐다면 어떤 사람이 되었을까를 가만히 생각해 보면, 무척 이기적인 사람이 되었을 것 같습니다. 아주 세련되게 이기적이었을 것 같습니다. 다른 사람은 내가 이기적인지 몰라도 실제로는 이기적인 그런 사람이지요. 예수의 사랑을 만나지 않았다면 그렇게 살았을 것입니다. 다른 사람은 나를 좋은 사람이라고 이야기할지 몰라도 매우 이기적이었을 것입니다. 예수를 만나고 난 다음에 저는 사랑을 배웠습니다. 그의 사랑을 받았기 때문에, 그가 지금도 나를 사랑하고 있기 때문에 일어난 일입니다.

다시 한 번 강조하고 싶습니다. 예수는 "사랑하라"고 말만 하는 분이 아니라, 사랑을 가능하게 하는 분입니다. 단지 "너희가 할 수 있으면 해보라"고 말하는 분이 아니라, "너희 힘으로 실패할지 모르니 내가 너희의 사랑을 가능하도록 도와주겠다"며 자신의 사랑을 부어 주는 분입니다. 그리고 우리의 모델이 될 뿐만 아니라 우리에게 끊임없이 능력을 공급해서 실패한 사랑 이야기가 아니라 열매 맺는 사랑의 이야기, 수고한 사랑의 이야기로 우리 인생이 가득할 수 있도록 우리를 이끄는 분이 선한 목자인 예수입니다.

+ **함께 생각하기**

1. 사랑이 우리의 삶에 얼마나 중요한지, 자신이 경험한 예를 몇 가지 이야기해 보자.

2. 내가 사랑하려고 할 때 가장 힘든 부분은 무엇인가? 내 속에 있는 한계점을 어떻게 경험하는가?

3. 내가 이웃을 사랑하기 전에 예수의 사랑을 받아 누려야 할 텐데, 내게 필요한 것은 무엇인가?

4. 내가 예수의 새 계명을 따르기 위해 더 배우고 몸에 배게 해야 할 예수의 모델은 어떤 부분인가? 어떻게 배워 자연스러워질 수 있는가?

서로 사랑하라는
새 계명을 주시는 예수

요 13:21-38

²¹ 예수께서 이 말씀을 하시고 나서, 마음이 괴로우셔서, 환히 드러내어 말씀하셨다. "내가 진정으로 진정으로 너희에게 말한다. 너희 가운데 한 사람이 나를 팔아넘길 것이다." ²² 제자들은 예수께서, 누구를 두고 하시는 말씀인지 몰라서, 서로 바라다보았다. ²³ 제자들 가운데 한 사람, 곧 예수께서 사랑하시는 제자가 바로 예수의 품에 기대어 앉아 있었다. ²⁴ 시몬 베드로가 그에게 고갯짓을 하여, 누구를 두고 하시는 말씀인지 여쭈어 보라고 하였다. ²⁵ 그 제자가 예수의 가슴에 바싹 기대어 "주님, 그가 누구입니까?" 하고 물었다. ²⁶ 예수께서 대답하셨다. "내가 이 빵 조각을 적셔서 주는 사람이 바로 그 사람이다." 그리고 그 빵 조각을 적셔서 시몬 가룟의 아들 유다에게 주셨다. ²⁷ 그가 빵 조각을 받자, 사탄이 그에게 들어갔다. 그때에 예수께서 유다에게 말씀하셨다. "네가 할 일을 어서 하여라." ²⁸ 그러나 거기 앉아 있는 사람들 가운데서 아무도, 예수께서 그에게 무슨 뜻으로 그런 말씀을 하셨는지를 알지 못하였다. ²⁹ 어떤 이들은, 유다가 돈 자루를 맡고 있으므로, 예수께서 그에게 명절에 그 일행이 쓸 물건을 사라고 하셨거나, 또는 가난한 사람들에게 무엇을 주라고 말씀하신 것으로 생각하였다. ³⁰ 유다는

그 빵 조각을 받고 나서, 곧 나갔다. 때는 밤이었다. [31] 유다가 나간 뒤에, 예수께서 말씀하셨다. "이제는 인자가 영광을 받았고, 하나님께서도 인자로 말미암아 영광을 받으셨다. [32] [하나님께서 인자로 말미암아 영광을 받으셨으면,] 하나님께서도 몸소 인자를 영광되게 하실 것이다. 이제 곧 그렇게 하실 것이다. [33] 어린 자녀들아, 아직 잠시 동안은 내가 너희와 함께 있겠다. 그러나 너희가 나를 찾을 것이다. 내가 일찍이 유대 사람들에게 '내가 가는 곳에 너희는 올 수 없다' 하고 말한 것과 같이, 지금 나는 너희에게도 말하여 둔다. [34] 이제 나는 너희에게 새 계명을 준다. 서로 사랑하여라. 내가 너희를 사랑한 것같이, 너희도 서로 사랑하여라. [35] 너희가 서로 사랑하면, 모든 사람이 그것으로써 너희가 내 제자인 줄을 알게 될 것이다." [36] 시몬 베드로가 예수께 물었다. "주님, 어디로 가십니까?" 예수께서 대답하셨다. "내가 가는 곳에 네가 지금은 따라올 수 없으나, 나중에는 따라올 수 있을 것이다." [37] 베드로가 예수께 말하였다. "주님, 왜 지금은 내가 따라갈 수 없습니까? 나는 주님을 위하여서는 내 목숨이라도 바치겠습니다." [38] 예수께서 대답하셨다. "네가 나를 위하여 네 목숨이라도 바치겠다는 말이냐? 내가 진정으로 진정으로 너에게 말한다. 닭이 울기 전에, 너는 세 번 나를 모른다고 할 것이다."

※ 그가 빵 조각을 받자, 사탄이(27절): 유다는 그 빵 조각을 받지 않음으로써 예수를 부인하려 했던 마음을 돌이킬 기회가 있었습니다. 하지만 그에게 마지막 기회가 주어졌을 때 그는 돌이키지 않고 그 빵 조각을 받음으로 결심을 굳혔고, 이때부터 사탄이 그에게 들어갔다고 말합니다.

예수는 자신을 배반할 유다까지도 끝까지 사랑했습니다. 유다가 예수를 밀고하려고 일을 꾸밀 때 여러 번 그에게 경고해 돌이킬 기회를 주었습니다. 그러나 유다는 그 기회를 오히려 마음을 굳히는 기회로 삼았습니다. 하나님을 거절하기로 마음을 굳히면, 그때는 다른 영적 존재가 우리에게 심대한 영향을 끼칩니다. 하나님이 인간에게 주신 자유의지를 통해 우리는 하나님을 받아들일 수도 있고, 거부할 수도 있습니다.

예수는 우리가 우리의 의지를 사용해서 하나님을 사랑할 뿐 아니라, 서로를 사랑하라고 말합니다. 인간에게 가장 중요한 것이 바로 서로 사랑하는 것입니다. 예수는 죽음을 앞둔 시점에, 한 제자는 자신을 배반하고 다른 제자들은 자신을 부인하며 도망갈 것을 알면서 제자들에게 마지막 유언 같은 부탁을 합니다. 그것이 새 계명인 "서로 사랑하라"입니다.

1. 한 제자가 자신을 밀고할 것을 알고 있는 예수는 그에게 돌이킬 기회를 어떻게 주었는가? (21, 26, 27절)

   _____
   _____
   _____

2. 돌이킬 기회가 주어져도 그 기회를 거절하기로 마음을 굳힐 때 어떤

일이 일어나는가? (26-27절)

3. 한 제자는 자신을 배신하고 수제자 베드로는 자신을 부인하는 상황 속에서도 예수가 준 가장 중요한 계명은 무엇인가?

4. 예수가 베드로의 한계와 가능성을 모두 알고 있었음을 36절은 잘 보여 준다. 베드로의 한계와 가능성은 무엇이었을까? 나에게는 이것이 어떻게 다가오는가?

21 DAY 묵상

예수는 우리에게 서로 사랑하라고 명하십니다.

길이요 진리요
생명 되시는 예수

요 14:1-14

¹ "너희는 마음에 근심하지 말아라. 하나님을 믿고 또 나를 믿어라. ² 내 아버지의 집에는 있을 곳이 많다. 그렇지 않다면, 내가 너희가 있을 곳을 마련하러 간다고 너희에게 말했겠느냐? 나는 너희가 있을 곳을 마련하러 간다. ³ 내가 가서 너희가 있을 곳을 마련하면, 다시 와서 너희를 나에게로 데려다가, 내가 있는 곳에 너희도 함께 있게 하겠다. ⁴ 너희는 내가 어디로 가는지 그 길을 알고 있다." ⁵ 도마가 예수께 말하였다. "주님, 우리는 주님께서 어디로 가시는지도 모르는데, 어떻게 그 길을 알겠습니까?" ⁶ 예수께서 그에게 말씀하셨다. "나는 길이요, 진리요, 생명이다. 나를 거치지 않고서는, 아무도 아버지께로 갈 사람이 없다. ⁷ 너희가 나를 알았더라면 내 아버지도 알았을 것이다. 이제 너희는 내 아버지를 알고 있으며, 그분을 이미 보았다." ⁸ 빌립이 예수께 말하였다. "주님, 우리에게 아버지를 보여 주십시오. 그러면 좋겠습니다." ⁹ 예수께서 대답하셨다. "빌립아, 내가 이렇게 오랫동안 너희와 함께 지냈는데도, 너는 나를 알지 못하느냐? 나를 본 사람은 아버지를 보았다. 그런데 네가 어찌하여 '우리에게 아버지를 보여 주십시오' 하고 말하느냐? ¹⁰ 내가 아버지 안에 있고 아버지께서 내 안에 계시다는 것을, 네가

믿지 않느냐? 내가 너희에게 하는 말은 내 마음대로 하는 것이 아니다. 아버지께서 내 안에 계시면서 자기의 일을 하신다. [11] 내가 아버지 안에 있고, 아버지께서 내 안에 계시다는 것을 믿어라. 믿지 못하겠거든 내가 하는 그 일들을 보아서라도 믿어라. [12] 내가 진정으로 진정으로 너희에게 말한다. 나를 믿는 사람은 내가 하는 일을 그도 할 것이요, 그보다 더 큰 일도 할 것이다. 그것은 내가 아버지께로 가기 때문이다. [13] 너희가 내 이름으로 구하는 것은, 내가 무엇이든지 다 이루어 주겠다. 이것은 아들로 말미암아 아버지께서 영광을 받으시게 하려는 것이다. [14] 너희가 무엇이든지 내 이름으로 구하면, 내가 다 이루어 주겠다."

    서로 사랑하는 것이 세상에서 가장 중요한 일임을 알려 준 예수는 이제 자신이 무엇을 할 것이며 누구인지를 더 분명하게 선언했습니다. 먼저 자기 죽음이 제자들에게 꼭 필요하다고 말했습니다. 예수가 가는 길을 알지 못한다고 말하는 도마에게 자신이 하나님께로 갈 수 있는 유일한 길이며, 진리이며, 생명임을 천명했습니다.

    빌립은 하나님을 향한 유일한 길, 진리, 생명이라고 말하는 예수에게 하나님을 보여 달라고 요청했습니다. 이때 예수는 매우 중요한 선언을 했습니다. 자신을 본 자는 곧 하나님을 본 것이라고요! 예수는 자신이 행한 기적들과 가르침을 통해 하나님이 어떤 분이신지를 보여 주었다고 주장했습니다. 그래서 자신을 통해 하나님을 알게 된 자들은 하나님의 뜻을 이 땅에서 이루는 존재가 될 수 있다고 말했습니다(14절).

1. 불안해하는 제자들에게 예수는 무엇이라고 말하는가? 그 의미는 무엇인가? (1-3절)

2. 도마의 질문에 예수는 자신에 대한 매우 선명한 선언을 한다. 그것이 무엇인가? (4-7절)

3. 하나님을 보여 달라는 빌립에게 예수는 무엇이라고 답하는가? (8-11절)

4. 예수는 자신을 참으로 믿는 자들에게는 어떤 일이 일어난다고 말하는가? (12-14절)

5. 이 본문에 그려진 예수가 오늘날 나에게는 어떻게 다가오는가?

22 DAY 묵상

예수는 길이며, 진리이며, 생명이십니다.

성령을 통해 영원히
우리와 함께하시는 예수

요 14:15–31

[15] "너희가 나를 사랑하면, 내 계명을 지킬 것이다. [16] 내가 아버지께 구하겠다. 그리하면 아버지께서 다른 보혜사를 너희에게 보내셔서, 영원히 너희와 함께 계시게 하실 것이다. [17] 그는 진리의 영이시다. 세상은 그를 보지도 못하고 알지도 못하므로, 그를 맞아들일 수가 없다. 그러나 너희는 그를 안다. 그것은, 그가 너희와 함께 계시고, 또 너희 안에 계실 것이기 때문이다. [18] 나는 너희를 고아처럼 버려두지 아니하고, 너희에게 다시 오겠다. [19] 조금 있으면, 세상이 나를 보지 못할 것이다. 그러나 너희는 나를 보게 될 것이다. 그것은 내가 살아 있고, 너희도 살아 있을 것이기 때문이다. [20] 그날에 너희는, 내가 내 아버지 안에 있고, 너희가 내 안에 있으며, 또 내가 너희 안에 있음을 알게 될 것이다. [21] 내 계명을 받아서 지키는 사람은 나를 사랑하는 사람이요, 나를 사랑하는 사람은 내 아버지의 사랑을 받을 것이다. 그리고 나도 그 사람을 사랑하여, 그에게 나를 드러낼 것이다." [22] 가룟 유다가 아닌 다른 유다가 물었다. "주님, 주님께서 우리에게는 자신을 드러내시고, 세상에는 드러내려고 하지 않으시는 것은 무슨 까닭입니까?" [23] 예수께서 그에게 대답하셨다. "누구든지 나를 사랑하는 사람은 내 말을 지킬 것이

다. 그리하면 내 아버지께서 그 사람을 사랑하실 것이요, 내 아버지와 나는 그 사람에게로 가서 그 사람과 함께 살 것이다. [24] 나를 사랑하지 않는 사람은 내 말을 지키지 아니한다. 너희가 듣고 있는 이 말은, 내 말이 아니라, 나를 보내신 아버지의 말씀이다." [25] "내가 너희와 함께 있는 동안에, 나는 이 말을 너희에게 말하였다. [26] 그러나 보혜사, 곧 아버지께서 내 이름으로 보내실 성령께서, 너희에게 모든 것을 가르쳐 주실 것이며, 또 내가 너희에게 말한 모든 것을 생각나게 하실 것이다. [27] 나는 평화를 너희에게 남겨 준다. 나는 내 평화를 너희에게 준다. 내가 너희에게 주는 평화는 세상이 주는 것과 같지 않다. 너희는 마음에 근심하지 말고, 두려워하지도 말아라. [28] 너희는 내가 갔다가 너희에게로 다시 온다고 한 내 말을 들었다. 너희가 나를 사랑한다면, 내가 아버지께로 가는 것을 기뻐했을 것이다. 내 아버지는 나보다 크신 분이기 때문이다. [29] 지금 나는 그 일이 일어나기 전에 미리 너희에게 말하였다. 이것은 그 일이 일어날 때에 너희로 하여금 믿게 하려는 것이다. [30] 나는 너희와 더 이상 말을 많이 하지 않겠다. 이 세상의 통치자가 가까이 오고 있기 때문이다. 그는 나를 어떻게 할 아무런 권한이 없다. [31] 다만 내가 아버지를 사랑한다는 것과, 아버지께서 내게 분부하신 그대로 내가 행한다는 것을, 세상에 알리려는 것이다. 일어나거라. 여기에서 떠나자."

※ 보혜사(16절): 보호하고 도와주시는 분

성경에 나타난 하나님은 자신을 우리에게 알리시고, 인간과 영원히 함께 있기를 원하시는 분입니다. 예수는 자신이 하나님의 뜻을 행할 뿐 아니라, 하나님을 우리에게 보여 주며, 인간이 죽음에서 생명을 얻도록 해주는 분이라고 말했습니다. 이제 자신은 십자가에서 죽고 제자들을 떠나지만, '다른 보혜사'를 보내 예수를 믿는 자들을 절대 떠나지 않을 것이며, '진리의 영'이신 그가 모든 것을 가르치고 생각나게 하실 것이라고 약속했습니다. 함께하는 예수를 믿는 사람들에게는, 그들이 예수의 계명인 "서로 사랑하라"는 말씀을 따를 때 하나님을 드러내겠다고 말했습니다.

이렇게 하나님이 세상에 자신을 드러내시는 방식은 인간의 생각과 차이가 있습니다. 성령은 지금도 예수의 계명을 지키는 자들, 곧 서로 사랑하는 자들과 함께하시고, 그들 속에 하나님을 드러내십니다. 그리고 그들 가운데는 세상이 주는 것과 같지 않은 평화가 있습니다.

1. 예수는 자신을 대신해서 '다른 보혜사'이신 성령을 보내겠다고 한다. 성령은 어떤 분이시고 무엇을 하시는가? (15-18절)

　

　

　

2. 예수는 예수를 사랑하는 사람들의 특징은 무엇이며, 그들에게는 어

떤 일이 일어난다고 말하는가? (21-24절)

3. 예수는 보혜사 성령이 제자들을 위해 무엇을 하신다고 말하는가? (26절)

4. 예수는 제자들에게 평화를 남겨 준다고 말한다. 그 평화의 특징은 무엇인가? (27절) 나에게는 이것이 어떻게 다가오는가?

23 DAY 묵상

예수는 성령을 통해 영원히 우리와 함께하십니다.

자신과 함께 거하기를
원하시는 예수

요 15:1-16:4

¹ "나는 참 포도나무요, 내 아버지는 농부이시다. ² 내게 붙어 있으면서도 열매를 맺지 못하는 가지는, 아버지께서 다 잘라버리시고, 열매를 맺는 가지는 더 많은 열매를 맺게 하시려고 손질하신다. ³ 너희는, 내가 너희에게 말한 그 말로 말미암아 이미 깨끗하게 되었다. ⁴ 내 안에 머물러 있어라. 그리하면 나도 너희 안에 머물러 있겠다. 가지가 포도나무에 붙어 있지 아니하면 스스로 열매를 맺을 수 없는 것과 같이, 너희도 내 안에 머물러 있지 아니하면 열매를 맺을 수 없다. ⁵ 나는 포도나무요, 너희는 가지이다. 사람이 내 안에 머물러 있고, 내가 그 안에 머물러 있으면, 그는 많은 열매를 맺는다. 너희는 나를 떠나서는 아무것도 할 수 없다. ⁶ 사람이 내 안에 머물러 있지 아니하면, 그는 쓸모 없는 가지처럼 버림을 받아서 말라 버린다. 사람들이 그것을 모아다가, 불에 던져서 태워 버린다. ⁷ 너희가 내 안에 머물러 있고, 내 말이 너희 안에 머물러 있으면, 너희가 무엇을 구하든지 다 그대로 이루어질 것이다. ⁸ 너희가 열매를 많이 맺어서 내 제자가 되면, 이것으로 내 아버지께서 영광을 받으실 것이다. ⁹ 아버지께서 나를 사랑하신 것과 같이, 나도 너희를 사랑하였다. 너희는 내 사랑 안에 머물러 있어라. ¹⁰ 너희가 내

계명을 지키면, 내 사랑 안에 머물러 있을 것이다. 그것은 마치 내가 내 아버지의 계명을 지켜서, 그 사랑 안에 머물러 있는 것과 같다. [11] 내가 너희에게 이러한 말을 한 것은, 내 기쁨이 너희 안에 있게 하고, 또 너희의 기쁨이 넘치게 하려는 것이다. [12] 내 계명은 이것이다. 내가 너희를 사랑한 것과 같이, 너희도 서로 사랑하여라. [13] 사람이 자기 친구를 위하여 자기 목숨을 내놓는 것보다 더 큰 사랑은 없다. [14] 내가 너희에게 명한 것을 너희가 행하면, 너희는 나의 친구이다. [15] 이제부터는 내가 너희를 종이라고 부르지 않겠다. 종은 그의 주인이 무엇을 하는지를 알지 못한다. 나는 너희를 친구라고 불렀다. 내가 아버지에게서 들은 모든 것을 너희에게 알려 주었기 때문이다. [16] 너희가 나를 택한 것이 아니라, 내가 너희를 택하여 세운 것이다. 그것은 너희가 가서 열매를 맺어, 그 열매가 언제나 남아 있게 하려는 것이다. 그리하여 너희가 내 이름으로 아버지께 구하는 것은 무엇이든지 다 받게 하려는 것이다. [17] 내가 너희에게 명하는 것은 이것이다. 너희는 서로 사랑하여라."

[18] "세상이 너희를 미워하거든, 세상이 너희보다 먼저 나를 미워하였다는 것을 알아라. [19] 너희가 세상에 속하여 있다면, 세상이 너희를 자기 것으로 여겨 사랑할 것이다. 그러나 너희는 세상에 속하지 않았고 오히려 내가 너희를 세상에서 가려 뽑아냈으므로, 세상이 너희를 미워하는 것이다. [20] 내가 너희에게 종이 그의 주인보다 높지 않다고 한 말을 기억하여라. 사람들이 나를 박해했으면 너희도 박해할 것이요, 또 그들이 내 말을 지켰으면 너희의 말도 지킬 것이다. [21] 그들은 너희가 내 이름을 믿는다고 해서, 이런 모든 일을 너희에게 할 것이다. 그것은 그

들이 나를 보내신 분을 알지 못하기 때문이다. ²² 내가 와서 그들에게 말해 주지 아니하였더라면, 그들에게는 죄가 없었을 것이다. 그러나 이제는 그들이 자기 죄를 변명할 길이 없다. ²³ 나를 미워하는 사람은 내 아버지까지도 미워한다. ²⁴ 내가 다른 아무도 하지 못한 일을 그들 가운데서 하지 않았더라면, 그들에게 죄가 없었을 것이다. 그러나 이제는 그들이 내가 한 일을 보고 나서도, 나와 내 아버지를 미워하였다. ²⁵ 그래서 그들의 율법에 '그들은 까닭 없이 나를 미워하였다'고 기록한 말씀이 이루어진 것이다. ²⁶ 내가 아버지께로부터 너희에게 보낼 보혜사 곧 아버지께로부터 오시는 진리의 영이 오시면, 그 영이 나를 위하여 증언하실 것이다. ²⁷ 너희도 처음부터 나와 함께 있었으므로, 나의 증인이 될 것이다."

16장

¹ "내가 너희에게 이 말을 한 것은, 너희를 넘어지지 않게 하려는 것이다. ² 사람들이 너희를 회당에서 내쫓을 것이다. 그리고 너희를 죽이는 사람마다, 자기네가 하는 그러한 일이 하나님을 섬기는 일이라고 생각할 때가 올 것이다. ³ 그들은 아버지도 나도 알지 못하므로, 그런 일들을 할 것이다. ⁴ 내가 너희에게 이 말을 하여 두는 것은, 그들이 그러한 일들을 행하는 때가 올 때에, 너희로 하여금 내가 너희에게 말한 사실을 다시 생각나게 하려는 것이다. 또 내가 이 말을 처음에 하지 않은 것은, 내가 너희와 함께 있었기 때문이다."

'내가 누구인가?'에 대한 정체감은 자신이 어디에, 누구에게 속해 있는지에 관한 소속감과 깊은 관계를 맺습니다. 예수는 자신을 따르는 자들이 단지 자신의 사상을 받아들이고 자신의 뜻을 행하는 자가 아니라, 자신과 깊은 사랑의 관계 속에 있기를 원합니다. 예수는 사람들이 예수와 사랑의 관계 속에 있을 때 자신이 맺어야 할 열매를 맺고, 자신의 존재를 통해 자신이 기쁠 뿐 아니라, 하나님께 영광이 될 것이라고 말했습니다. 더 나아가 예수는 그들을 종이 아닌 친구라고 부를 것이라고 말했습니다.

이렇게 예수와 함께하는 것은 하나님 없는 세상의 가치관과 반대쪽에 서는 것입니다. 그러므로 예수는 세상 속에서 예수를 따르는 자들은 세상의 '미움'을 감수할 수밖에 없다고 말했습니다. 그러나 세상이 자신의 가치관과 삶의 방식을 요구하는 것이 정당할 수 없는 이유는, 하나님이신 예수가 이 땅에 와서 하나님을 드러냈기 때문이라고 말했습니다. 이 예수를 성령이, 또한 그의 제자들이 증언할 것이라고 했습니다.

1. 예수는 자신과 자신을 믿는 자들의 관계를 포도나무 비유를 통해 어떻게 설명하는가? (15:1-8)

   _____

   _____

2. 예수는 우리가 가지로서 포도나무인 예수에게 붙어 있으려면 무엇이 가장 중요하다고 말하는가? (15:9-10)

3. 예수의 계명을 지키는 자들은 포도나무와 가지의 관계를 넘어서서 어떤 관계를 맺고 어떤 특권을 누린다고 예수는 말하는가? (15:11-17)

4. 예수는 왜, 또 어떻게 세상이 예수의 제자들을 미워한다고 말하는가? (15:18-16:4) 나에게는 이것이 어떻게 다가오는가?

24 DAY 묵상

예수는 우리가 그 안에 머물기를 원하십니다.

세상을 이기신 예수

요 16:1–33

¹ "내가 너희에게 이 말을 한 것은, 너희를 넘어지지 않게 하려는 것이다. ² 사람들이 너희를 회당에서 내쫓을 것이다. 그리고 너희를 죽이는 사람마다, 자기네가 하는 그러한 일이 하나님을 섬기는 일이라고 생각할 때가 올 것이다. ³ 그들은 아버지도 나도 알지 못하므로, 그런 일들을 할 것이다. ⁴ 내가 너희에게 이 말을 하여 두는 것은, 그들이 그러한 일들을 행하는 때가 올 때에, 너희로 하여금 내가 너희에게 말한 사실을 다시 생각나게 하려는 것이다. 또 내가 이 말을 처음에 하지 않은 것은, 내가 너희와 함께 있었기 때문이다. ⁵ 그러나 나는 지금 나를 보내신 분에게로 간다. 그런데 너희 가운데서 아무도 나더러 어디로 가느냐고 묻는 사람이 없고, ⁶ 도리어 내가 한 말 때문에 너희 마음에는 슬픔이 가득 찼다. ⁷ 그러나, 내가 너희에게 진실을 말하는데, 내가 떠나가는 것이 너희에게 유익하다. 내가 떠나가지 않으면, 보혜사가 너희에게 오시지 않을 것이다. 그러나 내가 가면, 보혜사를 너희에게 보내 주겠다. ⁸ 그가 오시면, 죄와 의와 심판에 대하여 세상의 잘못을 깨우치실 것이다. ⁹ 죄에 대하여 깨우친다고 함은 세상 사람들이 나를 믿지 않기 때문이요, ¹⁰ 의에 대하여 깨우친다고 함은 내가 아버지께로 가고

너희가 나를 더 이상 못 볼 것이기 때문이요, [11] 심판에 대하여 깨우친다고 함은 이 세상의 통치자가 심판을 받았기 때문이다. [12] 아직도, 내가 너희에게 할 말이 많으나, 너희가 지금은 감당하지 못한다. [13] 그러나 그분 곧 진리의 영이 오시면, 그가 너희를 모든 진리 가운데로 인도하실 것이다. 그는 자기 마음대로 말씀하지 않으시고, 듣는 것만 일러 주실 것이요, 앞으로 올 일들을 너희에게 알려 주실 것이다. [14] 또 그는 나를 영광되게 하실 것이다. 그가 나의 것을 받아서, 너희에게 알려 주실 것이기 때문이다. [15] 아버지께서 가지신 것은 다 나의 것이다. 그렇기 때문에 내가, 성령이 나의 것을 받아서 너희에게 알려 주실 것이라고 말한 것이다." [16] "조금 있으면 너희는 나를 보지 못할 것이다. 그러나 또 조금 있으면 나를 볼 것이다." [17] 그의 제자 가운데서 몇몇이 서로 말하였다. "그가 우리에게 '조금 있으면 나를 보지 못하게 되고, 또 조금 있으면 나를 볼 것이다' 하신 말씀이나, '내가 아버지께로 가기 때문에'라고 하신 말씀은 무슨 뜻일까?" [18] 그들은 말하기를 "도대체 '조금 있으면'이라는 말씀이 무슨 뜻일까? 우리는, 그가 무엇을 말씀하시는지 모르겠다" 하였다. [19] 예수께서는, 제자들이 자기에게 물어보고 싶어 하는 마음을 아시고, 그들에게 말씀하셨다. "내가, '조금 있으면, 너희가 나를 보지 못하게 되고, 또 조금 있으면 나를 볼 것이다' 한 말을 가지고 서로 논의하고 있느냐? [20] 내가 진정으로 진정으로 너희에게 말한다. 너희는 울며 애통하겠으나, 세상은 기뻐할 것이다. 그러나 너희가 근심에 싸여도, 그 근심이 기쁨으로 변할 것이다. [21] 여자가 해산할 때에는 근심에 잠긴다. 진통할 때가 왔기 때문이다. 그러나 아이를 낳으면, 사람이 세상에 태어났다는 기쁨 때문에, 그 고통을 더 이상 기억하지 않는다. [22] 이와 같이, 지금 너희가 근심에 싸여 있지만, 내가 다시 너희를 볼 때에는, 너희의 마음이 기쁠 것이며, 그 기쁨을 너희에게서 빼앗을 사람이 없을 것이다. [23] 그날에는 너희가 나에게 아무것도 묻지 않을 것이다. 내가 진정으로 진정으로 너희에게 말한다. 너희가 아버지께 구하는 것은, 무엇이나 아버지께서 내 이름으로 주실 것이다. [24] 지금까지는 너희가 아무것도 내 이름으로 구하지 않았다. 구하여라. 그러면 받을 것이다. 그래서 너희의 기쁨이 넘치게 될 것이다." [25] "지금까지는 이런 것들을 내가 너희에게 비유로 말하였으나, 다시는 내가 비유로 말하지 아니하고 아버지에 대하여 분명히 말해 줄 때가 올 것이다. [26] 그날에는 너희가 내 이름으로 아버지께 구할 것이다. 내가 너희를 위하여 아버지께 구하겠다는 말이 아니다. [27] 아버지께서는 친히 너희를 사랑하신다. 그것은, 너희가 나를 사랑하였고, 또 내가 하나님께로부터 온 것을 믿었기 때문이다. [28] 나는 아버지에게서 나와서 세상에 왔다. 나는 세상을 떠나서 아버지께로 간다." [29] 그의 제자들이 말하였다. "보십시오. 이제 밝히어 말씀하여 주시고, 비유로 말씀하지 않으시니, [30] 이제야 우리는, 선생님께서 모든 것을 알고 계시다는 것과, 누가 선생님께 물어볼 필요가 없을 정도로 환히 알려 주신다는 것을 알았습니다. 이것으로 우리는 선생님이 하나님께로부터 오신 것을 믿습니다." [31] 예수께서 대답하셨다. "이제는 너희가 믿느냐? [32] 보아라, 너희가 나를 혼자 버려두고, 제각기 자기 집으로 흩어져 갈 때가 올 것이다. 그때가 벌써 왔다. 그런데 아버지께서 나와 함께 계시니, 나는 혼자 있는 것이 아니다. ³³ 내가 이것을 너희에게 말한 것은, 너희가 내 안에서 평화를 얻게 하려는 것이다. 너희는 세상에서 환난을 당할 것이다. 그러나 용기를 내어라. 내가 세상을 이겼다."

한 인간이 하나님이라는 사실은 이를 믿고 싶어 하는 자들에게도 이해하기 벅찬 것이었습니다. 제자들은 예수가 이스라엘의 메시아일 줄 알고 처음부터 믿고 따랐지만, 예수에 대해 각자가 가진 이해를 넘어서지 못했습니다. 예수를 따라다니면서 그가 하는 일과 가르침을 듣고 보면서 예수에 대한 이해가 깊어졌습니다. 예수는 자신이 죽을 것과 자신은 제자들을 떠나지만 대신 성령을 보낼 것이라고 말했습니다.

이제 예수는 더는 비유로 말하지 않고 직접 말했습니다. 자신이 누구인지, 자신을 믿는 자들이 겪을 슬픔과 누릴 기쁨과 축복이 무엇인지, 자신이 세상 사람들을 얼마나 사랑하는지를 이야기했습니다. 그를 따르는 자들이 세상에서 겪을 일이 무엇이며, 그의 제자들이 그 가운데서도 평화를 누릴 것을 말했습니다. 거침없이 자신에 대해, 제자들에 대해, 그리고 세상에 대해 이야기하는 예수의 말에 귀 기울여 봅시다.

1. 예수가 죽고 제자들을 떠난 다음에 보낼 보혜사 성령이 하실 일은 무엇인가? (5-15절)

2. 예수는 자기의 죽음과 부활이 제자들에게 어떤 슬픔과 기쁨을 가져올지를 말한다. 그 내용을 살펴보자. (16-21절)

3. 예수는 자신이 부활한 후 제자들이 얻을 기쁨과 축복이 무엇이라고 말하는가? (22-24절)

4. 예수가 죽음을 앞두고 모든 것을 설명해 줄 때 제자들도 예수를 조금 더 분명하게 믿게 된다. 이렇게 믿게 되었을 때 그들이 당할 일이 무엇이고, 그 일을 당할 때 어떤 자세로 임해야 한다고 예수는 말하는가? (25-33절)

5. 이 본문에 그려진 예수가 오늘날 나에게는 어떻게 다가오는가?

25 DAY 묵상

예수는 우리를 사랑하셔서 우리에게 오신 하나님입니다.

JOHN

이야기. 여섯

예수, 그는 과연 누구인가

우리를 위해 기도하시는 예수

여러분은 사람을 볼 때 무엇을 보시나요? 무엇으로 그 사람을 알 수 있을까요? 이력서를 봐도 알 수 없을 때가 많습니다. 그렇다면 무엇을 봐야 할까요? 돈 씀씀이, 말하는 태도와 듣는 태도 등 우리는 다양한 방식으로 상대가 어떤 사람인지를 파악합니다.

기도를 보면 어떤 사람인지 알 수 있다

제 경험으로는 기도 생활을 보면 그 사람에 대해 알 수 있는 것 같습니다. 기도를 하고 하지 않고는 아주 큰 차이를 낳습니다. 기도를 해도, 어떤 기도를 하는지가 중요합니다. 밥 먹을 때만 기도할 수도 있고, 40일 금식 기도나 철야 기도를 하기도 합니다. 하지만 그런 기도의 외양보다는 기도의 내용을 보면 그가 어떤 사람인지가 보입니다. 왜냐하면 기도는 내면 가장 깊숙이 있는 소망과 간구를 표출하는 순간이기 때문입니다. 소망과 간구, 고통과 슬픔 등이 드러나는 순간이기에 기도를 보면 그 사람이 온전히 다가옵니다.

기도에서 세 가지 정도를 볼 수 있습니다. '자기 자신을 위해 기도하는가?', '다른 사람을 위해 기도하는가?', '자신이 하나님과 어떤 관계에 있다고 생각하는가?' 이런 것들이 기도에 나타납니다. 사실은 내가 기도하는 내용이 바로 나입니다. 더 간단하게 말하면, 나의 기도가 곧 나입니다.

이번 장에서 읽으려는 성경 구절은 예수의 기도가 담긴 소중한 본문입니다. 예수가 기도했다는 성경 구절은 많습니다. 예수는 기도에 관한 비유도 여럿 말했습니다. 주기도문을 직접 가르쳐 주기도 했습니다. '주기도문'보다는 '주기도'가 더 맞는 말이긴 합니다. 이렇게 예수와 기도에 관한 여러 성경 구절이 있지만, 예수가 드린 기도 중에 가장 긴 기도가 요한복음 17장에 나와 있습니다. 요한 사도가 예수와 워낙 가까운 관계였으므로 예수가 겟세마네 동산에 올라가기 전에 했던 이 기도를 어떤 방식으로든 들었다고 생각합니다. 초대교회는 이 기도를 자신들의 기도문으로 사용했을 수도 있습니다. 그래서 이렇게 기록으로 남은 것으로 보입니다. 여러모로 우리에게 아주 소중한 기도입니다.

예수의 기도를 통해 예수가 대체 어떤 분인지를 확인하려 합니다. 이 기도 속에 예수가 가장 소중히 여기는 것이 무엇인지, 그의 사명이 무엇인지, 그의 관심과 소망이 어디에 있는지가 드러나 있습니다. 그뿐만 아니라 지금까지 요한복음에 나왔던 주제들이 다 모여 있습니다. 그런 면에서 요한복음 내에서도 이 말씀은 굉장히 중요한 본문이라고 할 수 있습니다. 예수가 체포되기 바로 전에 한 기도이며 중요한 주제들이 응축되어 있는 상당히 긴 기도라서, 이 기도야말로 예수가 어떤 분인지를 잘 보여 주는 텍스트입니다.

기도가 길어서 나눠서 읽으면 좋겠습니다. 26절이나 되는 성경 구절은 셋으로 나눌 수 있습니다. 1-8절은 예수가 자신을 위해 하는 기도로 보입니다. 9-19절에서는 세상에 남겨진 제자들을 위해 기도합니다. 20-26절에서는 이후에 등장할 모든 제자를 위해 기도합니다.

자신을 위한 기도

준비가 되셨나요? 예수가 누구인지 다 같이 알아볼 준비가 되셨으면, 기도의 첫 번째 부분을 읽겠습니다.

[1] 예수께서 이 말씀을 마치시고, 눈을 들어 하늘을 우러러보시고 말씀하셨다. "아버지, 때가 왔습니다. 아버지의 아들을 영광되게 하셔서, 아들이 아버지께 영광을 돌리게 하여 주십시오. [2] 아버지께서는 아들에게 모든 사람을 다스리는 권세를 주셨습니다. 그것은 아들로 하여금

아버지께서 그에게 주신 모든 사람에게 영생을 주게 하려는 것입니다. ³ 영생은 오직 한 분이신 참 하나님을 알고, 또 아버지께서 보내신 예수 그리스도를 아는 것입니다. ⁴ 나는 아버지께서 내게 하라고 맡기신 일을 완성하여, 땅에서 아버지께 영광을 돌렸습니다. ⁵ 아버지, 창세전에 내가 아버지와 함께 누리던 그 영광으로, 나를 아버지 앞에서 영광되게 하여 주십시오. ⁶ 나는, 아버지께서 세상에서 택하셔서 내게 주신 사람들에게 아버지의 이름을 드러냈습니다. 그들은 본래 아버지의 사람들인데, 아버지께서 그들을 나에게 주셨습니다. 그들은 아버지의 말씀을 지켰습니다. ⁷ 지금 그들은, 아버지께서 내게 주신 모든 것이, 아버지께로부터 온 것임을 알고 있습니다. ⁸ 나는 아버지께서 내게 주신 말씀을 그들에게 주었습니다. 그들은 그 말씀을 받아들였으며, 내가 아버지께로부터 온 것을 참으로 알았고, 또 아버지께서 나를 보내신 것을 믿었습니다."

1절의 "아버지, 때가 왔습니다. 아버지의 아들을 영광되게 하셔서, 아들이 아버지께 영광을 돌리게 하여 주십시오"라는 수수께끼 같은 표현은 이 기도 전체의 주제 절입니다. 나중에 깊이 살펴보기로 하겠습니다. 그다음에 예수는 자신의 사명에 관해 이야기합니다. 하나님이 자신에게 세상을 다스릴 권세를 주셨다고 말하면서, 그 권세는 아들이 모든 사람에게 영생을 주려고 받은 것이라고 밝힙니다. 예수는 그 권세를 가지고 이 땅에 와서 사람들을 치유하고 회복하는 일을 했습니다. 그 일은 그것 자체가 목적이 아니라, 사람에게 영생을 주기 위한 것이었습니다. 여기서 영생이 무엇인지를 분명히 해야 합니다.

영생이 무엇입니까? 영생은 하나님에게서 오는 생명입니다. 하나님께 속한 생명입니다. 앞선 장들에서 이미 보았듯이, 그 생명이 없는 우리는 광야 같은 곳에 살면서 매일 한 걸음씩 죽음을 향해 가고 있습니다. 힘들고 지치고 겨우겨우 살아내는 우리에게, 죽음으로 갈 수밖에 없는 인생에게 하나님은 자신의 생명을 주기 원하십니다. 예수가 이 땅에 온 가장 큰 목적은 우리를 심판하기 위해서가 아니라, 이미 심판받아 죽어 가는 사람들을 살리기 위해서였습니다. 그래서 영생을 주기 위해 왔다고 한 것입니다.

4절에서는 이 일을 완성했다고 말합니다. 자신의 죽음을 앞두고, 그 죽음을 통해 자신의 사명이 완성될 것을 내다보면서 하나님께 미리 영광을 돌립니다. 예수는 하나님께 이렇게 고백하고 있습니다. "당신께서 제게 주신 사명, 사람들에게 영생을 주라는 사명을 제 마지막 삶을 통해 완성하고 하나님 당신께 영광을 돌립니다."

6절에서는 "내게 주신 사람들에게 아버지의 이름을 드러냈습니다"라고 합니다. 'ㅇㅇㅇ의 이름'이라는 표현은 ㅇㅇㅇ의 인격과 삶과 사역 전체를 대변한다는 뜻입니다. 그러니까 하나님이 어떤 분이시며, 무엇을 하고 계시며, 그분의 마음이 어떤지를 가리키는 것이 '아버지의 이름'입니다. 그것을 드러냈다고 이야기한 것입니다.

7절의 '내게 주신 모든 것'은 예수가 하나님의 권세로 병을 고치고 사람들을 회복시킨 모든 일을 가리킵니다. 그 모든 일이 아버지에게서 온 것을 사람들이 안다고 말합니다. 8절에서는 "아버지께서 내게 주신 말씀을 그들에게 주었습니다"라고 말합니다. 하나님이 예수에게 맡긴, 하나님께 속한 진리에 관한 말씀을 사람들에게 주었다는 것입니다.

 예수는 아버지의 이름을 자신의 행동과 기적을 통해 드러냈으며, 또한 자신이 가르친 말들을 통해 드러냈습니다. 이를 보고 들은 사람들은 어떻게 되었습니까? 아버지를 알고 아버지께서 보내신 분을 믿음으로 영생에 거하게 되었다고 말합니다. 기독교가 말하는 영생은 죽고 난 다음에 얻는 것이 아닙니다. 살아 있는 동안 하나님을 알고 예수를 받아들이면 하나님의 생명이 우리 속에 들어오기 시작합니다. 그리스도인은 영생을 이미 누리고 있습니다. 공관복음인 마태복음, 마가복음, 누가복음의 방식대로 이야기하면, 이미 임한 하나님 나라에 들어간 것입니다. 하나님 나라의 백성이 된 것이지요.

 참 재미있는 것은, 예수가 자신의 사명이 어떤 것이며 어떻게 완성했는지는 말하지만 자신의 필요에 대해서는 별로 언급하지 않는다는 것입니다. 5절에 딱 한 번 나옵니다. "창세전에 내가 아버지와 함께 누리던 그 영광으로, 나를 아버지 앞에서 영광되게 하여 주십시오." 무슨 뜻일까요? 함축적인 기도라서 조금 어려울 수 있지만, 중요한 흐름만 잡고 가셔도 좋습니다.

예수는 죽기 전에 드리는 마지막 기도에서 자신의 사명이 완수되었음을 고백하면서, 십자가에서 모든 일이 다 끝나고 나면 과거에 하나님 아버지와 누렸던 영광으로 자신을 회복시켜 달라고 기도합니다. 이렇게 기도한 것입니다. "이 땅에 내려와서 당신이 주신 사명을 다 완성했습니다. 내 사명을 완수함으로 당신께 영광을 돌렸습니다. 이제 당신께 돌아갑니다. 제가 원래 당신과 함께 누렸던 영광 가운데로 저를 다시 불러 주십시오." 이것이 예수 자신을 위한 기도였습니다. 이런 기도를 할 수 있는 분은 누구일까요? 누가 이런 기도를 할 수 있을까요?

세상에 남겨질 제자들을 위한 기도

이제 두 번째 부분으로 넘어가 보겠습니다. 예수는 세상에 남을 제자들을 위해 기도합니다. 9-19절입니다.

[9] "나는 그들을 위하여 빕니다. 나는 세상을 위하여 비는 것이 아니고, 아버지께서 내게 주신 사람들을 위하여 빕니다. 그들은 모두 아버지의 사람들입니다. [10] 나의 것은 모두 아버지의 것이고, 아버지의 것은 모두 나의 것입니다. 나는 그들로 말미암아 영광을 받았습니다. [11] 나는 이제 더 이상 세상에 있지 않으나, 그들은 세상에 있습니다. 나는 아버

지께로 갑니다. 거룩하신 아버지, 아버지께서 내게 주신 아버지의 이름으로 그들을 지켜 주셔서, 우리가 하나인 것같이, 그들도 하나가 되게 하여 주십시오. [12] 내가 그들과 함께 지내는 동안은, 아버지께서 내게 주신 아버지의 이름으로 그들을 지키고 보호하였습니다. 그러므로 그들 가운데서는 한 사람도 잃지 않았습니다. 다만, 멸망의 자식만 잃은 것은 성경 말씀을 이루기 위함이었습니다. [13] 이제 나는 아버지께로 갑니다. 내가 세상에서 이것을 아뢰는 것은, 내 기쁨이 그들 속에 차고 넘치게 하려는 것입니다. [14] 나는 그들에게 아버지의 말씀을 주었는데, 세상은 그들을 미워하였습니다. 그것은, 내가 세상에 속하여 있지 않은 것과 같이, 그들도 세상에 속하여 있지 않기 때문입니다. [15] 내가 아버지께 비는 것은, 그들을 세상에서 데려가시는 것이 아니라, 악한 자에게서 그들을 지켜 주시는 것입니다. [16] 내가 세상에 속하지 않은 것과 같이, 그들도 세상에 속하지 않았습니다. [17] 진리로 그들을 거룩하게 하여 주십시오. 아버지의 말씀은 진리입니다. [18] 아버지께서 나를 세상에 보내신 것과 같이, 나도 그들을 세상으로 보냈습니다. [19] 그리고 내가 그들을 위하여 나를 거룩하게 하는 것은, 그들도 진리로 거룩하게 하려는 것입니다."

제자들의 상황

예수는 아주 길게 제자들을 위해 기도합니다. 그런데 지금 제자들의 상황이 매우 위급하게 느껴집니다. 11절에서 예수는 "나는 이제 더 이상 세상에 있지 않으나, 그들은 세상에 있습니다. 나는 아버지께로 갑니다"라고 말합니다. '아버지께로 간다'는 표현은 그 이후에 다시 나옵니다. "이제 나는 아버지께로 갑니다"(13절).

지금까지는 예수가 제자들을 보호했습니다. 하나님의 능력과 은혜로 제자들을 이끌어 왔습니다. 그런데 지금 그 보호자가 떠난다는 것입니다. 이것이 왜 문제일까요? 제자들이 세상에 남겨진다고 했는데, '세상'은 성경에 자주 등장하는 단어입니다. 요한복음이 말하는 세상은 어떤 곳입니까? 단지 우리 앞에 펼쳐진 피조 세계가 아니라, 하나님을 반역하고 빛보다 어둠을 선택해서 하나님의 손길을 저버리고 스스로 하나님이 되어 살아가는 세상을 의미합니다. 그 결과 탄생한 모든 문화와 가치관을 세상이라고 말합니다. 매우 중요한 개념입니다. 성경이 말하는 세상은 단지 눈에 보이는 물질적 세계가 아닙니다. 스스로 하나님이 되어서 자신을 구원하려는 사람들과 그들이 만들어 낸 일체의 문화와 사회 조직들이 세상입니다.

예수로 인해 영생을 얻은 사람들이 하나님 나라에 들어가 하나님의 다스림 아래서 그분의 생명을 누리고 사는 삶의 터전은 여전히 세상입니다. 세상은 하나님을 받아들이지 않는 곳입니다. 예수는 자신이 있을 때는 제자들을 보호하며 다녔지만, 곧 떠날 것을 생각하니 제자들이 염려된 것입니다. 그래서 제자들을 위해 상당히 길게 기도합니다.

14절과 16절에 반복해서 나오는 표현이 있습니다. "그들은 세상에 있지만 세상에 속해 있지는 않습니다." 제자들은 어디에 속해 있을까요? 하나님의 생명인 영생에 속했고 하나님 나라에 속해 있기 때문에, 예수가 그들을 위해 기도하지 않을 수 없었습니다.

이 같은 상황은 열두 제자뿐 아니라 모든 그리스도인에게 해당합니다. 우리가 예수를 몰랐다면, 예수를 제대로 만나지 않았다면 우리는 세상의 가치관에 따라 그들이 살아가는 방식대로 살았을 것입니다. 저도 그랬을 것입니다. 그런데 예수를 알고 난 다음에는 세상에서 살기는 해도 세상에 속한 존재가 아니라 하나님께 속한 존재입니다. 하나님께 속한 삶, 하나님의 다스림을 받는 사람은 하나님에게서 오는 생명을 누리며 살므로 당연히 세상과 부딪치게 됩니다.

많은 젊은이가 제게 와서 질문합니다. "목사님, 신앙생활 하는 게 너무 힘들어요. 정말 이렇게 끝까지 힘든 건가요?" 연세 드신 어르신들은 조금 덜하지만, 같은 질문을 하는 분들도 계십니다. 그러면 저는 대답합니다. "네, 끝까지 힘듭니다." 왜냐하면 우리는 소속이 다르기 때문입니다. 다른 소속에다가, 다른 방식과 다른 가치관으로 사는데, 세상은 그렇지가 않습니다. 그러니 부딪치지 않을 수 없고, 힘들지 않을 수가 없습니다.

그런데 세상만 힘든 것이 아닙니다. 세상의 논리가 교회 안으로 들어와 교회를 파행적으로 이끌기도 합니다. 잘못된 일이 버젓이 벌어지고 있는데도 아무도 문제를 제기하지 않습니다. 왜일까요?

세상의 방식을 거부하면서 핍박받고 싶지 않기 때문입니다.

세상은 위기입니다. 우리에게는 늘 위기입니다. 세상에 속해 세상 방식으로 살기로 하지 않는 한 위기입니다. 세상에 속해 살면 세상은 우리를 '벗'이라 부릅니다. "그렇게 해야지. 세련됐네. 그게 사는 거야"라고 말해 줍니다.

하지만 예수의 말처럼 하나님께 속해서 하나님의 생명에 의지해 살려 하면 우리는 끊임없이 위기를 경험하게 됩니다. 그러니 신앙생활 하면서 세상에서 어려움을 겪는 분이 계시면 기뻐하십시오. 하나님의 자녀인 증거입니다.

제자들의 필요-하나 된 공동체

그런데 세상에 남을 제자들을 위해 예수가 색다른 기도를 합니다. 11절에서 "거룩하신 아버지, 아버지께서 내게 주신 아버지의 이름으로 그들을 지켜 주셔서." 여기까지는 이해가 됩니다. 예수는 그다음에 이상한 기도를 붙입니다. "우리가 하나인 것같이, 그들도 하나가 되게 하여 주십시오."

세상에서 위기를 겪을 제자들에게 하나가 되는 것이 왜 중요할까요? 제자들이 세상에서 위기에 빠질 것이 예상된다면 유혹과 핍박을 덜 받게 해달라거나 그것들을 피하거나 이길 지혜를 달라고 기도해야 할 것 같은데, 왜 하나가 되게 해달라는 다소 생뚱맞은 기도를 하는 것일까요?

제자들이 하나가 되어야 하는 이유는 세상에서 의지할 대상이 서로밖에 없기 때문입니다. 서로 돕지 않으면, 하나님께 속한 사람들이 서로 사랑하지 않으면 세상에서 견뎌 낼 수가 없으므로 예수는 그들의 하나 됨을 위해 기도한 것입니다. 그리스도인이 공동체로 하나 되는 것은 세상에서 생존하기 위한 필수 조건입니다.

그리스도인이 서로 사랑하고, 서로 붙잡아 주고, 서로 용납할 때만 세상과의 갈등을 견딜 수 있는 근본적 힘을 얻을 수 있습니다. 이것은 세상에서 얻는, 세상을 사는 힘과는 다른 종류의 힘입니다.

이어서 13절에서는 이렇게 기도합니다. "내가 세상에서 이것을 아뢰는 것은, 내 기쁨이 그들 속에 차고 넘치게 하려는 것입니다." 이 기쁨은 어떤 기쁨일까요? 공동체를 통해 누리는 기쁨입니다. 하나 된 공동체에 임하는 하나님의 기쁨입니다. 예수는 그 기쁨을 차고 넘치게 하려고 기도한다고 말합니다.

공동체에 기쁨이 넘치는 일이 얼마나 소중합니까? 나들목교회가 가정교회를 하는 이유도 여기에 있습니다. 적은 숫자의 공동체로 모여야 관계를 잘 맺을 수 있고, 그래야 세상 속에서 살아남고 세상에서 잘 견딜 수 있습니다. 우리는 서로가 없으면 이렇게 살아도 되는 건지, 이렇게 살면서 제대로 견딜 수 있을지를 가늠하기 어렵습니다. 선배가 있고, 동료가 있고, 따라오는 후배가 있어서 세상에서 힘이 들고 때로는 쓰러져도 다시 일어나 살아갈 수 있습니다.

악한 세력이 우리를 공격할 때 주된 공격 포인트는 하나 된 공동체를 와해시키는 것입니다. 우리가 서로를 사랑하지 않는다면, 하나가 되지 못한다면 도대체 우리는 어디 가서 세상에서의 어려운 삶을 돌파할 힘을 얻을 수 있을까요?

오늘날 수많은 사람이 교회를 떠나고 있습니다. 교회가 세상과 다르지 않다고 생각하기 때문입니다. 그들은 교회에 갈 필요를 더는 느끼지 못합니다. 하나 되게 해달라는 예수의 기도는 응답되지 않고 땅에 떨어진 것일까요? 저는 예수가 지금도 우리를 위해, 남은 제자들을 위해 기도한다고 생각합니다. "저들이 하나 되게 하소서. 하나 됨을 통해 내가 주는 기쁨을 누리게 하시고, 하나 된 공동체를 통해 깨진 세상을 견뎌 내고 이겨 내는 힘을 주시고, 영원을 향해 다 함께 걸어가게 하소서."

위기 상황에 빠진 제자들과 우리를 위해 예수가 한 기도는 놀랍게도 공동체가 하나 되게 해달라는 것이었습니다. 이것이 세상에 남겨질 제자들을 위한 그의 첫 번째 간절한 바람이었습니다.

제자들의 필요-구별된 삶

제자들을 향한 예수의 두 번째 바람은 17절에 나옵니다. "진리로 그들을 거룩하게 하여 주십시오. 아버지의 말씀은 진리입니다." 이 구절에서 '거룩하게 한다'는 말은 '구별한다'는 뜻입니다. '진리로 거룩하게 한다'는 말은 '하나님의 말씀에 힘입어 하나님을 위해 다른 종류의 삶을 산다'는 것입니다. 앞서 살펴보았듯이 그리스도인에게는 공동체로 하나 되어 서로 사랑하는 것이 꼭 필요한데, 그 하나 됨을 유지하고 강화하는 힘은 하나님의 말씀으로 우리 자신을 세상과 구별할 줄 알 때 생깁니다.

우리는 세상과 구별되는 삶을 배워야 합니다. 세상의 가치관은 우리를 향해 스멀스멀 기어들어 옵니다. 어떤 때는 무엇이 세상에서 온 것인지, 무엇이 하나님에게서 온 것인지가 구분이 안 될 정도로 섞인 상황에서 하나님의 말씀으로 그 둘을 구별해 내야 합니다. 예수는 우리의 정체성과 삶이 하나님의 진리로만 형성되기를 바랐으며, 그 바람을 담아 기도를 드렸습니다.

그러면서 놀랍게도 "아버지께서 나를 세상에 보내신 것과 같이, 나도 그들을 세상으로 보냈습니다"(18절)라고 덧붙였습니다. 제자들이 하나 되고 진리로 구별되기를 기도한 다음에, 이를 넘어서서 그들을 세상으로 보낸다고 기도한 것입니다. 예수는 우리가 사는 세상을 정확히 이해했어요. 그리스도인으로 그 속에서 사는 것이 얼마나 어렵고 힘든지를 알았습니다. 하지만 살아낼 수 있다는 것도 알았습니다. 그래서 제자들이 하나 되어 서로 사랑하고, 진리로 거룩해져서 세상과 구별된 다음에는, 그들을 다시 세상으로 보냅니다.

세상에 속하라고 보내는 것이 아니라, 예수가 세상을 회복하고 치유했듯이 그들도 깨지고 상한 세상을 회복하고 치유하라고 보내는 것입니다. 그러니까 세상을 치유하고 회복하는 역할을 하려면 반드시 하나 된 공동체에서 서로 사랑하며 진리로 구별된 삶을 배우고 익히는 과정이 전제되어야 합니다. 그럴 때라야 예수가 그들을 보낼 수 있습니다. 그 과정을 거치지 않으면, 치유하고 회복하는 역할을 한다면서 도리어 싸우기만 할 수 있습니다.

가령 잘못된 권력이나 정의롭지 않은 상황에 비폭력시위로 맞서는 분들도 계십니다. 그러다가도 저쪽에서 때리면 이쪽도 화가 나서 같이 때립니다. 그러면 상황은 종료되는 것입니다. 악을 선으로 이길 준비가 되어 있어야 합니다. 사회 참여에 관심 있는 그리스도인들 중에는 아직 준비가 덜 된 상태에서 개인적 분노와 사회적 분노가 섞여서 터져 나오는 경우가 있습니다. 그러면 더 많은 사람에게 상처를 입히고 상하게 합니다. 그래서 예수는 하나 되고 구별된 다음에 세상으로 보낸다는 기도를 합니다.

하나님은 우리를 세상으로 침투시키기를 원하십니다. 그렇다고 우리가 완전해진 다음에 보내신다는 뜻은 아닙니다. 하지만 적어도 공동체가 사랑으로 연대하고 있고, 말씀으로 구별되어 준비되었을 때 세상을 향해 침투할 수 있습니다. 이것이 제자들을 위한 예수의 기도입니다.

모든 제자를 위한 기도

다음은 열두 제자뿐만 아니라 이후에 등장할 모든 제자를 위해 예수가 기도한 내용입니다.

[20] "나는 이 사람들을 위해서만 비는 것이 아니고, 이 사람들의 말을 듣고 나를 믿는 사람들을 위해서도 빕니다. [21] 아버지, 아버지께서 내 안에 계시고, 내가 아버지 안에 있는 것과 같이, 그들도 하나가 되어서 우리 안에 있게 하여 주십시오. 그래서 아버지께서 나를 보내셨다는 것을, 세상이 믿게 하여 주십시오. [22] 나는 아버지께서 내게 주신 영광을 그들에게 주었습니다. 그것은, 우리가 하나인 것과 같이, 그들도 하나가 되게 하려는 것입니다. [23] 내가 그들 안에 있고, 아버지께서 내 안에 계신 것은, 그들이 완전히 하나가 되게 하려는 것입니다. 그것은 또, 아버지께서 나를 보내셨다는 것과, 아버지께서 나를 사랑하신 것과 같이 그들도 사랑하셨다는 것을, 세상이 알게 하려는 것입니다. [24] 아버지, 아버지께서 내게 주신 사람들도, 내가 있는 곳에 나와 함께 있게 하여 주시고, 창세전부터 아버지께서 나를 사랑하셔서 내게 주신 내 영광을, 그들도 보게 하여 주시기를 빕니다. [25] 의로우신 아버지, 세상은 아버지를 알지 못하였으나, 나는 아버지를 알았으며, 이 사람들도 아버지께서 나를 보내신 것을 알고 있습니다. [26] 나는 이미 그들에게 아버지의 이름을 알렸으며, 앞으로도 알리겠습니다. 그것은, 아버지께서 나를 사랑하신 그 사랑이 그들 안에 있게 하고, 나도 그들 안에 있게 하려는 것입니다."

예수는 우리를 포함해서 예수를 믿는 모든 제자를 위해 기도합니다. 당시에 어떻게 이런 기도를 할 수 있었는지 참 놀랍습니다.

제자들의 사명

21절에서는 앞에서 제자들을 위해 기도했던 내용이 다시 나옵니다. "아버지, 아버지께서 내 안에 계시고, 내가 아버지 안에 있는 것과 같이, 그들도 하나가 되어서 우리 안에 있게 하여 주십시오." 적대적 환경인 세상 속에서 사랑으로 하나 되는 공동체가 제일 중요한 사명입니다.

그런데 놀랍게도 그다음에 어떤 일이 벌어진다고 이야기합니까? "그래서 아버지께서 나를 보내셨다는 것을, 세상이 믿게 하여 주십시오." 전도와 선교가 이루어진다고 말합니다. 전도와 선교에서는 전하는 말도 중요하고, 여러 프로그램도 중요하고, 재정적 지원도 당연히 필요합니다. 하지만 가장 중요한 것은 증언하는 사람들의 공동체입니다. 사랑으로 하나 된 공동체가 있어야 사람들이 그 모습을 보고, '저 사람들은 도대체 뭐지? 어떻게 저렇게 살 수 있지? 자기네들이 믿는 대로 진짜 살려고 하네. 그러면 그들이 믿는 하나님이 정말 있는 것 아냐?' 하고 하나님에 관해 관심을 보입니다. 슬프게도 오늘날 한국 교회의 현실과는 너무 다릅니다. 이것이 우리 가슴을 아프게 합니다.

세상 사람들은 교회를 보고 하나님을 믿게 됩니다. 교회가 사랑의 공동체는커녕 세상의 조직보다도 못한 모습을 보이면 그들은 하나님을 믿지 않을 뿐 아니라 하나님을 배척하고 조롱합니다. 그것은 그들의 잘못이 아니라 우리의 잘못입니다. 그래서 예수는 제일 중요한 사명이 '사랑으로 먼저 하나 되는 것'이라고 이야기합니다.

지난 장에서는 예수가 우리에게 알려 주기 원했던 사랑을 살펴봤습니다. 예수는 성육신해서, 광야에 있는 우리를 구원하고, 이를 위해 십자가에서 대가를 치렀습니다. 예수가 제자들을 사랑한 것같이 우리가 서로를 사랑하기를 원했습니다. 이번 장의 성경 구절에서도 예수는 아버지와 자신이 하나 된 것처럼, 우리가 하나 되기를 바랍니다.

이어서 22절에서는 "나는 아버지께서 내게 주신 영광을 그들에게 주었습니다. 그것은, 우리가 하나인 것과 같이, 그들도 하나가 되게 하려는 것입니다"라고 말합니다. 우리는 하나님의 영광을 가지고 있습니다. '하나님의 영광'이란 '하나님의 계신 그대로의 모습'을 뜻합니다. 그런데 우리가 그분을 의지하고, 그런 사람들이 모이면 자연스레 하나가 됩니다. 그러니까 모든 사람을 하나로 엮는 것은 바로 우리 가운데 계신 하나님 자신입니다.

우리 모두에게는 하나님이 있습니다. 그 하나님은 우리의 주인이십니다. 주인이 아닌 하나님은 하나님이 아닙니다. 우리 마음에 하나님이 주인으로 계시면 우리는 하나가 될 수 있습니다. 하나님의 하나님 되심을 인정할 때 그리스도인은 하나가 될 수밖에 없습니다.

그런데 왜 사람들은 하나가 되지 못하나요? 하나님 대신에 자신이 하나님 노릇을 하기 때문입니다. 사람들 사이에서 갈등이 왜 풀리지 않을까요? 둘 중 하나가, 아니면 둘 다 하나님이 되려 하기 때문입니다. 그런데 하나님을 하나님으로 여기면, 다시 말해 우리 가운데 있는 하나님의 영광을 그대로 받아들이고 인정하면 우리가 하나가 됩니다. 이것은 놀라운 사실입니다.

심각한 문제를 겪어서 완전히 깨진 부부 관계도 부부가 각자 하나님 앞에 설 때, 그래서 하나님의 뜻을 따르려고 할 때 불가능해 보이는 문제들이 해결되고 부부 관계가 건강해집니다. 반대로 사회적으로도 성공하고, 가진 것도 많고, 신앙까지 좋다고 할지라도 갈라서는 부부를 보면 둘 중 하나가 또는 둘 다 끝까지 하나님이 되려다 깨어진 것임을 알 수 있습니다.

여러분, 하나님은 우리에게 영광을 주셨습니다. 우리는 하나님을 하나님으로 섬길 수 있습니다. 그러면 우리는 하나가 됩니다. 저는 한국의 많은 교회가 서로 사랑하는 모습을 회복해서 세상의 사람들이 그 모습을 보고 '아, 하나님이 정말 살아 계시는구나!' 하고 깨닫는 날이 오면 좋겠습니다.

제자들의 소망

예수는 이들의 사명을 위해 기도한 다음에, 마지막으로 이들이 가져야 할 소망에 대해 말합니다. 24절에서 "내가 있는 곳에 나와 함께 있게 하여 주시고"라고 기도합니다. 장소적 개념으로 말하고 있는데, 이것은 우리가 완벽한 영생을 누릴 때, 온전히 하나님 나라가 임할 때 경험하게 될 그 무엇입니다. 요한계시록은 그곳을

'새 예루살렘성'이라고 표현하는데, 예수가 있는 그곳이 있습니다. 요한복음 14장에서 예수는 "내가 너희들이 거할 처소를 마련하기 위해서 간다"고 말했습니다. "나를 믿는 모든 사람이 그곳에 있게 해주십시오. 그것을 소망하게 해주십시오"라고 기도한 것입니다.

예수는 이어서 "창세전부터 아버지께서 나를 사랑하셔서 내게 주신 내 영광을, 그들도 보게 하여 주시기를 빕니다"라고 기도합니다. 원래 있었던 하나님의 놀라운 영광을 그들도 맛보게 해달라는 것입니다. 그리고 25-26절에서는 "이 사람들도 아버지께서 나를 보내신 것을 알고 있습니다. 나는 이미 그들에게 아버지의 이름을 알렸으며, 앞으로도 알리겠습니다"라고 기도합니다. 예수는 이들이 하나님을 알았으나 앞으로도 계속 알아 가게 할 것이라고 말합니다. 더 나아가 하나님의 놀라운 사랑이 이들 공동체에 있게 하고, 궁극적으로 예수 자신이 이들 가운데 있겠다고 이야기합니다.

이것을 아주 짧게 요약한다면, '종말론적 영성'이라고 할 수 있습니다. 현대어로 말하면 "마지막 날 완벽하게 임할 영생을 바라보면서, 현재의 삶에서도 그 영생이 점점 더욱더 깊어지게 해주십시오"라고 기도한 것입니다.

이런 기도를 드릴 수 있는 이유

어떠신지요? 예수의 기도가 쉽지는 않습니다. 그리고 우리가 하는 기도와는 참 다릅니다. 예수의 기도를 보면 예수가 어떤 분인지 나타납니다.

하나님 아버지와의 관계

예수는 요한복음에서만 '아버지'라는 단어를 130회 정도 사용했습니다. 이번 장에서 읽은 요한복음 17장만 해도 '파텔'(πάτερ)이라는 단어가 6회(1, 5, 11, 21, 24, 25절) 나옵니다. 그리고 '아버지'를 칭하는 2인칭 대명사가 16회 나옵니다. 우리말에서는 아버지를 높여 이르는 2인칭이 없습니다. 아버지에게 '당신'이라고 하면 큰일 납니다. 그래서 상대를 높여 부를 때 주로 직함을 사용합니다. 제 어머니도 교회에서 저와 함께 있을 때 저를 '목사님'이라고 칭하십니다. 이처럼 우리말 번역에 한계가 있어서 다소 명확하지 않지만, 예수가 17장에서 하나님을 아버지라고 지칭하는 말은 총 22회 등장합니다.

여러분은 이것이 이상하지 않을지 모르지만, 당시 이스라엘의 랍비 문헌에 이런 기도는 없습니다. 하나님을 아버지라고 친근하게 부르는 기도는 없습니다. '파텔'이라는 단어는 우리말의 '아빠'처럼 굉장히 친근하게 부르는 말입니다. 예수와 하나님은 그런 관계입니다. 그뿐만 아니라 예수는 하나님이 자신에게 권세를 주셨으며(2절), 말씀도 주셨고(3절), 심지어 아버지의 것이 내 것(10절)이라고 말합니다. 급기야 하나님과 자신은 하나이며(11절), 아버지가 내 안에, 내가 아버지 안에 있다(21절)고 말합니다. 예수의 기도에는 예수와 하나님의 관계가 아주 친밀하다는 것이 반복해서 나타납니다.

영광

이번 장에 읽은 성경 구절에 또 많이 나오는 단어가 '영광'입니다. 동사형(δοξ.ζω)으로 5회(1절에 2회, 4, 5, 10절에 1회), 명사형(δ.ξα:)으로 3회(5, 22, 24절) 등장합니다. 예수는 아버지의 아들을 영광되게 하셔서(아들의 원래 모습을 회복하셔서) 사명을 감당함으로 아들이 아버지께 영광을 돌리게(아버지의 아버지 되심이 드러나게) 해달라고 기도합니다. '아버지의 영광', '나의 영광', '아버지가 내게 주신 영광', '내가 아버지께 돌릴 영광'이라는 표현을 거듭 쓰면서 하나님 아버지와의 매우 친밀한 관계를 드러냅니다.

예수는 누구인가

여러분은 이러한 예수를 누구라고 생각하십니까? 이렇게 기도할 수 있는 사람이 누구일까요? 요한복음 17장을 보면, 예수는 결코 성인이 될 수 없습니다. 하나님과 정말 친밀하고, 심지어 하나인 이 예수는 도대체 누구입니까? 학자들은 예수를 액면 그대로 받아들이기 어려워서 진짜 예수는 어떠했을까를 찾으려 끊임없이 애를 썼습니다. 이를 '역사적 예수' 연구라고 합니다.

여러분도 잘 아시는 알버트 슈바이처(Albert Schweitzer)는 저명한 신학자이기도 합니다. 그가 쓴 책 중에 신학계에 이정표가 될 만한 책이 『역사적 예수의 탐구』(The Quest of the Historical Jesus)입니다. 이 책에서 슈바이처 박사는 예수를 열광적 종말론자로 봅니다. 그에 따르면, 예수는 하나님이 자기와 함께하신다는 것을 정말 믿었고 하나님 나라가 임한다고 생각했습니다. 하지만 그 나라가 빨리 임하지 않자 예수 자신이 순교자처럼 죽으면 하나님 나라가 임할 것이라고 판단해 십자가에 매달립니다. 그래서 슈바이처가 보기에 예수는 종말론적 열광주의자입니다. 슈바이처는 이런 취지로 글을 남겼습니다. "그는 역사의 수레바퀴를 돌리기 위해 자신의 몸을 역사의 수레바퀴에 던졌다. 그러나 역사의 수레바퀴는 그의 시체를 매단 채 그냥 돌았다." 결국 실패했다는 것이지요.

여러분도 그렇게 생각하십니까? 슈바이처 이후로 수많은 사람이 예수가 어떤 존재인지를 규명하려고 애를 썼습니다. 예수가 말한 그대로, 하나님과 동등하며 하나님이 보내셨고 하나님과 하나라는 이야기는 받아들이기 어려웠던 것입니다. 그래서 지금까지 수많은 학자가 예수를 재해석하고, 재해석하고, 재해석합니다. 성경의 증언을 받아들일 수 없기 때문입니다. 액면 그대로 받아들이기에는 너무나 크고 무겁기 때문입니다.

예수에게서 배우는 기도

여러분에게 예수는 어떤 분입니까? 어쩌면 슈바이처는 오히려 정직했는지 모릅니다. "예수는 종말론적 열광주의자다." 그는 예수를 성인으로 보지 않았습니다. 위대한 지도자로 보지도 않았습니다. 여러분은 예수를 어떻게 보십니까? 만약 여러분이 예수를 예수 자신이 말한 그대로 받아들인다면 예수에게 배워야 할 기도가 있습니다.

세상 속에서 제자들의 삶

먼저, 우리는 '세상 속에서 제자들이 어떻게 살 것인지'를 놓고 기도해야 합니다. 우리는 세상에 속하지 않았기 때문에 어려움을 겪는 것이 너무나 당연합니다. 그래서 끊임없이 같이 기도해야 합니다. 교회 공동체에서 삶을 나눌 때도 일반 사람들이 겪는 고통에 더해서 하나님의 뜻대로 살려다가 부닥치는 어려움을 이야기해야 합니다. 만약 후자에 관한 나눔 없이 전자만 이야기를 나눈다면 세속에 물들지 않았는지 자신을 돌아봐야 합니다. 어쩌면 세속에 이미 점령당했는지도 모릅니다. 하나님의 공동체 안에 세상의 요소들에 관한 이야기만 가득하다면 부끄러워해야 합니다. 우리의 하나 됨을 깨는 것입니다.

교회 공동체가 건강하게 하나 되고 구성원이 서로를 사랑하는 이유는 세상에서 어떻게 살아낼지, 하나님의 백성으로 어떻게 살지를 함께 고민하기 때문입니다. 우리는 이를 위해 끊임없이 기도해야 합니다.

공동체 속에서 제자들의 삶

다음으로, 우리가 배워야 할 기도는 '공동체 안에서 제자들이 어떻게 살 것인지'에 관한 것입니다. 우리는 선교와 사역의 주춧돌인 공동체의 하나 됨을 늘 염두에 두어야 합니다. 이를 위해 기도해야 합니다.

교회 안에서도 관계 맺는 일에 미숙해서 자존심 때문에 하나 되지 못하는 사람이 있습니다. 어려서 그렇습니다. 신앙생활을 아무리 오래 했어도 자존심을 내세우고 주님보다 높이 올라간 사람은 신앙이 어린 사람입니다. 기도를 많이 하고, 성경을 많이 알고, 신학교를 나와서 신학 지식이 많아도 마찬가지입니다. 자신의 자존심이 하나님의 영광보다 위에 올라간 사람은 공동체의 하나 됨을 지킬 수 없습니다. 그 자존심을 내려놓는 법을 배우는 것이 하나님이 우리 가운데 두신 하나님의 영광을 받아들이는 사람의 모습입니다.

주님 안에서 제자들의 삶

마지막으로, '주님 안에서 어떻게 영성을 깊게 할 것인지'를 놓고 기도해야 합니다. 우리는 하나님을 지속해서 알아 가야 합니다. 예수가 계속해서 알려 주겠다고 말했습니다. 영원한 처소에 대한 기대가 우리에게 있습니까? 완전하게 회복될 그날에 대한 소망이 있어야 합니다.

최근에 제가 만난 한 형제에게는 지적장애가 있는 아이가 있습니다. 그는 아이를 위해 많은 시간을 들여야 합니다. 자신이 하고 싶은 일을 많이 접을 수밖에 없었습니다. 신앙이 깊은 친구인데, 하루는 이렇게 이야기했습니다. "형, 저는 하나님이 모든 것을 회복하시는 그날, 우리 아들이 이 족쇄와 같은 장애에서 벗어날 것을 기대하고 있습니다. 그날을 간절히 사모하며 오늘도 제가 씩씩하게 잘 살게 기도해 주세요."

여러분, 우리 인생에 족쇄와 같은 장애나 고통이 있지 않습니까? 그것들을 완전하게 치유하고 회복하는 예수가 있는 곳에 우리가 함께할 것입니다. 그것을 바라보고 그의 생명을 오늘 삶의 현장에서 누리며 살아가는 것이 우리의 삶입니다.

나의 기도는 내가 믿는 하나님을 반영한다

이번 장에서는 예수의 기도가 어떠했는지를 살펴보았습니다. 그러면서 이런 기도를 드릴 수 있는 분이 누구인지에 대해 질문을 드렸습니다. 여러분, 여러분에게 이 예수는 누구입니까? 만약 여러분이 성경에서 증언하는 그대로의 예수를 받아들인다면, 여러분은 예수의 기도를 따라 기도하는 것을 배우고 그렇게 기도하기 시작할 것입니다.

요한복음 17장은 초대교회 성도들이 모여서 기도할 때 많이 참고하고, 인용하고, 또는 외웠을 기도문이라 여겨집니다. 우리의 기도는 우리 자신입니다. 기도는 내가 믿는 하나님을 반영합니다. 그러므로 이 책을 읽고 있는 모든 분이 더욱 깊어지는 영성으로 하나님의 생명을 누리고, 하나님의 기쁨과 사랑과 임재가 가득한 삶을 추구하며 살기를 간절히 소원합니다.

+ 함께 생각하기

1. 나는 언제, 어떻게 기도하는가? 기도 내용(나 자신, 사람들, 하나님과의 관계)은 무엇인가? 나의 기도를 통해서 본다면 나는 어떤 사람인가?

2. 나는 나 자신의 사명을 위해 어떤 기도를 드리고 있는가? 또한 드려야 하겠는가?

3. 나는 세상에 속하지 않은 예수의 제자로 살기 위해서 어떻게 기도를 드리는가? 또한 드려야 하겠는가?

4. 우리 공동체는 제자 공동체가 되기 위해서 어떤 기도를 드려야 하겠는가?

우리를 위해서
기도하시는 예수

요 17:1–26

¹ 예수께서 이 말씀을 마치시고, 눈을 들어 하늘을 우러러보시고 말씀하셨다. "아버지, 때가 왔습니다. 아버지의 아들을 영광되게 해서, 아들이 아버지께 영광을 돌리게 하여 주십시오. ² 아버지께서는 아들에게 모든 사람을 다스리는 권세를 주셨습니다. 그것은 아들로 하여금 아버지께서 그에게 주신 모든 사람에게 영생을 주게 하려는 것입니다. ³ 영생은 오직 한 분이신 참 하나님을 알고, 또 아버지께서 보내신 예수 그리스도를 아는 것입니다. ⁴ 나는 아버지께서 내게 하라고 맡기신 일을 완성하여, 땅에서 아버지께 영광을 돌렸습니다. ⁵ 아버지, 창세 전에 내가 아버지와 함께 누리던 그 영광으로, 나를 아버지 앞에서 영광되게 하여 주십시오. ⁶ 나는, 아버지께서 세상에서 택하셔서 내게 주신 사람들에게 아버지의 이름을 드러냈습니다. 그들은 본래 아버지의 사람들인데, 아버지께서 그들을 나에게 주셨습니다. 그들은 아버지의 말씀을 지켰습니다. ⁷ 지금 그들은, 아버지께서 내게 주신 모든 것이, 아버지께로부터 온 것임을 알고 있습니다. ⁸ 나는 아버지께서 내게 주신 말씀을 그들에게 주었습니다. 그들은 그 말씀을 받아들였으며, 내가 아버지께로부터 온 것을 참으로 알았고, 또 아버지께서 나를 보내

신 것을 믿었습니다. [9] 나는 그들을 위하여 빕니다. 나는 세상을 위하여 비는 것이 아니고, 아버지께서 내게 주신 사람들을 위하여 빕니다. 그들은 모두 아버지의 사람들입니다. [10] 나의 것은 모두 아버지의 것이고, 아버지의 것은 모두 나의 것입니다. 나는 그들로 말미암아 영광을 받았습니다. [11] 나는 이제 더 이상 세상에 있지 않으나, 그들은 세상에 있습니다. 나는 아버지께로 갑니다. 거룩하신 아버지, 아버지께서 내게 주신 아버지의 이름으로 그들을 지켜 주셔서, 우리가 하나인 것 같이, 그들도 하나가 되게 하여 주십시오. [12] 내가 그들과 함께 지내는 동안은, 아버지께서 내게 주신 아버지의 이름으로 그들을 지키고 보호하였습니다. 그러므로 그들 가운데서는 한 사람도 잃지 않았습니다. 다만, 멸망의 자식만 잃은 것은 성경 말씀을 이루기 위함이었습니다. [13] 이제 나는 아버지께로 갑니다. 내가 세상에서 이것을 아뢰는 것은, 내 기쁨이 그들 속에 차고 넘치게 하려는 것입니다. [14] 나는 그들에게 아버지의 말씀을 주었는데, 세상은 그들을 미워하였습니다. 그것은, 내가 세상에 속하여 있지 않은 것과 같이, 그들도 세상에 속하여 있지 않기 때문입니다. [15] 내가 아버지께 비는 것은, 그들을 세상에서 데려가시는 것이 아니라, 악한 자에게서 그들을 지켜 주시는 것입니다. [16] 내가 세상에 속하지 않은 것과 같이, 그들도 세상에 속하지 않았습니다. [17] 진리로 그들을 거룩하게 하여 주십시오. 아버지의 말씀은 진리입니다. [18] 아버지께서 나를 세상에 보내신 것과 같이, 나도 그들을 세상으로 보냈습니다. [19] 그리고 내가 그들을 위하여 나를 거룩하게 하는 것은, 그들도 진리로 거룩하게 하려는 것입니다. [20] 나는 이 사람들을 위해서만 비는 것이 아니고, 이 사람들의 말을 듣고 나를 믿는 사람들을 위해서도 빕니다. [21] 아버지, 아버지께서 내 안에 계시고, 내가 아버지 안에 있는 것과 같이, 그들도 하나가 되어서 우리 안에 있게 하여 주십시오. 그래서 아버지께서 나를 보내셨다는 것을, 세상이 믿게 하여 주십시오. [22] 나는 아버지께서 내게 주신 영광을 그들에게 주었습니다. 그것은, 우리가 하나인 것과 같이, 그들도 하나가 되게 하려는 것입니다. [23] 내가 그들 안에 있고, 아버지께서 내 안에 계신 것은, 그들이 완전히 하나가 되게 하려는 것입니다. 그것은 또, 아버지께서 나를 보내셨다는 것과, 아버지께서 나를 사랑하신 것과 같이 그들도 사랑하셨다는 것을, 세상이 알게 하려는 것입니다. [24] 아버지, 아버지께서 내게 주신 사람들도, 내가 있는 곳에 나와 함께 있게 하여 주시고, 창세전부터 아버지께서 나를 사랑하셔서 내게 주신 내 영광을, 그들도 보게 하여 주시기를 빕니다. [25] 의로우신 아버지, 세상은 아버지를 알지 못하였으나, 나는 아버지를 알았으며, 이 사람들도 아버지께서 나를 보내신 것을 알고 있습니다. [26] 나는 이미 그들에게 아버지의 이름을 알렸으며, 앞으로도 알리겠습니다. 그것은, 아버지께서 나를 사랑하신 그 사랑이 그들 안에 있게 하고, 나도 그들 안에 있게 하려는 것입니다."

※ 아버지의 이름(6, 11, 12, 26절): 이름은 그 존재의 인격과 행위 전체를 대변하는 것이다. '아버지의 이름'은 '아버지가 어떤 분이시고 무엇을 하시는 분인지'라고 풀어서 말할 수 있다.

종교가 있건 없건 사람들은 소망이 있습니다. 소망하는 바를 보면 그가 어떤 사람인지 알 수 있습니다. 인간의 소망은 종교적으로는 기도로 표현됩니다. 어떤 사람이 기도하는 내용을 보면 그 사람의 가치관과 그가 누구인지를 알 수 있습니다. 기도는 그 사람의 깊은 갈망을 보여 주고, 그 갈망은 그 사람의 정체성과 사명감에 뿌리를 내리고 있기 때문입니다.

여기 예수의 긴 기도문이 나옵니다. 그가 마지막으로 자신과 제자들과 세상을 위해 드린 기도입니다. 예수의 마음속에 있는 간절한 소망은 무엇입니까? 무엇을 염려하고, 무엇을 하나님께 요청하고 있습니까? 도대체 이런 기도를 드릴 수 있는 분은 어떤 존재입니까? 예수의 긴 기도문만큼 예수가 누구인지를 잘 보여 주는 것은 없을 것입니다.

1. 예수는 자신의 사명에 대해 무엇이라고 하는가? (1-5절)

    _____
    _____
    _____

2. 예수는 자기 제자들을 위해 기도하고 있다. 자신이 그들을 위해 무엇을 했다고 말하며, 죽음을 앞둔 기도의 주요 내용은 무엇인가? (6-19절)

    _____
    _____
    _____

3. 자기 제자들과 자신의 정체감과 소속에 대해 예수는 어떻게 생각하는가? (14-19절)

4. 예수는 자신의 제자들을 통해 예수를 믿게 될 사람들, 곧 그리스도인들을 위해 기도를 드렸다. 기도 내용은 무엇인가? (20-26절)

5. 이 본문에 그려진 예수가 오늘날 나에게는 어떻게 다가오는가?

26 DAY 묵상

예수는 우리에게
하나님이 어떤 분이신지를 알려 주십니다.

죽음의 길을 마다하지 않으시는 예수

요 18:1-27

¹ 예수께서 이 말씀을 하신 뒤에, 제자들과 함께 기드론 골짜기 건너편으로 가셨다. 거기에는 동산이 하나 있었는데, 예수와 그 제자들이 거기에 들어가셨다. ² 예수가 그 제자들과 함께 거기서 여러 번 모이셨으므로, 예수를 넘겨줄 유다도 그곳을 알고 있었다. ³ 유다는 로마 군대 병정들과, 제사장들과 바리새파 사람들이 보낸 성전 경비병들을 데리고 그리로 갔다. 그들은 등불과 횃불과 무기를 들고 있었다. ⁴ 예수께서는 자기에게 닥쳐올 일을 모두 아시고, 앞으로 나서서 그들에게 물으셨다. "너희는 누구를 찾느냐?" ⁵ 그들이 대답하였다. "나사렛 사람 예수요." 예수께서 그들에게 말씀하셨다. "내가 그 사람이다." 예수를 넘겨줄 유다도 그들과 함께 서 있었다. ⁶ 예수께서 그들에게 "내가 그 사람이다" 하고 말씀하시니, 그들은 뒤로 물러나서 땅에 쓰러졌다. ⁷ 다시 예수께서 그들에게 물으셨다. "너희는 누구를 찾느냐?" 그들이 대답하였다. "나사렛 사람 예수요." ⁸ 예수께서 말씀하셨다. "내가 그 사람이라고 너희에게 이미 말하였다. 너희가 나를 찾거든, 이 사람들은 물러가게 하여라." ⁹ 이렇게 말씀하신 것은, 예수께서 전에 '아버지께서 나에게 주신 사람을, 나는 한 사람도 잃지 않았습니다' 하신 그 말씀

을 이루게 하시려는 것이었다. [10] 시몬 베드로가 칼을 가지고 있었는데, 그는 그것을 빼어 대제사장의 종을 쳐서, 오른쪽 귀를 잘라 버렸다. 그 종의 이름은 말고였다. [11] 그때에 예수께서 베드로에게 말씀하셨다. "그 칼을 칼집에 꽂아라. 아버지께서 나에게 주신 이 잔을, 내가 어찌 마시지 않겠느냐?" [12] 로마 군대 병정들과 그 부대장과 유대 사람들의 성전 경비병들이 예수를 잡아 묶어서 [13] 먼저 안나스에게로 끌고 갔다. 안나스는 그해의 대제사장인 가야바의 장인인데, [14] 가야바는 '한 사람이 온 백성을 위하여 죽는 것이 유익하다'고 유대 사람에게 조언한 사람이다. [15] 시몬 베드로와 또 다른 제자 한 사람이 예수를 따라갔다. 그 제자는 대제사장과 잘 아는 사이라서, 예수를 따라 대제사장의 집 안뜰에까지 들어갔다. [16] 그러나 베드로는 대문 밖에 서 있었다. 그런데 대제사장과 잘 아는 사이인 그 다른 제자가 나와서, 문지기 하녀에게 말하고, 베드로를 데리고 들어갔다. [17] 그때에 문지기 하녀가 베드로에게 말하였다. "당신도 이 사람의 제자 가운데 한 사람이지요?" 베드로는 "아니오" 하고 대답하였다. [18] 날이 추워서, 종들과 경비병들이 숯불을 피워 놓고 서서 불을 쬐고 있는데, 베드로도 그들과 함께 서서 불을 쬐고 있었다. [19] 대제사장은 예수께 그의 제자들과 그의 가르침에 관하여 물었다. [20] 예수께서 대답하셨다. "나는 드러내 놓고 세상에 말하였소. 나는 언제나 모든 유대 사람이 모이는 회당과 성전에서 가르쳤으며, 아무것도 숨어서 말한 것이 없소. [21] 그런데 어찌하여 나에게 묻소? 내가 무슨 말을 하였는지를, 들은 사람들에게 물어보시오. 내가 말한 것을 그들이 알고 있소." [22] 예수께서 이렇게 말씀하시니, 경비병 한 사람이 곁에 서 있다가 "대제사장에게 그게 무슨 대답이냐?" 하면서, 손바닥으로 예수를 때렸다. [23] 예수께서 그 사람에게 말씀하셨다. "내가 한 말에 잘못이 있으면, 잘못되었다는 증거를 대시오. 그러나 내가 한 말이 옳다면, 어찌하여 나를 때리시오?" [24] 안나스는 예수를 묶은 그대로 대제사장 가야바에게로 보냈다. [25] 시몬 베드로는 서서, 불을 쬐고 있었다. 사람들이 그에게 물었다. "당신도 그의 제자 가운데 한 사람이지요?" 베드로가 부인하여 "나는 아니오!" 하고 말하였다. [26] 베드로에게 귀를 잘린 사람의 친척으로서, 대제사장의 종 가운데 한 사람이 베드로에게 말하였다. "당신이 동산에서 그와 함께 있는 것을 내가 보았는데 그러시오?" [27] 베드로가 다시 부인하였다. 그러자 곧 닭이 울었다.

인생을 살다 보면 위기의 순간을 맞습니다. 그때 어떻게 생각하고, 어떤 자세로 무엇을 하는지를 보면 그 사람의 실체가 드러납니다. 유다는 스승을 밀고하고 배반하는 결정적인 순간을 맞았습니다. 베드로는 이런 와중에 격렬하게 반항하지만, 곧 약함과 비겁함을 반복해서 드러냈습니다.

예수는 자신을 잡으러 온 사람들에게도, 폭력으로 반응하는 베드로에게도, 심문하는 대제사장에게도 의연하게 자신을 지키며 자기 뜻을 밝혔습니다. 예수는 체포 과정과 대제사장의 심문 과정에 별다른 반항이나 장황한 자기변호를 하지 않았습니다. 이 상황을 이미 예견했다는 듯이 의연하게 말하고 행동했습니다. 자신이 '세상 죄를 지고 가는 어린 양'(1:29)으로서 자신의 살과 피를 사람들에게 주려고 왔다는 것(6:54)을 세상에 드러내기 시작한 것입니다.

1. 예수는 자신을 체포하러 온 사람들에게 어떻게 반응하고 누구를 염려하는가? (1-9절)

2. 베드로는 이 상황에서 어떤 반응을 보이고, 예수는 무엇이라 하는가? (10-11절)

3. 대제사장의 심문에 예수는 간단하게 답변한다. 자신을 변호하고 무리한 체포에 적극적으로 항의하는 것으로 보이는가? 아니라면 그 이유가 무엇이라고 추측할 수 있는가? (19-24절)

4. 베드로는 극렬했던 반응과 달리, 반복해서 예수를 부인한다. 당신은 베드로의 마음이 이해가 되는가? (15-18, 25-27절)

---

5. 이 본문에 그려진 예수가 오늘날 나에게는 어떻게 다가오는가?

---

27 DAY 묵상

예수는 세상 죄를 지고 가는 어린 양이십니다.

온갖 고초와 불의를
견뎌 내시는 예수

요 18:28-19:16

²⁸ 사람들이 가야바의 집에서 총독 관저로 예수를 끌고 갔다. 때는 이른 아침이었다. 그들은 몸을 더럽히지 않고 유월절 음식을 먹기 위하여 관저 안에는 들어가지 않았다. ²⁹ 빌라도가 그들에게 나와서 "당신들은 이 사람을 무슨 일로 고발하는 거요?" 하고 물었다. ³⁰ 그들이 빌라도에게 대답하였다. "이 사람이 악한 일을 하는 사람이 아니라면, 우리가 총독님께 넘기지 않았을 것입니다." ³¹ 빌라도가 그들에게 말하였다. "그를 데리고 가서, 당신들의 법대로 재판하시오." 유대 사람들이 "우리는 사람을 죽일 권한이 없습니다" 하고 대답하였다. ³² 이렇게 하여, 예수께서 자기가 어떠한 죽음으로 죽을 것인가를 암시하여 주신 말씀이 이루어졌다. ³³ 빌라도가 다시 관저 안으로 들어가, 예수를 불러내서 물었다. "당신이 유대 사람들의 왕이오?" ³⁴ 예수께서 대답하셨다. "당신이 하는 그 말은 당신의 생각에서 나온 말이오? 그렇지 않으면, 나에 관하여 다른 사람들이 말하여 준 것이오?" ³⁵ 빌라도가 말하였다. "내가 유대 사람이란 말이오? 당신의 동족과 대제사장들이 당신을 나에게 넘겨주었소. 당신은 무슨 일을 하였소?" ³⁶ 예수께서 대답하셨다. "내 나라는 이 세상에 속한 것이 아니오. 나의 나라가 세상에 속한 것

이라면, 나의 부하들이 싸워서, 나를 유대 사람들의 손에 넘어가지 않게 하였을 것이오. 그러나 사실로 내 나라는 이 세상에 속한 것이 아니오." [37] 빌라도가 예수께 물었다. "그러면 당신은 왕이오?" 예수께서 대답하셨다. "당신이 말한 대로 나는 왕이오. 나는 진리를 증언하기 위하여 태어났으며, 진리를 증언하기 위하여 세상에 왔소. 진리에 속한 사람은, 누구나 내가 하는 말을 듣소." [38] 빌라도가 예수께 "진리가 무엇이오?" 하고 물었다. 빌라도는 이 말을 하고, 다시 유대 사람들에게로 나아와서 말하였다. "나는 그에게서 아무 죄도 찾지 못하였소. [39] 유월절에는 내가 여러분에게 죄수 한 사람을 놓아 주는 관례가 있소. 그러니 유대 사람들의 왕을 놓아 주는 것이 어떻겠소?" [40] 그들은 다시 큰 소리로 "그 사람이 아니오. 바라바를 놓아 주시오" 하고 외쳤다. 바라바는 강도였다.

19장

[1] 그때에 빌라도는 예수를 데려다가 채찍으로 쳤다. [2] 병정들은 가시나무로 왕관을 엮어서 예수의 머리에 씌우고, 자색 옷을 입힌 뒤에, [3] 예수 앞으로 나와서 "유대인의 왕 만세!" 하고 소리치고, 손바닥으로 얼굴을 때렸다. [4] 그때에 빌라도가 다시 바깥으로 나와서, 유대 사람들에게 말하였다. "보시오, 내가 그 사람을 당신들 앞에 데려오겠소. 나는 그에게서 아무 죄도 찾지 못했소. 나는 당신들이 그것을 알아주기를 바라오." [5] 예수가 가시관을 쓰시고, 자색 옷을 입으신 채로 나오시니, 빌라도가 그들에게 "보시오, 이 사람이오" 하고 말하였다. [6] 대제사장들과 경비병들이 예수를 보고 외쳤다. "십자가에 못 박으시오. 십자가

에 못 박으시오." 그러자 빌라도는 그들에게 "당신들이 이 사람을 데려다가 십자가에 못 박으시오. 나는 이 사람에게서 아무 죄도 찾지 못했소" 하고 말하였다. [7] 유대 사람들이 그에게 대답하였다. "우리에게는 율법이 있는데 그 율법을 따르면 그는 마땅히 죽어야 합니다. 그가 자기를 가리켜서 하나님의 아들이라고 하였기 때문입니다." [8] 빌라도는 이 말을 듣고, 더욱 두려워서 [9] 다시 관저 안으로 들어가서 예수께 물었다. "당신은 어디서 왔소?" 예수께서는 그에게 아무 대답도 하지 않으셨다. [10] 그래서 빌라도가 예수께 말하였다. "나에게 말을 하지 않을 작정이오? 나에게는 당신을 놓아 줄 권한도 있고, 십자가에 처형할 권한도 있다는 것을 모르시오?" [11] 예수께서 대답하셨다. "위에서 주지 않으셨더라면, 당신에게는 나를 어찌할 아무런 권한도 없을 것이오. 그러므로 나를 당신에게 넘겨준 사람의 죄는 더 크다 할 것이오." [12] 이 말을 듣고서, 빌라도는 예수를 놓아 주려고 힘썼다. 그러나 유대 사람들은 "이 사람을 놓아 주면, 총독님은 황제 폐하의 충신이 아닙니다. 자기를 가리켜서 왕이라고 하는 사람은, 누구나 황제 폐하를 반역하는 자입니다" 하고 외쳤다. [13] 빌라도는 이 말을 듣고, 예수를 데리고 나와서, 리토스트론이라고 부르는 재판석에 앉았다. (리토스트론은 히브리말로 가바다인데, '돌을 박은 자리'라는 뜻이다.) [14] 그날은 유월절 준비일이고, 때는 낮 열두 시쯤이었다. 빌라도가 유대 사람들에게 말하였다. "보시오, 당신들의 왕이오." [15] 그들이 외쳤다. "없애 버리시오! 없애 버리시오! 그를 십자가에 못 박으시오!" 빌라도가 그들에게 말하였다. "당신들의 왕을 십자가에 못 박으란 말이오?" 대제사장들이 대답하였다. "우리에게는 황제 폐하밖에는 왕이 없습니다." ¹⁶ 이리하여 이제 빌라도는 예수를 십자가에 처형하라고 그들에게 넘겨주었다. 그들은 예수를 넘겨받았다.

세상의 불의를 심판하고 최소한의 정의를 실현하기 위해 법이 있지만, 재판은 종종 공정하게 이루어지지 않습니다. 여기에 역사상 가장 불의한 재판이 있습니다. 정확하게 기소되지도 않은 채 성난 군중에 의해 재판에 넘겨졌고, 제대로 된 심문도 없었고, 변호인은 아예 없었으며, 거기에 치욕적인 고문이 행해졌습니다.

이 같은 불의한 상황 속에서 예수는 온갖 고초를 견뎌 냈습니다. 예수는 자기 백성을 찾아와 그들에게 생명을 주려고 했지만, 그의 백성은 그를 받아들이지 않았습니다. 하나님 외에는 다른 신을, 다른 왕을 섬기지 않겠다는 유대인들이 예수를 하나님의 아들로 받아들이지 않기 위해 황제를 그들의 왕으로 선언했습니다(19:15). 신앙을 위해 자신의 몸을 더럽히지 않기 위해 그 관저에도 들어가지 않으려 했던(8:38) 유대인들이 제국의 황제를 자신들의 왕이라고 고백했습니다.

1. 예수는 빌라도 앞에서 자신과 자신의 나라에 대해 무엇이라고 설명하는가? (18:28-38)

   _____

   _____

2. 유대인들은 왜 예수가 사형되기를 원했는가? 가장 큰 이유는 무엇인가? (19:1-8)

3. 예수를 처형하기 주저하는 빌라도에게 유대인들은 어떻게 압력을 가하는가? (19:9-15)

4. 자신의 백성을 찾아왔으나 그들에 의해 사형당할 위기에 처하고, 고문과 모욕을 당하고, 변호인 없는 불의한 재판을 받으면서 예수는 자신에 대해 무엇이라고 이야기하는가? (18:36-37, 19:11)

28 DAY 묵상

예수는 진리를 증언하기 위해 오셨습니다.

십자가 처형으로
죽임을 당하시는 예수

요 19:17-42

¹⁷ 예수께서 십자가를 지시고 '해골'이라 하는 데로 가셨다. 그곳은 히브리말로 골고다라고 하였다. ¹⁸ 거기서 그들은 예수를 십자가에 못 박았다. 그리고 다른 두 사람도 예수와 함께 십자가에 달아서, 예수를 가운데로 하고, 좌우에 세웠다. ¹⁹ 빌라도는 또한 명패도 써서, 십자가에 붙였다. 그 명패에는 '유대인의 왕 나사렛 사람 예수'라고 썼다. ²⁰ 예수께서 십자가에 달리신 곳은 도성에서 가까우므로, 많은 유대 사람이 이 명패를 읽었다. 그것은, 히브리 말과 로마 말과 그리스 말로 적혀 있었다. ²¹ 유대 사람들의 대제사장들이 빌라도에게 말하기를 "'유대인의 왕'이라고 쓰지 말고, '자칭 유대인의 왕'이라고 쓰십시오" 하였으나, ²² 빌라도는 "나는 쓸 것을 썼다" 하고 대답하였다. ²³ 병정들이 예수를 십자가에 못 박은 뒤에, 그의 옷을 가져다가 네 몫으로 나누어서, 한 사람이 한 몫씩 차지하였다. 그리고 속옷은 이음새 없이 위에서 아래까지 통째로 짠 것이므로 ²⁴ 그들은 서로 말하기를 "이것은 찢지 말고, 누가 차지할지 제비를 뽑자" 하였다. 이는 '그들이 나의 겉옷을 서로 나누어 가지고, 나의 속옷을 놓고서는 제비를 뽑았다' 하는 성경 말씀이 이루어지게 하려는 것이었다. 그러므로 병정들이 이런 일을 하

였다. ²⁵ 그런데 예수의 십자가 곁에는 예수의 어머니와 이모와 글로바의 아내 마리아와 막달라 사람 마리아가 서 있었다. ²⁶ 예수께서는 자기 어머니와 그 곁에 서 있는 사랑하는 제자를 보시고, 어머니에게 "어머니, 이 사람이 어머니의 아들입니다" 하고 말씀하시고, ²⁷ 그다음에 제자에게는 "자, 이분이 네 어머니시다" 하고 말씀하셨다. 그때부터 그 제자는 그를 자기 집으로 모셨다. ²⁸ 그 뒤에 예수께서는 모든 일이 이루어졌음을 아시고, 성경 말씀을 이루시려고 "목마르다" 하고 말씀하셨다. ²⁹ 거기에 신 포도주가 가득 담긴 그릇이 있었는데, 사람들이 해면을 그 신 포도주에 듬뿍 적셔서, 우슬초 대에다가 꿰어 예수의 입에 갖다 대었다. ³⁰ 예수께서 신 포도주를 받으시고서, '다 이루었다' 하고 말씀하신 뒤에, 머리를 떨어뜨리시고 숨을 거두셨다. ³¹ 유대 사람들은 그날이 유월절 준비일이므로, 안식일에 시체들을 십자가에 그냥 두지 않으려고, 그 시체의 다리를 꺾어서 치워 달라고 빌라도에게 요청하였다. 그 안식일은 큰 날이었기 때문이다. ³² 그래서 병사들이 가서, 먼저 예수와 함께 십자가에 달린 한 사람의 다리와 또 다른 한 사람의 다리를 꺾고 나서, ³³ 예수께 와서는, 그가 이미 죽으신 것을 보고서, 다리를 꺾지 않았다. ³⁴ 그러나 병사들 가운데 하나가 창으로 그 옆구리를 찌르니, 곧 피와 물이 흘러나왔다. ³⁵ (이것은 목격자가 증언한 것이다. 그래서 그의 증언은 참되다. 그는 자기의 말이 진실하다는 것을 알고 있다. 그는 여러분들도 믿게 하려고 증언한 것이다.) ³⁶ 일이 이렇게 된 것은, '그의 뼈가 하나도 부러지지 않을 것이다' 한 성경 말씀이 이루어지게 하려는 것이었다. ³⁷ 또 성경에 '그들은 자기들이 찌른 사람을 쳐다볼 것이다' 한 말쑴도 있다. ³⁸ 그 뒤에 아리마대 사람 요셉이 예수의 시신을 거두게 하여 달라고 빌라도에게 청하였다. 그는 예수의 제자인데, 유대 사람이 무서워서, 그것을 숨기고 있었다. 빌라도가 허락하니, 그는 가서 예수의 시신을 내렸다. ³⁹ 또 전에 예수를 밤중에 찾아갔던 니고데모도 몰약에 침향을 섞은 것을 백 근쯤 가지고 왔다. ⁴⁰ 그들은 예수의 시신을 모셔다가, 유대 사람의 장례 풍속대로 향료와 함께 삼베로 감았다. ⁴¹ 예수가 십자가에 달리신 곳에, 동산이 있었는데, 그 동산에는 아직 사람을 장사한 일이 없는 새 무덤이 하나 있었다. ⁴² 그날은 유대 사람이 안식일을 준비하는 날이고, 또 무덤이 가까이 있었기 때문에, 그들은 예수를 거기에 모셨다.

※ 사랑하는 제자(26절): 요한복음을 쓴 요한이 자신을 가리켜서 하는 말
※ 몰약에 침향을 섞은 것 백 근(39절): 유대인들은 장례를 치를 때 시체가 악취 없이 잘 부패하도록 향을 섞은 기름을 시체에 발랐다. 니고데모가 가져온 양은 약 34kg으로, 시체 전체를 매우 두껍게 바를 수 있는 양이었다.

여기, 비참한 죽음이 있습니다. 그를 따르던 제자들은 온데간데 없고, 단 한 명의 제자와 여인 몇 명만이 그 자리를 지키고 있습니다. 그를 처형한 로마 군인들은 그가 남긴 유일한 재산이라 할 수 있는 옷을 서로 가지겠다고 제비를 뽑고 있습니다. 이미 고문당해 지칠 대로 지친 예수는 좌우 죄수들과 달리 운명했고, 이를 확인하기 위해 군인들은 창으로 옆구리를 찔렀습니다. 제자들은 모두 사

라지고 요셉과 니고데모가 시신을 수습해 장례를 치렀습니다.

이런 비참한 죽음을 겪으면서 예수는 육신의 어머니를 제자에게 부탁한 다음, '모든 일이 이루어졌음을 알고'(28절), "다 이루었다"(30절)고 말하고 운명합니다. 자신이 이 땅에 와서 이루어야 할 일을 다 이루었다는 뜻입니다. 그가 이 땅에 와서 하려고 했던 일이 무엇입니까? 그는 세상 사람들을 심판받지 않게 하고 구원하기 위해(3:16-17) 그 길이 되려고(14:6) 세상에 왔다고 선언한 바가 있습니다. 십자가에서 비참한 죽임을 당한 이 죄인의 명패에는 3개 국어로 "유대인의 왕, 나사렛 사람 예수"라고 쓰여 있었습니다.

1. 죽어 가는 십자가 죄수의 명패에 빌라도가 3개 국어로 쓴 말은 무엇이며, 그 의미는 무엇이라고 생각하는가? (17-22절)

2. 예수의 마지막 순간을 지킨 자들은 누구인가? (25-27절) 제자 중에서는 유일하게 한 사람만이 거기에 있었다. 그는 누구인가?

3. 예수가 남긴 마지막 말은 무엇인가? (30절) 이 말의 의미는 무엇인가? 그가 이 세상에 온 목적을 기억하며 생각해 보라.

4. 예수가 십자가에서 잠시 의식을 잃은 것이 아니고 완전히 죽은 것임을 요한복음은 어떻게 설명하고 있는가? (31-42절)

5. 이 본문에 그려진 예수가 오늘날 나에게는 어떻게 다가오는가?

29 DAY 묵상

십자가에서 죽으신 예수는 우리의 왕이십니다.

부활하신 예수

요 20:1-31

¹ 주간의 첫날 이른 새벽에 막달라 사람 마리아가 무덤에 가서 보니, 무덤 어귀를 막은 돌이 이미 옮겨져 있었다. ² 그래서 그 여자는 시몬 베드로와 예수께서 사랑하시던 그 다른 제자에게 달려가서 말하였다. "누가 주님을 무덤에서 가져갔습니다. 어디에 두었는지 모르겠습니다." ³ 베드로와 그 다른 제자가 나와서, 무덤으로 갔다. ⁴ 둘이 함께 뛰었는데, 그 다른 제자가 베드로보다 빨리 달려서, 먼저 무덤에 이르렀다. ⁵ 그런데 그는 몸을 굽혀서 삼베가 놓여 있는 것을 보았으나, 안으로 들어가지는 않았다. ⁶ 시몬 베드로도 그를 뒤따라왔다. 그가 무덤 안으로 들어가 보니, 삼베가 놓여 있었고, ⁷ 예수의 머리를 싸맸던 수건은, 그 삼베와 함께 놓여 있지 않고, 한곳에 따로 개켜 있었다. ⁸ 그제서야 먼저 무덤에 다다른 그 다른 제자도 들어가서, 보고 믿었다. ⁹ 아직도 그들은 예수께서 죽은 사람들 가운데서 반드시 살아나야 한다는 성경 말씀을 깨닫지 못하였다. ¹⁰ 그래서 제자들은 자기들이 있던 곳으로 다시 돌아갔다. ¹¹ 그런데 마리아는 무덤 밖에 서서 울고 있었다. 울다가 몸을 굽혀서 무덤 속을 들여다보니, ¹² 흰 옷을 입은 천사 둘이 앉아 있었다. 한 천사는 예수의 시신이 놓여 있던 자리 머리맡에 있었고, 다

른 한 천사는 발치에 있었다. [13] 천사들이 마리아에게 말하였다. "여자여, 왜 우느냐?" 마리아가 대답하였다. "누가 우리 주님을 가져갔습니다. 어디에 두었는지 모르겠습니다." [14] 이렇게 말하고, 뒤로 돌아섰을 때에, 그 마리아는 예수께서 서 계신 것을 보았지만, 그가 예수이신 줄은 알지 못하였다. [15] 예수께서 마리아에게 말씀하셨다. "여자여, 왜 울고 있느냐? 누구를 찾느냐?" 마리아는 그가 동산지기인 줄 알고 "여보세요, 당신이 그를 옮겨 놓았거든, 어디에다 두었는지를 내게 말해 주세요. 내가 그를 모셔 가겠습니다" 하고 말하였다. [16] 예수께서 "마리아야!" 하고 부르셨다. 마리아가 돌아서서 히브리말로 "라부니!" 하고 불렀다. (그것은 '선생님!'이라는 뜻이다.) [17] 예수께서 마리아에게 말씀하셨다. "내게 손을 대지 말아라. 내가 아직 아버지께로 올라가지 않았다. 이제 내 형제들에게로 가서 이르기를, 내가 나의 아버지 곧 너희의 아버지, 나의 하나님 곧 너희의 하나님께로 올라간다고 말하여라." [18] 막달라 사람 마리아는 제자들에게 가서, 자기가 주님을 보았다는 것과 주님께서 자기에게 이런 말씀을 하셨다는 것을 전하였다. [19] 그날, 곧 주간의 첫날 저녁에, 제자들은 유대 사람들이 무서워서, 문을 모두 닫아걸고 있었다. 그때에 예수께서 와서, 그들 가운데로 들어서서서, "너희에게 평화가 있기를!" 하고 인사말을 하셨다. [20] 이 말씀을 하시고 나서, 두 손과 옆구리를 그들에게 보여 주셨다. 제자들은 주님을 보고 기뻐하였다. [21] [예수께서] 다시 그들에게 말씀하셨다. "너희에게 평화가 있기를 빈다. 아버지께서 나를 보내신 것같이, 나도 너희를 보낸다." [22] 이렇게 말씀하신 다음에, 그들에게 숨을 불어 넣으시고 말씀하셨다.

"성령을 받아라. [23] 너희가 누구의 죄든지 용서해 주면, 그 죄가 용서될 것이요, 용서해 주지 않으면, 그대로 남아 있을 것이다." [24] 열두 제자 가운데 하나로서 쌍둥이라고 불리는 도마는, 예수께서 오셨을 때에 그들과 함께 있지 않았다. [25] 다른 제자들이 그에게 "우리는 주님을 보았소" 하고 말하였으나, 도마는 그들에게 "나는 내 눈으로 그의 손에 있는 못 자국을 보고, 내 손가락을 그 못 자국에 넣어 보고, 또 내 손을 그의 옆구리에 넣어 보지 않고서는 믿지 못하겠소!" 하고 말하였다. [26] 여드레 뒤에 제자들이 다시 집 안에 모여 있었는데 도마도 함께 있었다. 문이 잠겨 있었으나, 예수께서 와서 그들 가운데로 들어서서 "너희에게 평화가 있기를!" 하고 인사말을 하셨다. [27] 그리고 나서 도마에게 말씀하셨다. "네 손가락을 이리 내밀어서 내 손을 만져 보고, 네 손을 내 옆구리에 넣어 보아라. 그래서 의심을 떨쳐버리고 믿음을 가져라." [28] 도마가 예수께 대답하기를 "나의 주님, 나의 하나님!" 하니, [29] 예수께서 도마에게 말씀하셨다. "너는 나를 보았기 때문에 믿느냐? 나를 보지 않고도 믿는 사람은 복이 있다." [30] 예수께서는 제자들 앞에서 이 책에 기록하지 않은 다른 표징도 많이 행하셨다. [31] 그런데 여기에 이것이나마 기록한 목적은, 여러분으로 하여금 예수가 그리스도요 하나님의 아들이심을 믿게 하고, 또 그렇게 믿어서 그의 이름으로 생명을 얻게 하려는 것이다.

사람들은 자기 상식 안에서 모든 것을 생각하고, 보고, 느낍니다. 죽은 사람이 살아난다는 것은 일반 상식으로는 도저히 받아들일 수 없는 일이며, 이에 대한 예고를 여러 차례 듣고 믿기 힘든 기적을 경험한 제자들조차 받아들이기 힘들었습니다. 예수의 부활을 목격한 여인들과 제자들은 물론이고, 모든 사람이 예수의 부활을 기대하지도 못했고, 처음에는 믿기도 힘들었습니다.

오늘날에도 상식적으로 사고하는 사람이라면 사람이 죽었다가 부활했다는 이야기를 사실로 받아들이기는 쉽지 않습니다. 그래서 많은 사람이 예수의 부활을 후대 교회가 꾸며낸 이야기라고 믿고 싶어 합니다. 성경 기록 역시 제자들도 처음부터 믿기 어려워했지만 부활하신 예수를 만나고 나서야 예수가 누구인지를 제대로 알게 되었다고 말합니다. 요한복음은 처음부터 예수가 스스로 계신 하나님과 동등한 분이며, 하나님의 아들이라고 자기 선언을 했고, 사람들이 이를 믿고 생명을 얻게 되는 것이 저술 목적이라고 밝히고 있습니다.

1. 여인들이 예수의 무덤이 비어 있는 것을 발견하고 처음 생각한 것은 무엇인가? (1-13절)

   _____
   _____

2. 부활한 예수를 처음 목격한 마리아와 제자들이 예수에게 보인 반응은 무엇이고, 예수가 그들에게 한 말은 무엇인가? (11-23절)

3. 예수의 부활은 제자들조차 믿기 어려웠다. 제자 중 도마는 예수의 부활에 관해 무엇이라 말했고, 부활한 예수가 도마에게 한 말은 무엇인가? (24-29절)

4. 요한복음의 저자 요한은 책을 쓴 목적을 밝힌다. 그것은 무엇인가? (30-31절) 그 목적이 요한복음을 읽어 온 당신에게는 어떤 의미가 있는가? 나에게는 이것이 어떻게 다가오는가?

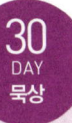

예수는 부활하신 하나님의 아들이십니다.

JOHN

이야기. 일곱

하나님의 사랑에 어떻게 반응할 것인가

실패를 사랑으로 역전시키시는 예수

지금까지 우리는 요한복음을 통해서 예수를 찾아 왔습니다. 이제 마지막입니다. 이번 장에서는 예수를 간절히 찾았던 베드로가 참담하게 실패합니다. 실패 후에 예수가 베드로를 찾아와 어떻게 위로하고 다시 북돋우는지를 살펴보려고 합니다.

여러분이 아시듯, 베드로는 예수의 수제자입니다. 어디를 가든 앞장섰고, 다른 제자들을 이끌었습니다. 예수는 십자가에 달려 죽을 때가 되자 자신의 죽음에 관해 알렸습니다. 그때 베드로는 "주님을 위해서는 제 목숨이라도 바치겠습니다"라며 호기를 부렸습니다. 그런데 예수는 베드로에게 "닭이 울기 전에 너는 세 번 나를 모른다고 할 것이다"라고 했습니다. 실제로 베드로는 닭이 울기 전에 군병이나 총칼 앞에서가 아니라 아주 미약한 하녀 앞에서 세 번이나 예수를 부인했습니다. 그런 다음 베드로가 비통하게 울었다고 성경은 기록하고 있습니다.

베드로는 철저하게 실패했습니다. 자신이 예수를 정말 사랑한다고 생각했고, 충성할 수 있다고 여겼습니다. 하지만 완전히 실패하고 말았습니다. 이렇게 실패한 베드로를 예수가 찾아옵니다. 생선과 빵으로 아침을 준비해 주면서 말이지요. 예수는 바다에 뛰어들어 급히 오느라 젖은 베드로의 몸이 마를 즈음에 그에게 묻습니다. 널리 알려진 성경 구절입니다.

15 그들이 아침을 먹은 뒤에, 예수께서 시몬 베드로에게 물으셨다. "요한의 아들 시몬아, 네가 이 사람들보다 나를 더 사랑하느냐?" 베드로가 대답하였다. "주님, 그렇습니다. 내가 주님을 사랑하는 줄을 주님께서 아십니다." 예수께서 그에게 말씀하셨다. "내 어린 양떼를 먹여라." 16 예수께서 두 번째로 그에게 물으셨다. "요한의 아들 시몬아, 네가 나를 사랑하느냐?" 베드로가 대답하였다. "주님, 그렇습니다. 내가 주님을 사랑하는 줄을 주님께서 아십니다." 예수께서 그에게 말씀하셨다. "내 양떼를 쳐라." 17 예수께서 세 번째로 물으셨다. "요한의 아들 시몬아, 네가 나를 사랑하느냐?" 그때에 베드로는, [예수께서] "네가 나를 사랑하느냐?" 하고 세 번이나 물으시므로, 불안해서 "주님, 주님께서는 모든 것을 아십니다. 그러므로 내가 주님을 사랑하는 줄을 주님께서 아십니다" 하고 대답하였다. 예수께서 그에게 말씀하셨다. "내 양떼를 먹여라. 18 내가 진정으로 진정으로 네게 말한다. 네가 젊어서는 스스로 띠를 띠고 네가 가고 싶은 곳을 다녔으나, 네가 늙어서는 남들이 네 팔을 벌릴 것이고, 너를 묶어서 네가 바라지 않는 곳으로 너를 끌고 갈 것이다." 19 예수께서 이렇게 말씀하신 것은, 베드로가 어떤 죽음으로 하

나님께 영광을 돌릴 것인가를 암시하신 것이다. 예수께서 이 말씀을 하시고 나서, 베드로에게 "나를 따라라!" 하고 말씀하셨다. [20] 베드로가 돌아다보니, 예수께서 사랑하시던 제자가 따라오고 있었다. 이 제자는 마지막 만찬 때에 예수의 가슴에 기대어서, "주님, 주님을 넘겨줄 자가 누구입니까?" 하고 물었던 사람이다. [21] 베드로가 이 제자를 보고서, 예수께 물었다. "주님, 이 사람은 어떻게 되겠습니까?" [22] 예수께서 말씀하셨다. "내가 올 때까지 그가 살아 있기를 내가 바란다고 한들, 그것이 너와 무슨 상관이 있느냐? 너는 나를 따라라!"

실패를 역전시키는 예수의 사랑

베드로는 처절하게 실패했을 때 이런 마음이 들었을지 모릅니다. '아무도 나를 이해하지 못해. 나도 이해하지 못하겠어. 예수를 위해 뭔가 할 수 있다고 생각했고, 그를 정말 사랑한다고 생각했고, 그에게 충성할 수 있다고 생각했고, 다른 어떤 제자보다 깊이 헌신했다고 생각했어. 그런데 겨우 하녀 앞에서 세 번이나 예수를 부인하다니!'

아마 베드로는 심각한 혼란에 빠졌을 것입니다. 요즘 식으로 하면 그 사건 이후에 닭에 대한 트라우마가 생겼을지도 모릅니다. 닭소리가 들리면 그때가 떠올라 괴로웠을 수 있습니다. 오늘날 베드로가 서울에 오면 사방에 있는 치킨 집을 보면서 고통스러웠을 것입니다. 그 정도로 예수를 세 번이나 부인한 사건은 베드로에게 치명적이었습니다. '나는 이것밖에 안 되는 사람이야. 이 모양으로 실패하는 게 내 꼴이야'라며 실의에 빠진 베드로에게 예수가 다가갑니다. 예수는 그를 이해합니다. 예수의 사랑은 이해하는 데서 시작합니다.

밑바닥을 이해하는 사랑

베드로가 주님을 위해 내 목숨이라도 바치겠다고 호기를 부릴 때 예수는 그 안에 있는 인간적인 허세와 내면의 성찰의 부족함을 보고 있었습니다. 닭이 울기 전에 세 번 부인할 것이라고 미리 말해 줄 수 있었던 이유도 베드로 속에 있던 허세를 꿰뚫어 보고 있었기 때문입니다.

여러분, 인간의 본모습이 언제 나온다고 생각하십니까? 상황과 여건이 좋고, 경제력이 뒷받침되고, 사회적 지위가 있고, 별다른 문제가 없을 때 사람들은 그것이 자신이라고 생각합니다. 그렇지 않습니다. 그런 것들이 허물어질 때, 나를 지키고 있던 것들이 무너질 때 '진짜' 자신이 나옵니다. 자신을 가리고 있던 가면과 분장이 벗겨지고 그 안의 내면이 나옵니다.

예수가 예루살렘에 올라가서 사람들의 환호를 받을 때까지도 베드로는 자신감이 있었습니다. 그런데 예수가 갑자기 체포되고 상상하지도 못했던 일이 벌어지자 베드로의 본모습이 나왔습니다.

우리는 예수를 따를 때 자기 힘으로 따를 수 있다고 생각합니다. 자신 있게 예수를 따르겠다고 이야기하고 결단합니다. 더 나아가 세상을 위해서도 무엇인가를 하겠다고 결심을 합니다. 그런데 때때로 우리를 지탱하던 외적 요건들이 무너지면 그제야 내 속에 있는 것들이 무엇이었는지를 확인하게 됩니다.

그때 얼마나 고통스러운지 모릅니다. '내가 이것밖에 안 되나. 이게 진짜 나구나!' 싶습니다. 그럴 때 많은 사람은 '너는 그것밖에 안 돼. 그게 너야!'라며 자신의 부족함을 힐난합니다. 예수는 실패한 사람에게 찾아가 위로하며 "그래, 그게 너의 한계다. 지금 너의 한계지. 거기까지다. 하지만 나는 그와 상관없이 여전히 너를 사랑한다"고 말합니다. 예수가 베드로를 찾아가 묵묵히 생선을 굽고 아침식사를 같이 하는 동안에 아무 말도 안 했지만, 사실은 베드로에게 "난 네 옆에 있다. 바닥을 치고 있는 네 옆에 내가 있다. 나는 너를 사랑한다"고 말하고 있었던 것입니다.

저는 사역을 하다가 여러 번 저 자신의 한계를 경험했습니다. 실수할 때도 있었습니다. 지금은 나이가 그래도 좀 들어서 그나마 나아졌지만, 젊을 때는 열정이 넘쳐서 실수할 때가 있었습니다. 요즘도 말이나 행동을 실수하면 속으로 '이것밖에 안 되나. 아직도 이것밖에……' 하면서 속이 아주 괴롭습니다. 그때 예수가 제 옆에 있습니다. "괜찮다. 네가 거기까지여도 괜찮다. 나는 여전히 너를 사랑하고, 너를 지지한다"고 말해 줍니다.

우리가 이성 교제를 하다가, 한창 경력을 쌓아 가다가 너무나 바보 같은 잘못을 저질러서 실망과 좌절 가운데 있을 때 예수는 우리 곁에 와서 함께합니다. 예수의 사랑은 이렇게 시작합니다. 우리를 있는 그대로 이해하고 받아 줍니다. 그것이 이해하는 사랑입니다.

회복시키는 사랑

예수의 사랑은 이해하는 데서 끝나지 않습니다. 실패를 경험한 우리는 "자신 없습니다. 다시 뭘 또 하겠다고 나서지 않겠습니다. 또 그럴 것 같습니다"라고 말합니다. 이렇게 자신감 없어 하는 우리를 예수는 회복시킵니다.

예수를 세 번 부인한 베드로에게 예수는 세 번을 물었습니다. "네가 나를 사랑하느냐?" 베드로가 자신을 사랑하는 줄 예수가 몰랐을까요? 알았습니다. 하지만 세 번이나 물었습니다. 세 번이나 묻자 베드로는 괴로워서 마지막에 이렇게 고백했습니다. "다 아시지 않습니까? 제가 당신을 사랑하는 줄 당신은 아십니다." 이 고백은 이렇게 말하는 것과 같습니다. "당신을 사랑한다고 말하기에는 제가 너무 부끄럽습니다. 사랑하려고 노력했지만 제대로 하지 못했습니다. 그렇다고 제가 사랑하지 않는 것은 아닙니다. 하지만 제 사랑이 너무 형편없습니다. 이런 저를 잘 아시지 않습니까?"

왜 예수는 베드로가 이렇게까지 고백하게 만든 것일까요? 왜냐하면 스스로 고백하는 것에는 힘이 있기 때문입니다. 베드로에게 유익을 주기 위해 예수는 이렇게 고백하게 한 것입니다. 이것이 바로 그를 회복시키는 방법이었습니다. 하나님은 우리가 스스로 고백하게 하심으로써 회복을 경험하게 하십니다.

창세기를 보면, 믿음의 조상인 아브라함에 관한 이야기가 나옵니다. 하나님은 아브라함에게 아들 이삭을 바치라고 하셨습니다. 100세가 넘어서 얻은 아들이고, 아브라함의 자손을 바다의 모래 알처럼, 하늘의 별처럼 많게 하겠다는 하나님의 약속을 이룰 아이인데 갑자기 죽이라고 하셨습니다. 아브라함이 얼마나 혼란스러웠겠습니까? 3일 동안 이삭을 데리고 산을 올랐습니다. 마침내 아이를 죽이기로 결심하고 칼을 들었습니다. 그때 여호와의 사자가 "아브라함아! 아브라함아!" 하고 그를 부르며 멈추게 했습니다.

하나님이 왜 그러셨을까요? 아브라함을 테스트하신 것일까요? 아니면 하나님의 성격이 이상해서 괴롭히다가 "됐어, 이제 그만!" 하면서 장난치신 것일까요? 아닙니다. 하나님이 원했던 것은 아브라함 스스로 "제가 당신을 사랑합니다"라고 고백하는 것이었습니다. "제가 당신을 정말 사랑합니다. 당신의 뜻을 이해할 수 없어도, 다 이해하지 못한다 해도 당신을 사랑합니다"라는 고백을 아브라함은 행동으로 보여 주었습니다.

아브라함은 3일 동안 하나님께 순종할 것인가, 아니면 인간적 방법을 택할 것인가를 고뇌했습니다. 그 과정을 통해 결국 하나님의 뜻을 따르기로 했습니다. 하나님은 이를 통해 아브라함이 스스로 하나님께 사랑과 충성을 고백하게 만드신 것입니다. 이것이 하나님이 하시는 방법입니다.

저도 인생에 어려울 때가 여러 번 있었지만, 그중에서도 제 속에 하나님을 사랑하는 마음이 별로 없음을 발견했을 때가 특히 어려웠습니다. 목사가 된 지도 꽤 됐는데 제 속에 하나님을 사랑하는 마음이 없음을 발견했습니다. 그 절망감은 이루 말할 수 없었습니다. '아, 자신이 없다. 내가 목사이고 교회에 이렇게 많은 성도가 있지만, 내가 정말 주님을 사랑하는 것 같지 않다. 주님보다 다른 것들을 더 많이 사랑하는 것 같다.'

이 같은 사실을 발견했을 때 제 마음속 깊은 곳에 말할 수 없는 고통이 찾아왔습니다. 도망갈 수도 없었습니다. 그때 제가 이 찬송을 많이 불렀습니다. "보소서 주님 나의 마음에 선한 것 하나 없습니다"(원제, "주님 마음 내게 주소서"). 정말 제 속에 선한 것이 하나도 없었습니다.

그러던 어느 날 운전을 하고 있었습니다. 그때 제 마음속에 하나님이 이런 마음을 주셨습니다. '네 속에 정말 선한 것이 없지만, 하나님 앞에서 감사할 것들을 내놓고 감사를 드려 봐라!' 그래서 억지로 감사의 기도를 드리기 시작했습니다. 그 순간은 저의 오래된 영적 침체가 끝나는 지점이었습니다. 주님께 감사를 드리면서 입술로 하나님의 사랑과 하나님이 하신 일을 고백하기 시작하자 제 영혼이 회복되는 경험을 했습니다.

예수는 우리가 우리 입으로 예수에게 사랑과 헌신을 고백하는 것을 통해서 우리를 회복시킵니다. 가끔 우리에게 묻습니다. "네가 나를 사랑하느냐? 네가 나를 사랑하느냐?" 우리는 베드로가 예전에 그랬듯이 "주님과 함께 죽을 각오가 되어 있습니다"라고 말하는 수준이 아니라, "제가 당신을 사랑하는 줄 당신이 아십니다"라고 고백함으로써 하나님이 계획하신 회복을 경험합니다. 이것이 예수의 사랑입니다. 예수는 우리를 이해할 뿐만 아니라 우리를 회복시킵니다.

사명을 주는 사랑

그런데 예수는 우리를 회복시키는 데서 멈추지 않습니다. 스스로 무가치하다고 생각하는 우리에게 새로운 사명을 줍니다. 예수는 "내 양떼를 먹여라"라고 말했습니다. 양떼는 예수를 따르는 베드로와 모든 제자에게 하나님이 맡기신 사람들입니다. 예수는 베드로에게 그들을 섬기라고 말한 것입니다. "내가 너를 있는 그대로 이해하고 회복시켰으니, 네가 나의 사랑을 받았으니 그 사랑으로 다른 사람들을 섬겨라."

그래서 예수의 사랑은 내리사랑입니다. "내가 너를 사랑했으니 똑같이 나한테 돌려줘!"가 아니라, 그 사랑을 다른 사람에게 나눠 주라고 합니다. 이것이 예수가 베드로에게 원했던 사랑이며, 지금도 우리에게 바라는 사랑입니다.

예수는 "먹여라"라고 말했습니다. 무엇으로 먹일까요? 예수가 우리에게 맡긴 사람을 어떻게 섬길 수 있을까요? 함께 시간을 보내고, 밥을 먹고, 영화를 보고, 힘들 때 옆에 있어 주는 것들이 다 중요합니다. 하지만 가장 중요한 것은 그들이 예수가 주는 풍성한 꼴을 먹을 수 있도록, 예수로 말미암아 얻을 수 있는 생명을 받아 누릴 수 있도록 돕는 것입니다. 요한복음 10장 9-10절은 이렇게 말합니다.

⁹ 나는 문이다. 누구든지 나를 통하여 들어오면, 구원을 얻고, 드나들면서 꼴을 얻을 것이다. ¹⁰ 도둑은 다만 훔치고 죽이고 파괴하려고 오는 것뿐이다. 나는, 양들이 생명을 얻고 또 더 넘치게 얻게 하려고 왔다.

예수가 우리를 찾아온 이유는 생명을 얻게 하기 위해서입니다. 예수를 통해 우리는 생명을 얻을 수 있습니다. 예수는 우리가 먹고 힘을 얻을 수 있는 꼴과 같습니다. 저는 사람들이 예수를 발견하면, 예수를 만나서 진정한 관계를 맺으면 그 안의 생명을 얻고 누리게 된다고 믿습니다. 그래서 "네 양을 먹여라"라는 말이 의미하는 바는 양의 친구가 되고 어려울 때 이야기를 들어 주는 것도 포함하지만, 본질적으로는 양이 예수를 발견해 누릴 수 있도록 도와 주는 것입니다. 예수로 말미암아 생명을 얻을 수 있도록 이끌어 주는 것입니다.

예수는 베드로와 우리에게 그 사명을 주었습니다. "네가 나 때문에 살지 않았느냐? 네가 실패하고 좌절할 때마다 너를 이해하고 회복시키는 내 사랑을 누리고 있지 않느냐? 그러니 이제 그 사랑을 네게 맡겨진 사람들도 누릴 수 있도록 도와줘라." 이것이 "내 양떼를 먹여라"라는 말의 의미입니다.

예수의 사랑을 받은 사람들의 특징

그리스도인으로 산다는 것이 무엇일까요? 우리는 자신의 한계를 끊임없이 발견합니다. 그 한계 속에서 자신의 내면을 성찰하면 성찰할수록 하나님께 드릴 것이 별로 없다면 절망감에 빠집니다. 그러나 그 절망감과 실패로 말미암아 자기 연민에 빠지는 것이 아니라, 그럼에도 불구하고 우리를 일으켜 세우는 예수, 우리를 이해하고 회복시키는 예수를 만나서 새로운 사명을 받고 한 걸음씩 걸어갑니다. 이것이 그리스도인이 사는 길입니다.

우리 인생을 들여다보면 여기저기 실패로 가득합니다. 예수의 사랑은 이 실패를 뒤집어엎는, 실패를 역전시키는 사랑입니다. 우리는 세상을 살면서 끊임없이 부정적인 이야기를 듣습니다. 우리의 실패를 힐난하는 이야기를 듣습니다. 그 순간에도 예수는 끊임없이 실패하고 좌절하는 우리를 다시 일으켜 세웁니다. 사실은 예수를 따라가면서 때가 되면 자기 스스로 예수로 말미암아 일어서게 됩니다. 그러면서 자연스레 예수가 준 사명을 받아들이고 "부족하지만 그 길을 가겠습니다" 하고 고백하며 따릅니다.

자기에게 맡겨진 사람을 돌본다

우리는 하나님의 사랑을 받았기 때문에 하나님의 부르심에 따라 움직입니다. 하나님의 사랑을 받은 삶의 가장 중요한 특징은 교회와 세상에서 어떤 직책인지에 상관없이 자기에게 맡겨진 사람들을 돌보는 것입니다. 예수에게 사랑을 받은 사람의 공통된 특징입니다. 헌금을 얼마나 많이 하는지, 봉사를 얼마나 많이 하는지보다 더 중요한 것은 사람을 돌보는지입니다.

자신의 사명에 충실한다

이를 위해서는 먼저 자신의 부르심에 충실해야 합니다. 가령 나들목교회 한 선생님은 도서관 운동에 부르심이 있어서 열심히 하십니다. 도서관 운동을 통해 아이들을 건강하게 키우고 사람들을 세우고 싶으신 것입니다. 이것이 하나님의 사랑을 받은 사람에게서 나타나는 모습입니다. 하나님의 사랑을 받으면 '이제 누군가를 도와야겠다. 어떻게 도와야 할까?'를 고민하게 됩니다.

자신의 은사를 사용한다

그래서 부르심에 충성할 때 하나님은 우리에게 은사를 주십니다. 은사를 따라 살면서 사람을 돌보는 사명을 충실하게 이루어 가게 됩니다. 이렇게 예수의 사랑을 받은 사람은 자신의 주변으로 예수의 생명력을 흘려보내는 인생을 삽니다.

예수의 사랑을 받은 사람들이 누리는 복

그러면 이러한 복을 누리는 삶이 어떻게 가능할까요?

그의 사랑을 누린다

예수의 사랑을 받은 사람은 먼저 '그의 사랑을 누립니다.' 예수의 사랑에 관해 공부하고, 연구하고, 이야기하는 것이 아니라 누리는 것이 중요합니다. 누리지 않는 사람은 나눌 수가 없습니다. 그래서 '누리는 것'이 무엇보다 중요합니다. 여러분은 예수의 사랑을 누리고 계십니까?

그런데 어떻게 그 사랑을 누릴 수 있을까요? 그 사랑을 누리려면 예수가 나를 위해 무엇을 했는지를 알아야 합니다. 그리고 지금 무슨 일을 하고 있는지도 알아야 합니다. 또한 앞으로 무슨 일을 할지도 알아야 합니다. 알지도 못하는 분을 누릴 수는 없습니다. 예수를 알아야 합니다. 이 책과 함께 요한복음을 읽어 나가면서 예수에 관해 새롭게 알게 된 것이 있다면 참 감사한 일입니다. 바로 그를 알아 가며 누리기 시작한 것이지요.

어떻게 더 깊이 누릴 수 있을까요? 그를 진실하게 연구하십시오. '예수가 나를 위해 무슨 일을 했는가? 지금 나를 위해 무슨 일을 하는가? 앞으로 무슨 일을 할 것인가?' 그리고 그를 깊이 묵상하십시오. 이것을 마음속 깊이 새기는 것, 그것이 그를 누리는 것입니다.

찬양을 부르면서 예수를 누리는 분도 계십니다. 어떤 분들은 그냥 노래만 하십니다. 누리지 못하는 것이지요. 반면 어떤 분들은 노래하면서 가사의 고백이 자신의 고백이 되어 영혼에 스며들어 옵니다. 예수를 누리는 것이지요. 여러분이 매일매일 인생을 살면서, '예수가 나와 함께 있다. 나를 붙들고 있다. 내가 실패하고 넘어질 때도 있지만 나를 떠나지 않는다'라는 사실을 기억하고 살아간다면 예수를 누리는 사람입니다.

예수는 우리에게 생명을 주는 분입니다. 예수를 누리는 것은 이론이 아닙니다. 토론하는 문제도 아닙니다. 우리 삶에서 경험으로 일어나는 일입니다. 예수는 이론이나 교리상에 존재하는 분이 아니라, 힘들고 어려운 삶의 현장에서 우리를 만나 주는 분입니다. 수많은 사람이, 아니 때로는 나 자신이 나를 비난하며 나를 지치게 만들고, 나의 실패를 족집게로 집어내듯이 밝히는 세상에서 여전히 '나는 너를 사랑한다. 나는 너를 이해한다. 나는 너와 함께할 것이다'라고 말하는 그를 만나는 것입니다. 그것이 그리스도인의 특권입니다. 그러므로 예수의 사랑을 받은 사람의 첫 번째 복은 그의 사랑을 누리는 것입니다.

그의 사랑을 나누면서 더욱더 깊이 누린다

그의 사랑을 누리면 당연히 그 사랑을 나누게 됩니다. 다른 사람과 그의 사랑을 나눔으로 그 사랑을 더욱더 깊이 누리게 됩니다. 자신에게 주어진 사람을 사랑하기 시작하십시오. 혈육을 넘어서 예수 그리스도로 말미암아 관계를 맺은 이들을 사랑하는 것, 이 일을 연습해 보십시오. 나와 관계가 있는 사람, 어떤 이권이 개입된 사람을 사랑하고 돌보는 것이 아니라, 예수 그리스도로 인해 공동체로 하나 된 사람들, 세상에서 나에게 주어진 사람들을 사랑하는 법을 배우는 것입니다.

저는 오랫동안 많은 사람을 관찰하면서, 영적으로 성장하지 못하고 정체하는 사람에게서 일관된 특징을 발견했습니다. 많이 알고, 많이 경험하고, 많이 훈련받았음에도 영적으로 성장하지 못하는 이유는 누군가를 영적으로 돌보고 있지 않기 때문입니다. 양떼를 먹이는 일을 안 하는 것입니다. 나 혼자 사는 것입니다. 놀랍게도 혼자 성경공부를 열심히 하고, 기도도 열심히 하고, 예배를 열심히 드리면 성장할 것 같은데 성장하지 않습니다. 정체되어 있습니다. 왜냐하면 예수는 우리가 사랑을 누린 다음에 그 사랑을 반드시 다른 이도 누릴 수 있도록 나누기를 원하기 때문입니다.

사람을 진정으로 사랑하는 방법이 바로 여기에 있습니다. 무한한 사랑의 근원인 예수에게 사람들을 연결하는 것입니다. 세상살이가 얼마나 힘듭니까? 누가 우리에게 "너를 이해한다. 네게는 가치가 있다. 너를 회복시키고 싶다"고 말합니까? 인간은 누군가에게 그 말을 들어야 하는데 누가 해줍니까? 예수는 늘 기다리고 있습니다. 이해와 회복이 필요한 사람이 예수와 연결만 된다면 그는 이 땅에서 자신의 걸음을 제대로 걸을 수 있습니다.

그래서 우리는 다른 사람에게 사랑을 나눠 줄 때 물고기를 주기보다는 물고기를 잡는 법을 알려 줘야 합니다. 같이 밥 먹고, 같이 놀고, 외로울 때 같이 있는 것은 어쩌면 물고기를 주는 것입니다. 사랑을 주지만 말고, 사랑의 근원인 예수에게 그를 인도하는 일이 필요합니다. 사람들이 사랑의 근원인 예수에게 연결되어 우리가 도와주지 않아도 그가 스스로 예수로 말미암아 사랑을 누리게 되는 것, 이것이 우리가 할 수 있는 일입니다.

하나님의 사랑을 받은 사람은 자기만 누리지 않습니다. 누린 것을 누군가에게 전해서 그도 누리게 합니다. 새로운 삶을 살게 하고, 새로운 꿈을 꾸게 만드는 것이지요. 사랑은 거기서 한 걸음 또 나아갑니다. 받았던 그도 그 사랑을 또 나눕니다. 그렇게 사랑이 동심원을 그리며 퍼져나갈 때 우리의 기쁨은 배가 됩니다. 이것이 예수의 제자를 삼는 것입니다. 제자를 삼는 것은 성경을 많이 가르치는 것이 아니라, 내가 누렸던 예수의 사랑을 그에게 전해서 누리게 하고, 그가 또 그 사랑을 누군가에게 전해서 누리도록 돕는 것입니다.

예수의 사랑을 깊이 받아 누린 사람들이 필요한 시대

나들목교회는 '바하밥집'이라는 노숙인 사역을 지원하고 있습니다. 노숙인 사역은 크게 4단계로 나뉩니다. 길에서 자는 사람에게 밥을 먹이는 일이 첫 번째입니다. 두 번째는 그가 거리 생활에서 탈출할 수 있게 돕는 일입니다. 세 번째는 그가 탈출을 넘어서 자립할 수 있도록 돕는 일이고, 마지막은 그가 완전히 자립하는 것입니다. 바하밥집에서는 한 번에 200분 정도가 식사를 하십니다. 그중에서 거리 생활을 청산하고 쪽방 생활을 시작하신 분이 20-30명 정도 됩니다. 쪽방에서 나와 작은 방을 얻어서 독립적으로 살아가기 시작하신 분이 여러 명입니다.

이처럼 도시빈민사역은 녹록지가 않습니다. 그래서 이 일을 맡아서 하는 형제를 보면 제 속에 큰 기쁨이 차오릅니다. 그가 예수의 사랑을 누릴 뿐 아니라 다른 사람에게 그 사랑을 나눠 주고 있기 때문입니다. 그 형제에게 물어보았습니다. "서울에도 여러 노숙인 봉사 단체가 있는데, 짧은 시간 안에 어떻게 이런 일이 일어났을까? 너는 어떻게 생각하니?" 제가 못한 말을 그 형제가 들려주었습니다. "잘 모르겠지만, 다른 곳은 자선으로만 하지만 우리는 복음으로 하잖아요. 밑바닥에 복음이 있잖아요." 저는 그 형제를 알기에 그 말이 무슨 뜻인지 다가왔습니다. 그 이야기를 들을 때 제게 얼마나 큰 기쁨이 있었는지 모릅니다.

우리는 하나님의 사랑을 누릴 뿐 아니라 그 사랑을 다른 사람에게 나눠 주고, 그가 또 다른 사람을 사랑할 수 있도록 돕기 위해 부르심을 받은 사람들입니다. 이는 마치 사랑을 재생산해 내는 공동체 같은 것입니다. 예수의 사랑을 받아서 계속해서 흘러갈 수 있도록 하는 것, 그것이 예수가 원한 것입니다.

오늘날 우리에게 필요한 것이 무엇입니까? 제도도 있고, 돈도 있고, 정부도 있고, 많은 단체가 있지만, 이 시대에 정말 필요한 것은 예수의 사랑을 받고 있는 사람들입니다. 실패하고 한계가 분명해도, 그래서 오히려 다시 일으켜 세우는 예수의 사랑을 경험하고 누리는 사람, 그 사랑을 누리며 나누는 사람, 그 사랑을 받은 사람도 사랑을 나눌 수 있도록 돕는 사람, 이런 사람들이 이 시대에 필요하지 않습니까?

여러분은 어떻습니까? 끊임없이 부족하다고 힐난하는 소리를 들으면서 생명 없이 계속 축축 처지는 인생과 인격이 되고 있습니까? 아니면 부족하고 약하지만 끊임없이 이해해 주고 회복시켜 주는 예수의 사랑으로 사명을 확인하며 되살아나고 있습니까? 이 책을 마지막까지 함께한 모든 분이 예수의 사랑을 누리고, 나누고, 나누게 하는 사람이 되시기를 간절히 소망합니다.

+ 함께 생각하기

1. 내 인생에서 실패를 경험했을 때, 특히 사랑하는 일에 실패했을 때 어떤 마음이 나를 사로잡는가? 이러한 상황 속에서 예수가 나를 실패로부터 일으켜 세운 경험을 나누어 보자.

2. 나는 어떻게 예수의 사랑을 더욱 깊이 누릴 수 있는가? 내게 필요한 것은 무엇인가?

3. 내가 예수의 사랑을 나눠 주어야 할 사람은 누구이며, 어떻게 그렇게 할 수 있는가?

4. 우리 공동체는 어떻게 예수의 사랑을 나누는 '사랑 재생산 공동체'가 될 수 있을까?

제자들을 회복시키시고
사람들을 부탁하시는 예수

요 21:1-25

¹ 그 뒤에 예수께서 디베랴 바다에서 다시 제자들에게 자기를 나타내셨는데, 그가 나타나신 경위는 이러하다. ² 시몬 베드로와 쌍둥이라고 불리는 도마와 갈릴리 가나 사람 나다나엘과 세베대의 아들들과 제자들 가운데서 다른 두 사람이 한 자리에 있었다. ³ 시몬 베드로가 그들에게 말하기를 "나는 고기를 잡으러 가겠소" 하니, 그들이 "우리도 함께 가겠소" 하고 말하였다. 그들은 나가서 배를 탔다. 그러나 그날 밤에는 고기를 한 마리도 잡지 못하였다. ⁴ 이미 동틀 무렵이 되었다. 그 때에 예수께서 바닷가에 들어서셨으나, 제자들은 그가 예수이신 줄을 알지 못하였다. ⁵ 그때에 예수께서 제자들에게 물으셨다. "얘들아, 무얼 좀 잡았느냐?" 그들이 대답하였다. "못 잡았습니다." ⁶ 예수께서 그들에게 말씀하셨다. "그물을 배 오른쪽에 던져라. 그리하면 잡을 것이다." 제자들이 그물을 던지니, 고기가 너무 많이 걸려서, 그물을 끌어올릴 수가 없었다. ⁷ 예수가 사랑하시는 제자가 베드로에게 "저분은 주님이시다" 하고 말하였다. 시몬 베드로는 주님이시라는 말을 듣고서, 벗었던 몸에다가 겉옷을 두르고, 바다로 뛰어내렸다. ⁸ 그러나 나머지 제자들은 작은 배를 탄 채로, 고기가 든 그물을 끌면서, 해안으로 나왔

다. 그들은 육지에서 백 자 남짓밖에 떨어지지 않은 곳에 들어가서 고기를 잡고 있었던 것이다. [9] 그들이 땅에 올라와서 보니, 숯불을 피워 놓았는데, 그 위에 생선이 놓여 있고, 빵도 있었다. [10] 예수께서 제자들에게 말씀하셨다. "너희가 지금 잡은 생선을 조금 가져오너라." [11] 시몬 베드로가 배에 올라가서, 그물을 땅으로 끌어내렸다. 그물 안에는, 큰 고기가 백쉰세 마리나 들어 있었다. 고기가 그렇게 많았으나, 그물이 찢어지지 않았다. [12] 예수께서 그들에게 말씀하셨다. "와서 아침을 먹어라." 제자들 가운데서 아무도 감히 "선생님은 누구십니까?" 하고 묻는 사람이 없었다. 그가 주님이신 것을 알았기 때문이다. [13] 예수께서 가까이 오셔서, 빵을 집어서 그들에게 주시고, 이와 같이 생선도 주셨다. [14] 예수께서 죽은 사람들 가운데서 살아나신 뒤에 제자들에게 자기를 나타내신 것은, 이번이 세 번째였다. [15] 그들이 아침을 먹은 뒤에, 예수께서 시몬 베드로에게 물으셨다. "요한의 아들 시몬아, 네가 이 사람들보다 나를 더 사랑하느냐?" 베드로가 대답하였다. "주님, 그렇습니다. 내가 주님을 사랑하는 줄을 주님께서 아십니다." 예수께서 그에게 말씀하셨다. "내 어린 양떼를 먹여라." [16] 예수께서 두 번째로 그에게 물으셨다. "요한의 아들 시몬아, 네가 나를 사랑하느냐?" 베드로가 대답하였다. "주님, 그렇습니다. 내가 주님을 사랑하는 줄을 주님께서 아십니다." 예수께서 그에게 말씀하셨다. "내 양떼를 쳐라." [17] 예수께서 세 번째로 물으셨다. "요한의 아들 시몬아, 네가 나를 사랑하느냐?" 그때에 베드로는, [예수께서] "네가 나를 사랑하느냐?" 하고 세 번이나 물으시므로, 불안해서 "주님, 주님께서는 모든 것을 아십니다. 그러므로 내가 주님을 사랑하는 줄을 주님께서 아십니다" 하고 대답하였다. 예수께서 그에게 말씀하셨다. "내 양떼를 먹여라. [18] 내가 진정으로 진정으로 네게 말한다. 네가 젊어서는 스스로 띠를 띠고 네가 가고 싶은 곳을 다녔으나, 네가 늙어서는 남들이 네 팔을 벌릴 것이고, 너를 묶어서 네가 바라지 않는 곳으로 너를 끌고 갈 것이다." [19] 예수께서 이렇게 말씀하신 것은, 베드로가 어떤 죽음으로 하나님께 영광을 돌릴 것인가를 암시하신 것이다. 예수께서 이 말씀을 하시고 나서, 베드로에게 "나를 따라라!" 하고 말씀하셨다. [20] 베드로가 돌아다보니, 예수께서 사랑하시던 제자가 따라오고 있었다. 이 제자는 마지막 만찬 때에 예수의 가슴에 기대어서, "주님, 주님을 넘겨줄 자가 누구입니까?" 하고 물었던 사람이다. [21] 베드로가 이 제자를 보고서, 예수께 물었다. "주님, 이 사람은 어떻게 되겠습니까?" [22] 예수께서 말씀하셨다. "내가 올 때까지 그가 살아 있기를 내가 바란다고 한들, 그것이 너와 무슨 상관이 있느냐? 너는 나를 따라라!" [23] 이 말씀이 믿는 사람들 사이에 퍼져 나가서, 그 제자는 죽지 않을 것이라고들 하였지만, 예수께서는 그가 죽지 않을 것이라고 말씀하신 것이 아니라, "내가 올 때까지 그가 살아 있기를 내가 바란다고 한들, [그것이 너와 무슨 상관이 있느냐?]" 하고 말씀하신 것뿐이다. [24] 이 모든 일을 증언하고 또 이 사실을 기록한 사람이 바로 이 제자이다. 우리는 그의 증언이 참되다는 것을 알고 있다. [25] 예수께서 하신 일은 이 밖에도 많이 있어서, 그것을 낱낱이 기록한다면, 이 세상이라도 그 기록한 책들을 다 담아 두기에 부족할 것이라고 생각한다.

예수의 부활 이후 행적은 궁금증을 더하게 합니다. 일반적으로 부활과 같은 기적은 사람들의 이목을 끌려는 것으로 생각하기 쉽습니다. 그렇다면 예수는 부활한 후에 그를 못 박으라고 외친 군중과 이를 주도한 종교 지도자들과 사형을 집행한 정치 지도자들 앞에 나타나는 것이 마땅합니다. 그러나 부활한 예수는 자신을 그런 식으로 세상 사람들에게 드러내지 않았습니다. 부활이 자신이 하나님임을 믿지 않았던 자들에게 스스로를 과시하기 위한 기적이 아니었음을 엿볼 수 있습니다.

대신 부활한 예수는 절망과 부끄러움에 빠져 있던 제자들에게 나타났습니다. 생전에 그랬던 것처럼, 제자들을 만나 위로하고 격려했습니다. 베드로로 대표되는 제자들의 배신에도 불구하고 예수는 그들에게 자신을 사랑하는지 묻고, 진정으로 자신을 사랑한다면 자신의 사람들을 맡아 섬기라고 부탁하며, 제자들을 회복시켰습니다. 회복된 베드로가 다른 사람이 가야 할 길은 어떤 길인지 묻자, 그저 자신의 길을 가라고 말했습니다. 요한복음 읽기를 마치며, 내가 진실로 걸어야 할 길은 무엇이라고 생각하십니까?

1. 예수가 부활했다는 사실을 목격한 제자들의 마음 상태는 어떠했는가? (1-3절)

_____

_____

2. 부활한 예수가 갈릴리로 돌아가 고기를 잡고 있는 제자들에게 나타나 고작 아침을 먹인 이유는 무엇이라고 생각하는가? (4-14절)

3. 제자들 모두 예수를 부인하고 도망갔다. 예수는 그중 대표로 세 번 부인한 베드로에게 어떤 질문을 했으며, 무엇을 부탁했는가? 이때 베드로의 마음은 어떠했겠는가? (15-19절)

4. 여전히 자신의 사명보다 다른 사람과 자신을 비교하는 베드로에게 예수가 마지막으로 한 말은 무엇인가? (20-25절) 그것이 내게 의미하는 바는 무엇인가?

31 DAY 묵상

예수는 내가 가야 할 길을
진실하게 걸어가기를 원하십니다.

사명선언문

너희가 흠이 없고 순전하여……세상에서 그들 가운데 빛들로
나타내며 생명의 말씀을 밝혀 _ 빌 2:15-16

1. 생명을 담겠습니다
만드는 책에 주님 주신 생명을 담겠습니다.
그 책으로 복음을 선포하겠습니다.

2. 말씀을 밝히겠습니다
생명의 근본은 말씀입니다.
말씀을 밝혀 성도와 교회의 성장을 돕겠습니다.

3. 빛이 되겠습니다
시대와 영혼의 어두움을 밝혀 주님 앞으로 이끄는
빛이 되는 책을 만들겠습니다.

4. 순전히 행하겠습니다
책을 만들고 전하는 일과 경영하는 일에 부끄러움이 없는
정직함으로 행하겠습니다.

5. 끝까지 전파하겠습니다
모든 사람에게, 땅 끝까지, 주님 오시는 그날까지
복음을 전하는 사명을 다하겠습니다.

서점 안내

광화문점 서울시 종로구 새문안로 69 구세군회관 1층
         02)737-2288 / 02)737-4623(F)

강남점   서울시 서초구 신반포로 177 반포쇼핑타운 3동 2층
         02)595-1211 / 02)595-3549(F)

구로점   서울시 동작구 시흥대로 602, 3층 302호
         02)858-8744 / 02)838-0653(F)

노원점   서울시 노원구 동일로 1366 삼봉빌딩 지하 1층
         02)938-7979 / 02)3391-6169(F)

분당점   경기도 성남시 분당구 황새울로 315 대현빌딩 3층
         031)707-5566 / 031)707-4999(F)

일산점   경기도 고양시 일산서구 중앙로 1391 레이크타운 지하 1층
         031)916-8787 / 031)916-8788(F)

의정부점 경기도 의정부시 청사로47번길 12 성산타워 3층